# 道路运输业
## 发展、贡献及政策研究

胡继立　年志远◎等著

中国社会科学出版社

# 图书在版编目(CIP)数据

道路运输业发展、贡献及政策研究/胡继立，年志远等著. —北京：中国社会科学出版社，2015.12
ISBN 978-7-5161-6891-2

Ⅰ.①道… Ⅱ.①胡…②年… Ⅲ.①道路运输—交通运输业—研究—中国 Ⅳ.①F542

中国版本图书馆 CIP 数据核字（2015）第 217670 号

| | | |
|---|---|---|
| 出 版 人 | 赵剑英 | |
| 责任编辑 | 王 茵 | |
| 特约编辑 | 英岁香 | |
| 责任校对 | 胡新芳 | |
| 责任印制 | 王 超 | |

| | | |
|---|---|---|
| 出　　版 | 中国社会科学出版社 | |
| 社　　址 | 北京鼓楼西大街甲 158 号 | |
| 邮　　编 | 100720 | |
| 网　　址 | http://www.csspw.cn | |
| 发 行 部 | 010-84083685 | |
| 门 市 部 | 010-84029450 | |
| 经　　销 | 新华书店及其他书店 | |
| 印　　刷 | 北京君升印刷有限公司 | |
| 装　　订 | 廊坊市广阳区广增装订厂 | |
| 版　　次 | 2015 年 12 月第 1 版 | |
| 印　　次 | 2015 年 12 月第 1 次印刷 | |
| 开　　本 | 710×1000　1/16 | |
| 印　　张 | 14.25 | |
| 插　　页 | 2 | |
| 字　　数 | 245 千字 | |
| 定　　价 | 49.00 元 | |

凡购买中国社会科学出版社图书，如有质量问题请与本社营销中心联系调换
电话：010-84083683
**版权所有　侵权必究**

# 前 言

本书系吉林省交通运输厅委托项目——"道路运输业发展、贡献及政策研究"的最终研究成果。

道路运输是综合运输体系的基础,在现代交通运输业中具有举足轻重的作用。新中国成立以来,特别是改革开放以来,我国道路运输业保持了平稳快速发展的良好势头,运输结构不断优化,服务水平稳步提升,为经济社会发展和人民群众出行做出了重要的贡献。

我们在看到道路运输业的贡献的同时,也应当看到,道路运输业发展仍然面临许多问题,如发展方式较为粗放、结构性矛盾还很突出、财政投资力度偏弱,等等,影响了道路运输业服务功能的进一步发挥。因此,如何有效地解决这些问题,促进道路运输业更好、更快地发展,具有重要的现实意义。

道路运输业是国民经济体系中的重要组成部分,是一个特殊的生产部门,与社会经济发展相互促进、相互依存,对国民经济和社会发展具有重要的促进和保障作用。不同经济发展阶段,对道路运输业需求不同,这就要求道路运输必须与经济发展相协调,提供与经济发展阶段相适应的运输供给。道路运输与经济发展是一个相互结合、共同推动的互动过程。

改革开放以来,国民经济一直保持着持续健康的增长速度,远高于同期世界经济的平均增速。2009—2013年,国内生产总值分别为340903亿元、401513亿元、473104亿元、519470亿元和568845亿元,同比分别增长9.2%、10.4%、9.3%、7.7%和7.7%,经济总量居世界第二位,继续发挥着世界经济新的增长极作用。随着人民生活水平的提高，以及国家高等级公路网的拓展和完善，社会公众选择道路运输出行的意愿变得更加强烈，客运量和旅客周转量等都呈现出稳定增长的态势。经济的持续快速增长，不仅加速了全社会人员的流动，也极大地刺激了货物运输需求的增长。随着经济总量的增长，货物运输量和货物周转量始终保持高于经济增长速度的稳定态势。从总体发展来看，道路客货运输的增幅与国民经济发展基本保持步调一致，道路运输充分发挥了支持和保障国民经济和社会发展的基础性作用。

本书首先系统梳理了道路运输业发展、贡献以及政策研究等方面现有研究成果；其次，对美国、欧洲、新加坡等国外道路运输业发展、经济与社会贡献及其融资政策、税收政策等进行考察和分析，并概括其启示；再次，对香港、北京、上海、广东、辽宁和黑龙江等地道路运输业的发展、贡献及其政策进行研究；复次，通过客货运输、基础设施、运输辅助业及相关辅业、市场主体和经济发展五个维度，对国内道路运输业发展的经济环境、社会环境和政策环境以及道路运输业的发展变迁水平进行评价；最后，以吉林省道路运输业为案例和切入点，利用比较分析和实证分析方法，深入研究其发展状况、贡献度及相关政策资源配置情况，剖析影响其发展和贡献度的阻滞因素，在此基础上，提出针对性的政策建议，即制订道路运输业发展战略规划、增加政府财政资金投入、开辟道路运输企业融资渠道、加强道路运输基础设施建设等政策建议。

本书研究过程中，参考、借鉴和使用了很多国内外专家学者的研究成果，这里就不一一列举了，谨在此表示衷心的感谢！没有你们前期成果的支持，本书的研究将不会这样顺利。

本书虽然取得了一定的成果，但是由于研究者水平有限和有些资料难以获得，所以难免存在错误、疏漏和不足，欢迎各界朋友和同人予以批评指正。

本书是年志远、李恩惠、杜莉、沈瑞峰、王倩、周建、胡继立、宋敬兴、赵放、褚军、袁春旺、李金龙、王扬雷、张晶、张一晋、胡勇、徐磊、王鑫、赵福成、康佳霖等项目组成员共同努力的成果。参与本书撰写者为：胡继立、年志远、袁春旺、赵放、王扬雷、徐磊等。

年志远对本书进行了统稿、修改和定稿。

作 者

2015 年 12 月 15 日

# 目录

## 第一章 国内外道路运输业发展、贡献及相关政策研究综述 (1)

### 第一节 道路运输业发展的相关研究综述 (1)
一 国外道路运输业发展研究综述 (2)
二 国内道路运输业发展研究综述 (3)

### 第二节 道路运输业对经济社会发展贡献的相关研究综述 (5)
一 国外道路运输业贡献研究综述 (6)
二 国内道路运输业贡献研究综述 (7)

### 第三节 道路运输业发展的相关支持政策研究综述 (10)
一 国外道路运输业相关政策研究综述 (10)
二 国内道路运输业相关政策研究综述 (13)

## 第二章 发达国家道路运输业发展、贡献及其支持政策 (16)

### 第一节 美国道路运输业发展、特色及其支持政策 (16)
一 美国城市道路交通设施 (17)
二 美国道路交通运量 (18)
三 美国道路运输业发展与产业经济发展的相关情况 (19)
四 美国道路运输业发展的特色 (22)
五 美国道路运输业的改革 (22)

第二节　欧盟道路运输业发展、特色及其支持政策 …………… (23)
　　一　欧盟道路交通运量 …………………………………… (25)
　　二　欧盟道路运输业与经济产业及其家庭消费的相关情况 …… (26)
　　三　欧盟道路运输业发展的特色 ………………………… (27)
　　四　欧盟道路运输业的最新动向 ………………………… (29)

第三节　新加坡道路交通业发展、特色及其支持政策 ………… (31)
　　一　新加坡公共交通业发展的演进 ……………………… (31)
　　二　新加坡公共交通运行方式及其特色 ………………… (32)
　　三　新加坡公共交通最新的政策规划 …………………… (34)
　　四　新加坡公共交通治理与其扶植政策 ………………… (36)

第四节　发达国家道路运输业发展对经济社会发展的贡献 …… (37)
　　一　公路交通体系的社会效益 …………………………… (38)
　　二　高速公路体系的经济效益 …………………………… (41)
　　三　城市轨道交通的综合效应 …………………………… (43)

第五节　发达国家政府对道路运输业发展的支持政策 ………… (48)
　　一　道路运输业发展的支持政策 ………………………… (48)
　　二　道路运输业发展的融资政策 ………………………… (49)
　　三　道路运输业发展的税收政策 ………………………… (50)
　　四　道路运输业发展的安全政策 ………………………… (51)

## 第三章　我国部分省市和地区道路运输业发展、贡献及其支持政策 …………………………………………………… (53)

第一节　我国道路运输业发展环境的优化 ……………………… (53)
　　一　经济环境的不断优化 ………………………………… (53)
　　二　社会环境的不断优化 ………………………………… (56)
　　三　政策环境的不断优化 ………………………………… (58)

第二节　我国道路运输业发展及其变迁 ………………………… (63)
　　一　客货运输以较快速度稳定发展 ……………………… (63)
　　二　基础设施不断向高水平发展 ………………………… (65)
　　三　运输辅助业及相关业务 ……………………………… (69)

　　　　四　市场主体 ………………………………………………… (70)
　　　　五　经济发展 ………………………………………………… (73)
　　第三节　香港道路公共交通业发展、机制及其支持政策 ………… (74)
　　　　一　香港道路公共交通业概况 …………………………… (75)
　　　　二　香港道路公共交通发展的演进 ……………………… (78)
　　　　三　香港道路公共交通运行方式及政策动向 …………… (78)
　　　　四　香港道路公共交通发展的启示 ……………………… (81)
　　第四节　我国部分省市道路运输业发展、贡献及其支持政策 …… (82)
　　　　一　北京市道路运输业发展、贡献及其支持政策 ……… (82)
　　　　二　上海市道路运输业发展、贡献及其支持政策 ……… (88)
　　　　三　广东省道路运输业发展、贡献及其支持政策 ……… (95)
　　　　四　辽宁省道路运输业发展、贡献及其支持政策 ……… (99)
　　　　五　黑龙江省道路运输业发展、贡献及其支持政策 …… (105)

## 第四章　吉林省道路交通运输业发展现状 ………………………… (111)

　　第一节　吉林省道路客运业发展 …………………………………… (111)
　　　　一　旅客运量及密度发展 ………………………………… (111)
　　　　二　旅客周转量及密度发展 ……………………………… (113)
　　第二节　吉林省城市公交客运业发展 ……………………………… (114)
　　　　一　公交车运营能力与需求满足程度 …………………… (114)
　　　　二　出租车运营能力及需求满足程度 …………………… (115)
　　第三节　吉林省道路货运业发展 …………………………………… (118)
　　　　一　货运量及密度发展 …………………………………… (118)
　　　　二　货运周转量及密度发展 ……………………………… (120)
　　第四节　吉林省道路运输辅业发展：驾驶员培训业发展 ………… (121)

## 第五章　吉林省道路运输业对经济社会发展的贡献：比较分析 …… (123)

　　第一节　吉林省道路运输业的经济贡献：基于行业
　　　　　　生产总值的分析 …………………………………………… (123)
　　　　一　吉林省道路运输业生产总值连年攀高 ……………… (124)

二　吉林省道路运输业人均贡献度一直呈上升趋势 …………… (128)

第二节　吉林省道路运输业的社会贡献：基于就业和
　　　　税收分析 …………………………………………………… (131)
　　一　对吸纳大量劳动力就业的贡献 ………………………………… (131)
　　二　对增加财政收入的贡献 ………………………………………… (133)

第三节　吉林省道路运输业对相关产业的贡献：基于承运
　　　　货物分析 …………………………………………………… (135)
　　一　产生了对相关产业发展的引致效应 …………………………… (135)
　　二　拉动了货运量的增加 …………………………………………… (136)

## 第六章　吉林省道路运输业对经济社会发展的贡献：实证分析 …… (140)

第一节　吉林省道路运输业对经济社会发展贡献的总体评价 …… (140)
　　一　评价指标体系构建的基本原则 ………………………………… (140)
　　二　评价指标体系的指标选择 ……………………………………… (142)
　　三　评价方法的选择和基本原理 …………………………………… (147)
　　四　因子分析过程和结果评价 ……………………………………… (149)

第二节　吉林省道路运输业对经济社会特定领域发展的
　　　　贡献程度评价 ……………………………………………… (156)
　　一　基于协同学理论的适应度检验 ………………………………… (156)
　　二　基于协整方程的长期均衡检验 ………………………………… (160)

## 第七章　吉林省道路运输业发展的相关政策及其实施效果 ………… (170)

第一节　吉林省高速公路和公路发展政策 ……………………………… (170)
　　一　全国性的相关高速公路和公路管理的政策和规则 ………… (170)
　　二　部委颁发的相关高速公路和公路管理的政策和规则 ……… (171)
　　三　吉林省政府和管理部门颁发的相关高速公路和
　　　　公路管理的政策和规则 ………………………………………… (171)
　　四　政策的支持与激励效果 ………………………………………… (173)

第二节　吉林省道路运输业发展政策 …………………………………… (174)
　　一　全国性的相关道路运输业发展的政策和规则 ……………… (174)

二　部委颁发的相关道路运输业发展的政策和规则 …………（175）
三　吉林省政府和管理部门颁发的相关道路运输业
　　发展的政策和规则 ………………………………………（175）
四　政策的及时性和有效性 …………………………………（176）

## 第八章　吉林省道路运输业发展中的问题及其阻滞因素 …………（178）

### 第一节　吉林省道路运输业发展中的问题 ………………………（178）
一　吉林省道路运输业发展水平不高 ………………………（178）
二　吉林省道路运输业发展政策导引不力 …………………（180）
三　吉林省道路运输业感应度系数偏低 ……………………（181）
四　高速公路布局和公路客运体制等亟待完善 ……………（182）
五　道路运输辅业发展急需规范 ……………………………（183）

### 第二节　影响吉林省道路运输业发展的阻滞因素 ………………（183）
一　产业结构不合理 …………………………………………（184）
二　财政资金投入不足 ………………………………………（185）
三　固定资产投资增长缓慢 …………………………………（186）
四　货物场站建设严重滞后 …………………………………（187）
五　管理体制落后 ……………………………………………（187）
六　自筹建设资金压力较大 …………………………………（189）

## 第九章　促进吉林省道路运输业发展的对策建议 …………………（190）

### 第一节　依托科学发展战略规划和政府增量投入
　　　　推动道路运输业发展 ……………………………………（190）
一　科学制订并实施吉林省道路运输业发展战略规划 ……（190）
二　大力增加政府财政资金的投入 …………………………（191）

### 第二节　创新道路运输企业多元化融资渠道 ……………………（193）
一　设立吉林省道路运输产业投资基金 ……………………（193）
二　开拓直接融资渠道 ………………………………………（195）
三　发展融资租赁业 …………………………………………（196）

## 第三节 大力加强道路运输基础设施建设 (196)
 一 加强吉林省城市公交停车场站及站点建设 (196)
 二 加快吉林省道路运输业固定资产投资速度 (197)
 三 迅速提升信息化建设水平 (197)

## 第四节 构建综合运输服务体系，提升公共服务能力 (198)
 一 综合运输服务体系注重货运、客运的匹配发展 (198)
 二 优化吉林省城市公共汽（电）车网络 (198)
 三 提升吉林省道路运输基本公共服务能力和水平 (198)
 四 完善出租车体系管理 (199)

## 第五节 坚持绿色低碳与科技建设 (201)
 一 强化监管，落实规制，执行绿色标准 (201)
 二 创新运输组织形式，推动绿色发展 (202)
 三 优化交通工具结构，实现绿色优先 (202)
 四 政策引导，推动绿色交通运输 (202)
 五 利用科技创新，提升绿色道路运输的贡献率 (202)

## 第六节 完善道路运输业发展体制和机制 (202)
 一 以制度供给和完善为出发点解决体制和机制矛盾 (203)
 二 以惠及民生为最终目标推动改革 (203)
 三 以科技进步为手段促进机制变革 (203)
 四 以人为本推动目标的实现 (204)

**参考文献** (205)

# 第一章
# 国内外道路运输业发展、贡献及相关政策研究综述

在综合运输体系当中,道路运输业处于基础性的环节,而且在现代交通运输业的发展中起着关键的作用。虽然各国在道路运输业领域的投资力度逐年加大,促使其生产力持续快速增长,但是整个行业粗放式的发展形态并未从根本上得以改善。面对当前的机遇和挑战,我们亟须加快转变行业发展模式,开启现代道路运输业发展的新阶段。[①] 因此,对于道路运输业发展的研究就显得尤为重要。研究道路运输业发展的重要前提,是了解道路运输业发展研究现状,把握研究方向,准确确定研究的起点。因此,梳理、综述和评析国内外关于道路运输业的发展、贡献与政策的相关文献,是非常重要的。

## 第一节 道路运输业发展的相关研究综述

道路运输业作为国民经济体系中的大类行业,包括公路旅客运输、道路货物运输、道路运输辅助活动三个中类行业。[②] 道路运输业是国民经济运行过程中最基础的子系统,是能够保证其他各子系统有效运转的中间媒介,是连接各产业和各部门的关键中心环节。因而,道路运输业也就成为

---

① 交通运输部道路运输司:《国家道路运输业"十二五"发展规划纲要(最终稿)》,2010年11月通过。

② 国家统计局:《国民经济行业分类》(GB/T 4754—2011),2011年。

保证国民经济系统合理且健康运行的前提条件。在我国社会主义经济建设过程中，大力发展并建立良好的道路运输体系是实现经济持续发展的根本保障（闫振华，2010）[1]。

## 一 国外道路运输业发展研究综述

道森（Dawson，1962）从财政预算的角度对英国1960年道路运输业的支出预算进行了研究，他着重考察了货物运输、公共服务运输、车辆配置等方面在道路运输业中的支出预算情况。其分析的内容是道路运输业中的各项费用的使用，还没有上升到政策管理层面。[2] 艾贝尔森和弗劳尔迪（Abelson & Flowerdew，1975）研究了英国的道路运输承载能力，认为运输量是一个国家道路运输能力的体现。高标准的等级公路能够承载更多的运输量，同时还可以降低道路发生交通事故的概率。[3]

约翰·F. L. 罗斯（John F. L. Ross，1998）对欧盟在区域性国家制定并实施的"共同运输政策"进行了深入研究，认为在欧盟共同运输政策实施的早期阶段，相关的利益集团和政治领域上存在着多层次的矛盾：既有欧盟内部大国与小国之间、运输装备生产国与非生产国之间、地处欧盟中心地带与边缘地区国家之间的矛盾，也有不同运输方式之间（如铁路与公路）和同一运输方式内部不同规模企业之间以及国有企业与私营企业之间的矛盾。随着欧盟提出的"共同运输政策"日趋完善和制度化，早期的这些矛盾从不同国家主体之间的"合作"，逐渐被相对统一的欧洲共同体内部的"协调"取代。[4]

安东尼·J. 维纳布尔斯（Anthony J. Venables，1999）从需求弹性的角度研究了道路运输业的拥堵问题，认为无限大的需求弹性将使道路运输业失去效率，短线运输量的增加将会使长线运输线路拥堵，并最终导致整

---

[1] 闫振华：《山西省交通运输业与经济发展关系研究》，硕士学位论文，山西财经大学，2010年。

[2] Dawson, "Estimated Expenditure on Road Transport in Great Britain", *Journal of the Royal Statistical Society*, Series A (General), Vol. 125, No. 3, 1962.

[3] P. W. Abelson and A. D. J. Flowerdew, "Models for the Economic Evaluation of Road Maintenance", *Journal of Transport Economics and Policy*, Vol. 9, No. 2, 1975.

[4] John F. L. Ross, *Linking Europe: Transport Policies and Politics in the European Union*, London: Praeger Pablishers, 1998.

个运输网络瘫痪。① 托马斯·安德森（Thomas Anderson，2000）研究了瑞典1780—1980年四次产业革命之间的关系，对交通建设与区域或城市发展的一般关系进行了论述。他将系统科学中的突变理论运用到了交通与区域经济关系的研究当中，认为交通因素是影响区域或城市演变发展的"慢"变量，交通系统的连续变化（如道路网络的扩张等）会产生一定程度的"量变"，进而影响区域经济的"相变"，并最终促使区域系统的生产、布局、贸易关系等诸多环节发生结构性的突变。②

尼尔斯·B. 舒尔茨·瑞沃尔德（Niels B. Schulz Reviewed，2004）对英国过去60年间的运输情况进行了研究，其研究结果表明：交通运输与经济发展和经济长期结构性变革之间具有非常紧密的联系。另外，在道路客运输方面，在运输工具平均速度提高的同时，旅客在途的平均小时数却没有出现明显的下降。这说明，道路运输业的发展，不仅与经济增长相关，而且能够影响人们的出行习惯，大大拓宽人们的活动范围。

从国外学者的研究情况来看，发达国家道路运输业的发展较为完善，学者们关注的焦点并没有局限于对统计数据的罗列，往往更多的是通过对统计数据的分析，侧重于如何提高交通运输业的经营效率、服务水平、行业监管等微观方面的内容。

## 二 国内道路运输业发展研究综述

从总体上看，随着道路运输供给能力的提升，道路运输已成为我国运输市场中的主要运输方式，市场供给不足的状况已经成为历史；也为国民经济和社会发展起到了有力的支持和保障作用（姚佳岩、关强，2007）③。关于我国道路运输业的发展问题，国内许多学者做过很多研究，也取得了比较丰富的研究成果。

张忠（2000）依据产业经济学理论，从我国道路运输业的行业特点入

---

① Anthony J. Venables, "Road Transport Improvements and Network Congestion", *Journal of Transport Economics and Policy*, Vol. 33, No. 3, 1999.

② Thomas Anderson, *Economics of Transport：The Swedish Case*, 1780–1980, Almqvist & Wiksell International, 2000.

③ 姚佳岩、关强：《道路运输现状与发展趋势》，《黑龙江交通科技》2007年第1期。

手进行分析，认为经营主体"多、杂、小、散"是当前存在的最主要问题，并导致管理能力和科技创新能力差的状况；加入 WTO 使得国内道路运输业的外部环境发生了重大变化，微观经营主体的实力较弱导致民族道路运输业未来将面临更多的挑战。①

陈引社等（2003）从产业组织结构的角度分析了公路旅客运输的发展方式，分析了道路运输业竞争极数偏多、集中度过低的市场状况：既不能优化运输产业结构和提高道路运输行业的整体素质，又不能保障道路运输业的可持续发展和提高道路运输企业的市场竞争能力，因此提出应向规模化和集约化的发展方式转变，并给出了具体措施。②

马银波（2006）从市场结构和技术进步的角度分析了道路货运的发展，认为长期存在的竞争性市场结构是我国道路货运业发展所面临的主要困难，并在行业发展方面产生了一系列的问题，如无法形成有效的行业性技术进步，难以形成规模优势，即在全行业内部实现资源的有效配置进而形成道路货物运输系统或规模经营企业，这些问题都不利于公路运输生产力的发展。另外，群体众多的小型运输企业、单车经营的生产方式依然普遍存在，导致运输服务质量难以提高，运输结构调整难以深入进行。③ 王东明（2007）认为，交通运输领域存在的结构优化、效率提高等问题，仅仅依靠扩大行业投资已不能有效解决，交通运输发展方式的转变需要通过提高要素使用效率来实现。④

朱润芝（2008）认为，虽然道路运输业发展较快、成效显著，但在发展过程中仍然存在不少问题和困难。其中，基础设施不完善、城乡发展不平衡、体制机制需要改革、队伍综合素质与公共服务能力有待提高等问题是客观存在的。⑤ 张磊（2008）认为，我国道路运输业发展方式的现状是：基础设施规模的迅速扩张带动了道路运输的发展；要素生产率提高对发展

---

① 张忠：《我国道路运输政策研究》，硕士学位论文，西安公路交通大学，2000 年。
② 陈引社、王利军：《从过度分散竞争到适度寡头垄断——我国道路客运市场发展的必然方向》，《交通与运输》2003 年第 5 期。
③ 马银波：《道路货运市场结构与技术进步关系的实证分析》，《长安大学学报（自然科学版）》2006 年第 6 期。
④ 王东明：《交通运输增长方式转变的基本思路》，《综合运输》2007 年第 2 期。
⑤ 朱润芝：《道路运输业的发展趋势》，《跨世纪》2008 年第 10 期。

的促进作用较低，发展方式粗放；道路运输业发展受到市场需求拉动和政府推动的共同影响。①

杨洋和欧国立（2012）对交通运输发展阶段进行了研究。他们认为，我国在交通建设资源配置方面存在着许多不平衡之处，虽然已初步建成交通运输网络，但是从我国目前的工业化进程和经济建设对交通运输的现实需求来看还存在着很大的差距。同时，在交通运输体系内部，道路运输资源与铁路运输资源的配置比例还需要重新确定，短途道路运输与长途铁路运输应当协调发展，以保证经济的稳定持续增长。②

在实证研究方面，邹海波（2005）采用主成分分析方法来计量道路运输业五种运输方式综合发展指数，再通过回归分析方法计算道路运输业各种运输方式完善发展的适应度，并在此基础上计算出整个交通运输系统内不同运输方式各自的完善发展程度（包括静态和动态适应度），得出了我国道路运输业虽然发展快速，但是仍然没有实现完善发展的结论。③

从上述分析可以看出，虽然很多学者对道路运输业的发展进行了研究，提出了一些可行的方法，但是由于道路运输业本身就处在不断变化发展之中，存在着许多不确定因素。另外，由于数据完整性较差以及主观性地选取数据，导致到目前为止学术界还没有统一认可的定量方法。

## 第二节　道路运输业对经济社会发展贡献的相关研究综述

在宏观经济领域，道路运输业的基础设施投资额度大，涉及的上下游相关行业多，能够扩大内需进而有效拉动国民经济总量的增长。道路网络的建设发展必然推动运输业的进步，运输业及其相关领域产能产值的逐步扩大反过来又会对国民经济的发展产生有益影响和较大贡献。道路运输业的发展既可以节省市场的总体交易费用，也可以提升国家综合国力，促进

---

① 张磊：《道路运输业发展方式转变研究》，硕士学位论文，长安大学，2008年。
② 杨洋、欧国立：《中国目前交通运输发展阶段的确定分析》，《管理现代化》2012年第1期。
③ 邹海波：《我国道路运输组织结构调整研究》，《交通标准化》2005年第6期。

资源更加合理的配置。

## 一 国外道路运输业贡献研究综述

关于道路运输业与国民经济之间的相互作用关系，国外学者很早就进行了全面深入的分析和研究。虽然这些学者所处的年代不同，研究的角度各异，但其视角多集中在道路运输业能否有效推动和促进本国经济发展上。

亚当·斯密（Adam Smith，1776）在其《国富论》中阐述了经济运行中交通运输与产业布局、劳动分工及市场发展之间的相互作用关系。他认为，虽然劳动分工能够提升经济效率，但是劳动分工的效果却受市场范围的限制，同时也受交通运输条件的制约；指出交通运输条件的改善和提高，能够减少运输成本和费用，同时可以拓展传统市场的范围和领域。①

威廉·罗雪尔（Wilhelm Roscher，2009）研究了交通运输对发展生产、劳动分工和产业布局的影响，他认为交通运输领域的发展和进步，更容易促使劳动分工的形成，通过提高生产效率、降低生产成本来降低产品价格，而且高效的运输网络能够有效调节地区之间的产品过剩或不足。② 作为历史学派的创始人，德国经济学家李斯特从振兴资本主义工商业的角度，提出了国民生产力理论，认为交通运输在国民生产力提升过程中具有重要的作用。他竭力主张通过发展交通运输业来带动整个国民经济的繁荣和发展，这一思想一直影响了德国一个多世纪的经济政策。

罗森斯坦·罗丹 1966 年提出了著名的"大推进"理论，认为工业化道路是发展中国家摆脱贫困、实现经济发展的唯一途径。为了实现工业化，产生规模经济效益，发展中国家必须一次性、大规模、全面地进行交通运输等基础设施投资与建设，使得整个社会经济体系都能够分享"外在经济"的效益。政府应当优先组织建设诸如交通运输之类的基础设施，以便为那些能够更快产生经济效益的直接性投资铺平道路。

道奇森（Dodgson，1973）研究了道路运输业的外部溢出效应。认为除了直接效益，道路运输业还会产生二次效益，包括将商品送到最终消费者

---

① Adam Smith, *The Wealth of Nations*, 1776.
② Wilhelm Roscher, *Principles of Political Economy*, Wilder Publications, Limited, 2009.

手中而产生的无法测量的媒介效应和道路运输业这一发达经济链条对充分就业的贡献。①

罗伊·辛普森和马丁（Roy Sampson & Martin, 1974）在其著作《运输经济——实践、理论与政策》中，从区域经济发展的生命周期理论出发，研究了交通运输业对国民经济的推动和影响作用。针对区域经济在不同生命周期阶段的经济特征，提出了交通运输业的发展会对其所在区域经济发展产生影响的假设，并针对这一假设分析了运输特性、运价政策等因素与区域经济之间的相互关系。② 多彻蒂（Docherty）将经济全球化的着眼点放在了区域经济竞争上，认为有效的交通拥堵管理措施是提升区域竞争力的重要因素，能够提高居住人群的生活质量和工作效率，进而吸引更多的外来投资者。

在评价道路运输业对经济发展贡献的方法上，美国和西欧等发达国家主要采用投入产出方法。美国近年来在原投入产出表的基础上，采用编制交通运输子账户（TSA）核算交通运输业增加值的方法来评价公路运输业。为了综合评价公路运输业在美国国民经济中的作用和地位，利用 TSA 方法核算出公路运输业增加值的相关数据，并以此为依据进行综合测算。以 TSA 核算方法为基础，1998 年《面向 21 世纪的运输公平法案》在美国国会得以顺利通过并实施，该法案最终确定了 1998—2003 年间美国道路运输业的总体发展方向。③

## 二 国内道路运输业贡献研究综述

国内相关领域对国民经济发展与道路运输业之间关系的关注和研究开始的时间比较晚。近年来，国家持续加大了对道路运输行业的投资力度，将道路运输业提升到新的战略高度，这也引起了相关专家、学者及政府管理部门的高度重视，并对道路运输业与我国国民经济之间的关系进行了广

---

① Dodgson, "External Effects and Secondary Benefits in Road Investment Appraisal", *Journal of Transport Economics and Policy*, Vol. 7, No. 2, 1973.

② Roy J. Sampson, Martin T. Farris, *Domestic Transportation: Practice, Theory, and Policy*, Houghton Mifflin, 1974.

③ Bingsong Fang, Xiaoli Han, "U. S. Transportation Satellite Accounts for 1996", *Survey of Current Business*, No. 5, 2000.

泛的研究和积极的探讨。

20世纪90年代以前，国内学术界关于道路运输业对国民经济贡献的研究主要是以定性分析为主。陈贻龙和邵振一（1999）在其《运输经济学》一书中首先根据"新国民核算体系"，以国内生产总值（GDP）核算和投入产出核算为核心，系统分析了我国道路运输业对国民经济的贡献问题。[1] 韩彪（2000）认为，交通运输业和国民经济发展之间具有"推拉关系"，并据此建立了以"推拉效应"为基础的数学模型来判断国民经济的供求平衡关系，利用"推拉效应"来分析交通运输业与国民经济之间的适应程度，并将这套理论总结为"交替推拉关系论"。[2] 在定性研究中，董登珍（2000）提出了与之类似的"交替推拉"效应理论，即国民经济的增长引发社会总需求的扩张，在交通运输领域表现为运输需求量的增加，需求的增加将拉动运输供给的增加，于是需求和供给就形成了一种互为因果的关系，并由此促成与国民经济发展之间波浪式推进的联动效应。[3] 范精明和杨兆升（2003）认为，道路运输与国民经济发展之间具有相互影响、共同发展的特点，他们从不同的角度和领域分析了运输与经济区域之间的关系，认为运输业决定着不同经济区域之间联系的紧密程度，通过旅客与货物的流向和数量影响着社会资源的配置，并由此对各经济区域的经济发展与社会进步产生深远影响。与"交替推拉"理论类似，他们认为国民经济结构的变化会影响到一些行业的内外部环境，生产要素将在社会各行业之间重新配置，同时也会引起运输需求的变化，进而促进运输业的发展。[4]

在交通运输业与国民经济相互作用的实证分析研究中，刘建强、何景华（2002）采用数据协整关系、Granger因果关系的实证方法，分析交通运输业与国民经济发展之间的关系，并得出货运量与GDP之间具有长期均衡关系的结果，认为交通运输业能有效带动整个国民经济的发展。[5] 张伟

---

[1] 陈贻龙、邵振一：《运输经济学》，人民交通出版社1999年版。
[2] 韩彪：《交通经济论：城市交通理论、政策与实践》，经济管理出版社2000年版。
[3] 董登珍：《运输供求变化及均衡分析》，《交通科技》2000年第3期。
[4] 范精明、杨兆升：《试论交通运输与经济发展的关系》，《技术经济》2003年第5期。
[5] 刘建强、何景华：《交通运输业与国民经济发展的实证研究》，《交通运输系统工程与信息》2002年第1期。

（2004）构建了运输业的需求—供给模型，通过回归分析对运输需求量和供给量进行预测。实证分析中他用旅客周转量的供需比来研究运输业的供求均衡问题，并评价了运输子系统与国民经济大系统之间相互协调发展的程度。①

另有学者从交通运输业与经济协调程度的角度进行定量研究，其中汪传旭（2004）分别用协调发展指数法、灰色系统协调模型、综合加权法定量研究了交通运输与经济的协调性问题；② 王际祥（2003）运用经济计量法分析了国民经济与运输业的统计资料，通过分析运输需求与供给之间的关系研究运输业与国民经济的联系，并对运输预测领域进行了深入研究和探索。③

何健（2003）提出了关于交通运输业与国民经济互动关系的理论架构，并运用灰色关联度和计量经济学方法构建了研究模型。④ 也有学者从交通运输业与经济关联程度的角度进行定量研究，其中丁以中（2005）提出了交通运输反作用因子的概念及其估计式，构建了交通运输—经济模型，并对二者之间的非线性关系进行了定量研究；⑤ 许云飞（2006）统计了 1995—2015 年期间对比发达国家的可类比时段，研究公路总里程对 GDP 的弹性系数及关联关系，并具体分析了山东省道路建设需要控制的几个参数。⑥

从以上国内外学者关于道路运输业与国民经济发展关系及其贡献的相关研究成果来看，国民经济的发展离不开道路运输业的支撑，道路运输业是发展国民经济的基础和先决条件，是联系不同经济区域、不同行业的重要桥梁与纽带，对人口分布、产业格局和资源配置都起着决定性的作用。道路运输业的发展应当与国民经济发展阶段保持协调，超前或落后都会影响整体经济的发展。

---

① 张伟：《道路运输规划的内容分析与运输需求预测研究》，《山西科技》2004 年第 2 期。
② 汪传旭：《交通运输业对国民经济贡献的衡量方法》，《中国公路学报》2004 年第 1 期。
③ 王际祥：《货运需求与经济发展》，中国铁道出版社 2003 年版。
④ 何健：《江苏交通运输业与国民经济发展的互动关系研究》，硕士学位论文，河海大学，2003 年。
⑤ 丁以中：《交通运输与经济的关系研究》，《系统工程理论方法应用》2005 年第 2 期。
⑥ 许云飞：《山东公路建设与国民经济发展的关联分析》，《山东交通科技》2006 年第 3 期。

## 第三节　道路运输业发展的相关支持政策研究综述

道路运输政策是政府综合管理部门和道路运输主管部门为了道路运输业的长远发展而制定的协调和干预道路运输活动的经济政策的总和。① 综合来看,道路运输政策主要涉及:行业发展统筹规划政策、技术进步与推广政策、节能减排与可持续发展政策、组织结构和装备结构调整政策、市场培育和发展政策、市场进入和退出政策等。

### 一　国外道路运输业相关政策研究综述

20 世纪 80 年代以来,国外道路运输政策进入"开放与竞争时代"。这一时期的道路运输政策开始从过去的"数量控制"向"质量控制"转变,即私人汽车总量的持续增长导致的交通拥堵问题、因追求乘坐私人汽车而导致的公共汽车挤出效应问题、财政对公路客运补贴和效率问题、政府补贴占财政收入比率不断上升的问题、道路运输车辆激增导致空气污染日益严重等外部效应问题。② 随着政府管理部门对道路运输经济客观规律认识的提高,现行政策已经取消了对道路运输价格的限制,但同时要求相关运价必须公开透明。

#### (一) 美国道路运输政策

美国根据是否盈利把运输企业分为商业运输和非商业运输两类,对汽车运输车辆实行分类管理。与非商业运输车辆相比,商业运输车辆每年仅需多缴纳少量的税费(如营业税),其他各税种与非商业运输车辆一律平等(如燃油税、车辆重量税、牌照税、所得税等),其政策目的是为了鼓励商业运输业的发展。其中,美国道路运输行业协会在该政策的具体执行方面发挥了积极的促进作用,并扮演着沟通美国政府、国会与道路运输企业桥梁的重要角色。

在《美国综合运输系统 2050 年发展构想》报告中,为了满足未来发展对交通运输的需求,美国交通部提出了新的交通系统发展思路。该报告

---

① 张忠:《我国道路运输政策研究》,硕士学位论文,西安公路交通大学,2000 年。
② 《2012 中国行业年度报告系列之公路》,中国经济信息网(http://www.cei.gov.cn/)。

认为，应当采用"需要创新的解决方案"、"着眼于新技术和新概念，如信息技术、纳米技术、再生燃料以及高效清洁能源技术等"。该报告同时指出，未来美国交通运输业发展的目标是："建立一个能及时、经济地在任何时间将任何人和物运送至任何地点的国家综合运输系统；建立一个没有人员伤亡的运输系统；建立一个不依靠国外能源且环境友好的运输系统。"

（二）加拿大道路运输政策

加拿大将其汽车运输企业分成三类，即专业型运输企业、小件型快运公司和非专业型运输企业。专业型运输企业又分两类，分别是承担零担货物运输的企业和整车货物运输的企业。运输用货车需按其核定载重量、实际营运重量、车辆构造等进行分类，大多数省份的政策是按车辆的重量分类进行登记和收取税费。[①]

为了打造"未来具有可持续性的城市运输系统"，在《2023年城市运输总体远景规划》中，为了更好地支持和谋划未来加拿大可持续的城市交通发展远景，该国城市运输理事会提出了13条战略规划政策，主要包括重视城市综合规划、通过混合型土地的利用提高城市密度、建议人们短途更多地选择步行方式出行、努力提高公共交通服务质量、提高各类交通运输方式之间衔接的有效性、在设计运输系统时考虑弱势群体使用的方便性等。

（三）欧洲部分国家道路运输政策

在道路运输基础设施建设方面，资金主要由政府提供、行业资产统一归国家所有、全社会无偿使用；在道路运输基础设施管理方面，则着重考虑如何充分发挥道路交通的公益性作用，其中比较有代表性的是德国、英国、荷兰等国家。

德国的道路建设融资主要分为两种情况，即以政府投入为主，并进一步发展资本市场的融资方式和对收费公路实行特许经营的民间投资制度，各种公路建成后统一归国家所有。在道路运输企业的划分上，德国主要采取"公用型"和"自备型"两种划分标准，在政策支持上以"公用型"运输企业为主体。为了把客运量引导至公共交通上，在车辆种类和数量管理方面采取限制私人汽车数量，加大公共交通投入，以减少道路拥堵、加

---

① 交通部科学研究院：《世界主要国家交通统计资料》，2004年。

强环境保护。

英国在道路建设政策方面,虽然鼓励非国有资金参与道路建设,但民间投资者没有确定通行费用的权力。在运输车辆管理政策方面,英国对道路客货运输车辆实行许可制度。政府通过发放营运证、驾驶员许可证、汽车维修注册证等方式管理运输车辆。在道路运输规划政策方面,为了应对未来20—30年经济和运输需求不断增长的挑战,英国政府于2004年7月出台了《英国交通运输业的未来——至2030年的路网规划》。该规划主要围绕道路运输领域三个重要核心展开,即"长期持续有效的道路运输领域投资"、"高效的运输管理机制"、"提前制订出道路运输规划",认为路网的发展不仅要满足道路运输的需求,同时也要提高公众的生活质量。

荷兰运输部制定的相关政策表明其道路运输已基本完全放开(从事危险品运输仍需运输部审批)。荷兰国内的道路运输政策与他国稍有不同,主要是其运输经营许可制度非由政府主导,而是由该国道路运输业协会颁发管理运输许可证;另外,允许在欧盟各成员国之间进行运输经营的许可证则由欧盟负责颁发和管理。

布莱恩·贝利斯(Brian Bayliss,1998)认为,欧洲各国制定的道路运输规则,更多的是为了满足各自国家当前的监管需要,不利于统一的欧洲市场,从而损害了而不是能够帮助提高统一欧洲道路运输业的市场效率,制定欧盟国家统一的适当的竞争规则和行业自律是十分紧迫的。[1]

欧盟委员会于1992年2月发布了题为《欧洲共同体可持续交通策略》的绿皮书,其中的主要政策包括发展环境友好的交通方式、降低排放与替代能源、整合交通模式与改善基础设施、预防交通对环境的破坏等多个方面。2001年9月12日发布了题为"2010年欧洲运输政策"的白皮书,该白皮书提出了欧洲交通运输业未来发展的行动纲要,明确了2010—2020年欧洲交通运输业的重点发展领域。其中涉及的行业政策主要包括四个方面:"促进多种运输方式协调发展、突破阻碍交通运输发展的障碍、更加关注交通运输使用者的利益、在运输全球化背景下的发展。"[2]

---

[1] Brian Bayliss,"Regulation in the Road Freight Transport Sector",*Journal of Transport Economics and Policy*,Vol. 32,No. 1,1998.

[2] European Commision,*European transport policy for 2010*,European Communities,2001.

（四）日本道路运输政策

20世纪80年代，日本政府针对交通运输提出了三项基本政策，即"城市结构政策"、"交通设施建设政策"、"交通管理政策"，并以此为基础制定了该国的交通运输总体规划。规划的编制主要从四个方面加以考量："解决当前存在的问题，构建合理的交通体系"、"交通运输建设与社会发展保持同步"、"交通运输领域投资的有效性"、"在各种约束条件下制定政策措施"。

日本运输管理主要通过运输政策局和机动车交通局对道路运输实行条线垂直管理。1990年后，日本政府开始逐步实行许可制度，逐渐放松了对道路运输市场的政府管制。运输价格则由运输省制定一个参考标准，允许运输企业在规定范围内根据市场供求情况进行一定的浮动。

出于更好地履行政府职能、提高宏观调控水平的考虑，日本政府自2001年起开始整合交通运输管理机构，成立了主管政府投资项目的国土交通省（由北海道开发厅、国土厅、运输省和建设省撤销合并），从宏观上对政府投资项目全面负责。[①] 日本政府根据对本国交通运输现状的分析，在未来交通运输政策和措施的制定上更加侧重发展的可持续性，提出了"交通运输的发展要与环境共存、要具备无障碍性、构建更加舒适安全的汽车型社会以及打造高效运行的物流体系"等多项政策要点。

从国外主要发达国家道路运输业的相关政策不断变化和发展来看，其制定政策的着眼点已经从道路运输的行业布局、产业经济和分类监管，逐渐向道路运输业的可持续发展方向转变，政策的制定更加考虑交通运输对环境和气候的影响，积极通过政策的制定来引导交通运输业通过不断提升行业科技水平，向可替代能源、清洁能源等低排放方向发展。国外这些相关政策代表了目前国际道路运输政策的发展方向。鉴于道路运输业发展的一般规律性，它们在许多方面对我国有很大参考价值和借鉴意义。

## 二 国内道路运输业相关政策研究综述

张忠（2000）梳理了西方发达国家的道路运输政策，通过分析这些国

---

① 《2012中国行业年度报告系列之公路》，中国经济信息网（http://www.cei.gov.cn/）。

家成功的行业政策，总结并提出了我国道路运输业的政策重点，主要包括鼓励规模化、集约化经营，促进增加有效供给，鼓励科技进步三个方面。这些政策是基于产业经济学有关产业组织政策、产业布局政策、产业结构政策和产业技术政策角度提出的综合性产业政策，其中包含了实行货运经营区域制和客运线路经营权招投标制等具体措施。①

刘美银（2001）着重研究了当前道路运输的基本政策，分析了现有政策的不足和缺陷，认为当前的道路运输业政策与现阶段的行业发展并不完全相适应，应当由当前的"忽视运输资质、单纯强调'有路均可搞运输'向严格控制运输企业准入、严把市场准入关"转变；道路运输应由"数量扩张型向品质提高型"转变；在选择资源配置方式上，应由"以行政审批作为主要资源配置方式向以市场调节作为资源配置方式"转变；在行业支持政策上，应由"单纯扶持国有企业向扶持代表先进生产力的优势企业"转变；应适当调整道路运输行业结构，强化大型道路运输企业主导市场的作用，适时培育和发展一批大型道路运输企业；应调整传统的行业定价模式，构建以市场定价为主、政府指导为辅的符合市场经济发展的道路运输价格形成机制；强化政府的宏观管理职能，建立政事分开、政企分开、运转协调、行事高效的道路运输管理体系。②

刘秉镰（2007）认为，我国交通运输政策主要包括三个重心，即规模扩张和协调发展并重、相对完善的社会主义交通运输市场经济体制、可持续的智能型综合交通运输体系。同时将我国交通运输政策的未来走势概括为三个阶段：近期加快建设、深化改革；中期优化结构、完善市场；远期智能化可持续发展。虽然在政策的划分上分成三个阶段，但这三个阶段之间也不是孤立或割裂的，现阶段的政策和措施也需要考虑中期和远期的政策取向。③

王东明（2007）认为，交通运输发展方式要从简单投入型发展向追求技术型发展转变，从资本、土地要素的大量投入向新技术应用水平和劳动力素质的不断提高以及管理水平的不断提高改善转变。他还提出交通发展

---

① 张忠：《我国道路运输政策研究》，硕士学位论文，西安公路交通大学，2000年。
② 刘美银：《中国道路运输政策研究》，硕士学位论文，长安大学，2001年。
③ 刘秉镰：《论我国交通运输政策的框架设计与未来走势》，《综合运输》2007年第4期。

方式的转变要围绕满足国民经济和社会发展对交通运输的经济性需求的目标，要重视提高效率，把握体制创新、优化结构、先进实用技术的开发与应用等。①

樊一江（2010）认为，政策问题是交通运输发展与进步的关键性问题，并分析了交通运输政策理论层面的三大基础性问题，即交通运输政策的内涵问题、构成问题和定位问题；认为交通运输政策对具体实践缺乏"有效指导"，行业各方在一些基础性的问题上尚未达成有效共识，这也在一定程度上对交通运输政策效力的发挥和实现产生了不利影响。②

王艳华、单永体、谷晓旭和郑苗苗（2010）从发展低碳经济的角度出发，对高速公路设计、施工和运营三方面进行了深入研究，着重探讨如何能够在高速公路建设过程中实现低碳环保。同时，提出了一系列节能减排措施，并结合实际提出相应的对策和建议。③

从以上学者关于道路运输政策所做的相关研究及提出的政策建议来看，经过多年的实践发展，他们的建议有些已经逐渐变成了现实；有些研究中发现的尚未解决的问题，还需要未来道路运输行业的政策制定者根据经济发展的需要加以研究和解决。尤其是近年来国内学者对"绿色交通"的关注程度逐年上升，这一点与国外道路运输业的相关政策方向保持了一致。

---

① 王东明：《交通运输增长方式转变的时机与途径选择》，《综合运输》2007年第3期。
② 樊一江：《关于交通运输政策基础性问题的分析》，《综合运输》2010年第2期。
③ 王艳华、单永体、谷晓旭、郑苗苗：《浅谈高速公路与低碳》，《交通建设与管理》2010年第5期。

# 第二章
# 发达国家道路运输业发展、贡献及其支持政策

## 第一节 美国道路运输业发展、特色及其支持政策

美国幅员辽阔,国土面积居世界第四位,无论是农业还是工业,土地的可用率都非常高。美国交通运输系统非常发达,向全国近3亿人口和数百万家公司提供交通的便利和优质服务。

美国道路运输发展大致可分为四个阶段:第一,道路一体化阶段;第二,公路系统的形成阶段;第三,公路系统的完善阶段;第四,多种运输方式综合发展阶段。其中第四阶段是从20世纪80年代开始的。美国通过市场分工的细化,在运输方式上更加多样化且各种运输方式间优势互补,如公铁联运等新型衍生道路运输方式不断地发展和创新,保证了道路运输业在整个运输体系中的核心地位。目前,公路运输依然是美国交通运输产业中最为重要的力量,在经济发展和社会生活中发挥着关键的作用。该体系以道路客运、道路货运、公交体系等设施的硬件为基础,保证与此相配套的软件的运行。软件系统包括各种服务公司、管理部门和支撑机构等。

到2012年,美国公路里程为6586610.47公里。城市轨道运输中,通勤铁路12192.39公里,轻轨2800.26公里,重轨2602.31公里。①《公路货运业的市场与制度分析》指出:"交通运输是美国最重要的基础性产业。

---

① Bureau of Transpotration Statistics,*National Transportation Statistics* 2014,U. S. Department of Transportation,2014.

当前美国交通运输业的总产值已经超过 GDP 的 11%，大约为 1.1 万亿美元，并且占据 1/8 的工作职位，美国家庭支出的 20% 都用于交通领域。"[①]美国是世界上最发达的国家，拥有着世界上最多的公路网络、驾驶员、汽车以及交通支出。

## 一 美国城市道路交通设施

表 2—1 是美国交通部于 2010 年 7 月公布的城市道路交通的数据。从长期看，美国公交车辆的设施总体数量虽然在不断增加，但是不合格的车辆所占比例也逐年增加。不合格的车辆 1995 年占车辆总数的 19%，1997 年占 24%，2000 年为 29%，2002 年为 33%，2004 年为 32%，而 2006 年则达到 36%。这说明美国公交车整体情况呈老化现象。相比公交系统而言，城市轨道交通的情况要好一些。

表 2—1　　　　美国城市公交与轨道交通的设施状况　　　　（单位：辆）

|  | 1995 年 | 1997 年 | 2000 年 | 2002 年 | 2004 年 | 2006 年 |
| --- | --- | --- | --- | --- | --- | --- |
| 公交车数量 | 484 | 503 | 497 | 1219 | 1207 | 1280 |
| 非常好 | 102 | 13 | 46 | 83 | 208 | 210 |
| 好 | 34 | 285 | 266 | 672 | 551 | 536 |
| 合格 | 256 | 86 | 41 | 67 | 63 | 69 |
| 不合格 | 29 | 93 | 121 | 387 | 379 | 344 |
| 非常不好 | 63 | 26 | 23 | 10 | 6 | 121 |
| 城铁数量 | — | — | 150 | 151 | 152 | 201 |
| 非常好 | — | — | 0 | 27 | 40 | 42 |
| 好 | — | — | 32 | 18 | 26 | 19 |
| 合格 | — | — | 64 | 76 | 74 | 87 |
| 不合格 | — | — | 36 | 27 | 10 | 51 |
| 非常不好 | — | — | 18 | 3 | 2 | 2 |

资料来源：根据美国交通部发布的 *National Transportation Statistics* 2014 整理。

---

[①] 李忠奎：《公路货运业的市场与制度分析》，经济科学出版社 2009 年版，第 185 页。

## 二 美国道路交通运量

表2—2是美国交通部2014年7月公布的数据,航空运输的客运水平是580501人百万英里,铁路运输仅仅是6804人百万英里,而公路是4273876人百万英里。由此可见,美国当前主要的客运依然是依靠公路运输,其中近2/3是由轻型的短轴距卡车承担的。同时,公交车仍然是城市交通的主力,远远高于城市轻轨和无轨电车的运量。

表2—2　　美国各类交通运输的客运水平　　（单位：人百万英里）

| | 2005年 | 2006年 | 2007年 | 2008年 | 2009年 | 2010年 | 2011年 | 2012年 |
|---|---|---|---|---|---|---|---|---|
| 国内航空 | 583771 | 588471 | 607564 | 583292 | 551741 | 564695 | 575613 | 580501 |
| 公路总计 | 4901211 | 4955063 | 4981088 | 4900171 | 4241346 | 4244157 | 4229936 | 4273876 |
| 轻型短轴货车 | 2699305 | 2671044 | 3324977 | 3199116 | 2800603 | 2814.055 | 2843.075 | 2866797 |
| 摩托车 | 174927 | 24329 | 27173 | 26430 | 22428 | 19886 | 19927 | 22940 |
| 轻型长轴货车 | 1804848 | 1876690 | 1017007 | 1049667 | 824994 | 831.312 | 807.148 | 803.023 |
| 两轴六轮卡车 | 109735 | 123318 | 119979 | 126855 | 120207 | 110674 | 103803 | 104960 |
| 组合货车 | 175128 | 177321 | 184199 | 183826 | 168100 | 175911 | 163791 | 163358 |
| 客车 | 278864 | 297631 | 307753 | 314278 | 305014 | 292319 | 292192 | 312797 |
| 城市公交总计 | 47125 | 49504 | 51873 | 53712 | 53898 | 52627 | 54328 | 55169 |
| 巴士 | 19425 | 20390 | 20388 | 21198 | 21100 | 20570 | 20559 | 20060 |
| 轻轨 | 1700 | 1866 | 1930 | 2081 | 2196 | 2173 | 2363 | 2316 |
| 重铁 | 14418 | 14721 | 16138 | 16850 | 16805 | 16407 | 17317 | 17516 |
| 无轨电车 | 173 | 164 | 156 | 161 | 168 | 169 | 160 | 162 |
| 区域铁路 | 9470 | 10359 | 11137 | 11032 | 11129 | 10774 | 11314 | 11121 |
| 一般铁路 | 5381 | 5410 | 5784 | 6179 | 5914 | 6420 | 6670 | 6804 |

资料来源：根据美国交通部发布的 National Transportation Statistics 2014 整理。

表2—3是美国交通部于2014年7月公布的数据,其显示,美国客运量主要是由卡车和铁路运输来完成的。以最近的2011年数据为例,美国卡车货运量占美国交通货运量的44.8%,而铁路货运占29.3%。由此可见,

在货运方面，道路运输排在铁路运输的前面，位于首位。

表2—3　　　　　美国各类交通运输的货运水平　　（单位：吨百万英里）

| | 2003年 | 2004年 | 2005年 | 2006年 | 2007年 | 2008年 | 2009年 | 2010年 | 2011年 |
|---|---|---|---|---|---|---|---|---|---|
| 美国总体 | 5579251 | 5619322 | 5659393 | 5699463 | 5739534 | 5998009 | 5468001 | 568962 | 5899165 |
| 航空 | 15231 | 16451 | 15745 | 15361 | 16141 | 13774 | 12027 | 12541 | 12134 |
| 卡车 | 2478740 | 2427170 | 2453347 | 2405811 | 2495786 | 2752658 | 2449509 | 2512429 | 2643567 |
| 铁路 | 1603564 | 1683895 | 1733324 | 1855897 | 1819626 | 1729734 | 1582092 | 1706505 | 1725634 |

资料来源：根据美国交通部发布的 National Transportation Statistics 2014 整理。

## 三　美国道路运输业发展与产业经济发展的相关情况

从近十几年的产值来看，美国自有运输与相关仓储业产值占GDP的比重一直维持在接近3%的状态，并没有明显的波动，见表2—4。

表2—4　　　　　自有运输业所占GDP的比重

| 年份 | GDP（十亿美元） | 交通运输业（十亿美元） | 交通运输业/GDP（%） |
|---|---|---|---|
| 1998 | 10274.7 | 288.4 | 2.81 |
| 1999 | 10770.7 | 298.6 | 2.77 |
| 2000 | 11216.4 | 318.5 | 2.84 |
| 2001 | 11337.5 | 307.0 | 2.71 |
| 2002 | 11543.1 | 302.8 | 2.62 |
| 2003 | 11836.4 | 318.3 | 2.69 |
| 2004 | 12246.9 | 347.0 | 2.83 |
| 2005 | 12623.0 | 369.5 | 2.93 |
| 2006 | 12958.5 | 384.5 | 2.97 |
| 2007 | 13206.4 | 388.8 | 2.94 |
| 2008 | 13161.9 | 392.3 | 2.98 |
| 2009 | 12757.9 | 352.4 | 2.76 |
| 2010 | 13063.0 | 375.9 | 2.88 |

续表

| 年份 | GDP（十亿美元） | 交通运输业（十亿美元） | 交通运输业/GDP（%） |
|---|---|---|---|
| 2011 | 13299.1 | 393.8 | 2.96 |
| 2012 | 13593.2 | 399.1 | 2.94 |

资料来源：根据美国交通部发布的 National Transportation Statistics 2014 整理。

与其他产业相比（见图2—1），美国自有交通业所占GPD比重比较稳定，一直高于采掘业和农业，但是低于零售业、教育卫生、制造业和金融地产等其他产业，属于比较基础的产业。

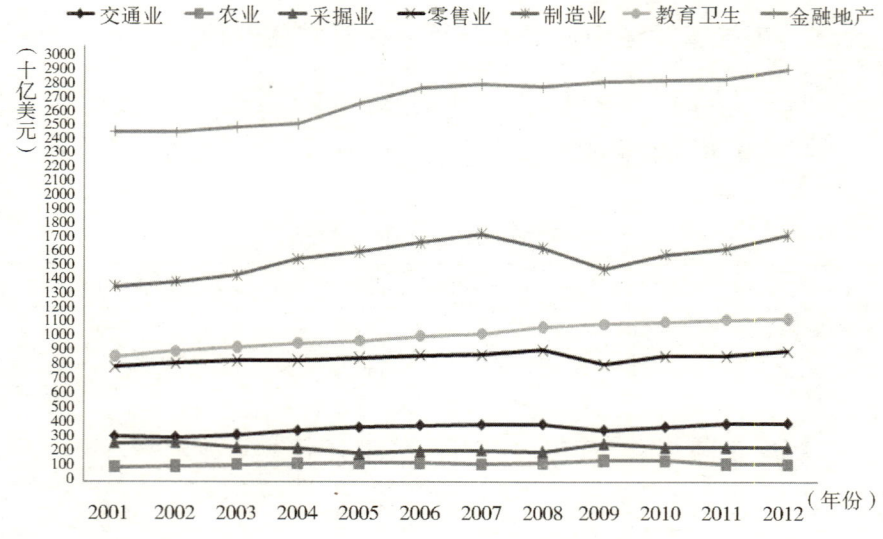

图2—1 美国各产业所占GDP的比重

表2—5是美国交通部发布的2012年数据。此表显示，无论是GDP总量的比较、营运交通服务所占美国GDP的比重，还是各类交通所分别占营运交通服务GDP的比重，卡车运输都远高于其他的交通运输方式。因此，美国公路运输所创造的产值最高，美国的运输经济依然是以卡车的道路运输为主。

表 2—5　　营运交通服务所创造的 GDP

|  | 2005 年 | 2006 年 | 2007 年 | 2008 年 | 2009 年 | 2010 年 |
|---|---|---|---|---|---|---|
| 美国总计 GDP（十亿美元） | 12623.0 | 13377.2 | 14028.7 | 14291.5 | 13939.0 | 14526.5 |
| 营运交通服务 GDP 总计（十亿美元） | 369.6 | 394.0 | 404.9 | 415.1 | 391.7 | 402.6 |
| 航空交通 | 55.7 | 59.7 | 60.2 | 59.9 | 60.4 | 63.3 |
| 铁路交通 | 27.0 | 30.6 | 31.7 | 35.1 | 30.7 | 32.1 |
| 水路交通 | 8.9 | 11.7 | 12.8 | 14.3 | 14.4 | 14.7 |
| 卡车交通 | 119.6 | 125.3 | 127.2 | 122.3 | 110.8 | 116.0 |
| 城铁及地面客运 | 21.2 | 22.5 | 24.0 | 25.3 | 25.7 | 26.1 |
| 管道交通 | 10.4 | 11.3 | 12.5 | 16.1 | 14.6 | 15.3 |
| 其他交通及支持性活动 | 92.0 | 96.3 | 96.9 | 100.8 | 93.9 | 93.2 |
| 仓储服务 | 34.8 | 36.6 | 39.6 | 41.3 | 41.2 | 41.9 |
| 占美国 GDP 的百分比（%） | | | | | | |
| 营运交通服务 | 2.93 | 2.95 | 2.89 | 2.91 | 2.81 | 2.77 |
| 航空交通服务 | 0.44 | 0.45 | 0.43 | 0.42 | 0.43 | 0.44 |
| 铁路交通服务 | 0.21 | 0.23 | 0.23 | 0.25 | 0.22 | 0.22 |
| 水路交通服务 | 0.07 | 0.09 | 0.09 | 0.10 | 0.10 | 0.10 |
| 卡车交通服务 | 0.95 | 0.94 | 0.91 | 0.86 | 0.80 | 0.80 |
| 城铁及地面客运 | 0.17 | 0.17 | 0.17 | 0.18 | 0.18 | 0.18 |
| 管道交通 | 0.08 | 0.08 | 0.09 | 0.11 | 0.11 | 0.11 |
| 其他交通及支持性活动 | 0.73 | 0.72 | 0.69 | 0.71 | 0.67 | 0.64 |
| 仓储服务 | 0.28 | 0.27 | 0.28 | 0.29 | 0.30 | 0.29 |
| 占营运交通服务 GDP 的百分比（%） | | | | | | |
| 航空交通 | 15.07 | 15.15 | 14.87 | 14.43 | 15.42 | 15.72 |
| 铁路交通 | 7.31 | 7.77 | 7.83 | 8.46 | 7.84 | 7.97 |
| 水路交通 | 2.41 | 2.97 | 3.16 | 3.45 | 3.68 | 3.65 |
| 卡车交通 | 32.36 | 31.80 | 31.42 | 29.46 | 28.29 | 28.81 |
| 城铁及地面客运 | 5.74 | 5.71 | 5.93 | 6.10 | 6.56 | 6.48 |
| 管道交通 | 2.81 | 2.87 | 3.09 | 3.88 | 3.73 | 3.80 |
| 其他交通和支持性活动 | 24.89 | 24.44 | 23.93 | 24.28 | 23.97 | 23.15 |
| 仓储服务 | 9.42 | 9.29 | 9.78 | 9.95 | 10.52 | 10.41 |

资料来源：根据美国交通部发布的 *National Transportation Statistics* 2014 整理。

## 四 美国道路运输业发展的特色

由上述分析可知,道路运输在美国的产业中属于基础产业,其自有运输加营运运输的 GDP 接近美国 GDP 的 6%;其城市公共交通并不算是发达,并呈老化现象,这可能是其私人交通运输比较发达的缘故。但是,就其运输力和产值而言,公路运输可谓美国交通运输业的主力,特别是美国的卡车运输,见表 2—5。其创造的 GDP 竟然接近美国航运运输的 2 倍,铁路运输的 4 倍,水路运输的 8 倍。总结美国的道路运输的特色就是以卡车运输为主的公路经济。

美国以卡车为主的公路交通经济,有零担运输的特点。整车运输和零担运输是两种主要的运输方式。整车运输是将大量的单一货种,按照要求中间无停顿地从起点运到终点,整车运输没有固定运输线路,受货物性质的制约较大。零担运输是指事先规定好运输线路,当拼够足够数量的货物后统一发车,中间地点可以作为货物的重点,并且也可以作为新货物的起点,可以灵活地装货和卸货,运输企业可以随意地拼装运输,可以灵活地根据货物量的大小选择运输车辆,且按照货物的重量和体积进行计价的运输方式。

从成本收益分析的角度看,零担运输必须拥有装卸设备和站点设施,同时应保证有足够的流动资金,固定成本投入相比整车运输更多,以及需要投入更多的劳动力成本。但是,零担运输可以通过增加运输网络面、扩大线路上运输的密度和强度来降低单位运输成本。基于网络经济的特性,有扩大线路覆盖和提高运输密度的激励。[①] 美国的道路快速货物运输是在零担运输的基础上发展起来的。

## 五 美国道路运输业的改革

美国从 20 世纪 70 年代后期便开始对交通运输业逐渐开放更多的运输市场,允许更多的经营者进入,扩大了运价自由,并通过立法的形式给予保证。如 1977 年和 1978 年通过了航空方面的货运和客运的放松管制法;

---

① 李忠奎:《公路货运业的市场与制度分析》,经济科学出版社 2009 年版,第 189 页。

1982 年又专门通过了《公共汽车管理改革法》。① 这些改革及变化说明，美国的运输政策已经从过去对运输竞争严格控制的态度，转变为依靠市场，依靠竞争。

美国政府的运输政策以法制为基础，有效地保障国家运输系统的运行和发展。2008 年美国对交通管理政策进行新一轮的调整和改革。在 2009 年 2 月 17 日，奥巴马总统签署了《美国复苏与再投资法案》（Recovery Act），其主要目的是维持现有的就业，创造新的工作岗位，刺激经济活动，促进持续的经济增长；实现政府开支问责制和透明度。该法案重新强调基础设施建设在美国的重要性。法案不仅要求改善美国当前公路系统的构架，也增强了维护公路基础设施建设的需求意识。截止到 2010 年 12 月，该法案的基金中共有 263 亿美元用于与道路相关的工程，总共 12931 个公路项目全部或部分由法案规定提供资金；平均每 22 个月开建 588 个建设项目。2010 年每个月平均有 244 个公路项目得到资金支持。政府一方面通过这一措施提高了道路安全性、减少了拥堵等交通问题；另一方面通过对于道路的改造和建设，创造了就业机会，有利于经济的复苏。截止到 2011 年，这一措施大约累积提供了 13 亿工作小时，相当于 29 万个全职工作人员工作 2 年。这些项目中包括路面的改善（占资金的 49%）、路面的扩宽（占资金的 17%）、新建工程（占资金的 7%）、安全和交通管理（占资金的 5%）、桥梁替换（占资金的 5%），还有其他一些工程，如改善自行车道等。② 美国新的道路工程的位置遍及全美，星云密布，见图 2—2。

## 第二节　欧盟道路运输业发展、特色及其支持政策

欧盟并不是一个国家，因此欧盟制定运输政策有自己独特的目的和特点。它是为了方便各成员国之间人员和物资的交流，促进其内部各类资源的有效配置，提高欧盟整体的竞争力。随着东扩的推进，扩大后的欧盟已由

---

① 杨咏中、牛惠民：《中国道路运输及综合运输体系改革与发展研究》，人民交通出版社 2008 年版，第 338 页。

② Federal Highway Administration，*Our Nation's Highways* 2011，U. S. Department of Transportation，2011.

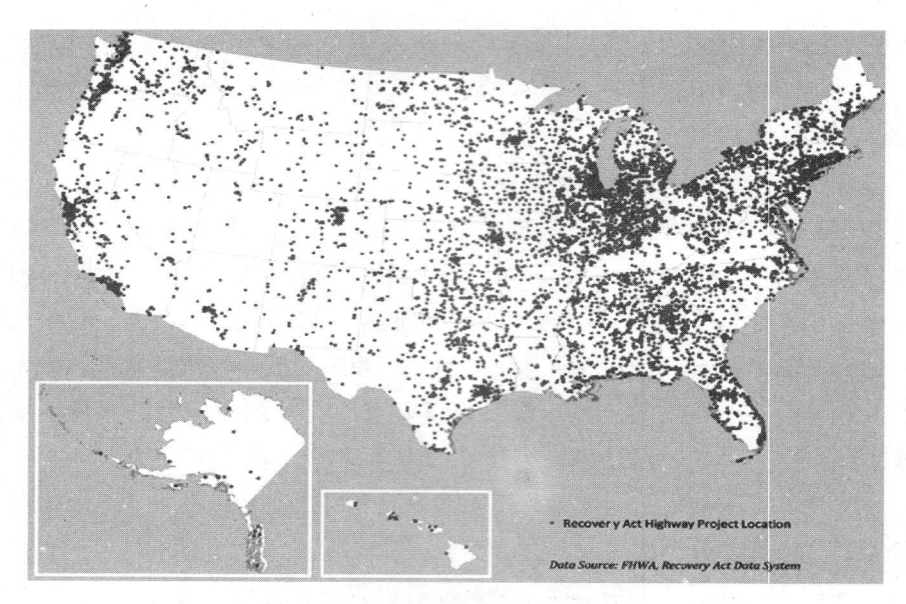

图 2—2　《美国复苏与再投资法案》中道路工程的位置

原来的 15 国变成 28 国，其整个经济区域面积达到 441 万平方公里。表 2—6 是欧盟委员会 2014 年对各大经济体的统计数据。由表 2—6 可以看出，欧盟人口已经超过 5 亿，GDP 达 129710 亿欧元，是全球最大的区域经济体。

表 2—6　　　　　　　　欧盟与其他经济体的比较

|  | 欧盟 28 国 | 美国 | 日本 | 中国 | 俄罗斯 |
| --- | --- | --- | --- | --- | --- |
| 人口（百万） | 506.65 | 313.91 | 127.56 | 1350.70 | 143.53 |
| 人口增长率（比前一年）（%） | 0.1 | 0.7 | -0.2 | 0.5 | 0.4 |
| 城市人口比率（%） | 74 | 83 | 92 | 52 | 74 |
| 面积（千平方公里） | 4414 | 9629 | 378 | 9597 | 17075 |
| 人口密度（人/平方公里） | 115 | 33 | 338 | 141 | 8 |
| （名义）GDP（十亿欧元） | 12971 | 12644 | 4623 | 6378 | 1562 |
| 实际 GDP 增长率（%） | -0.4 | 2.8 | 1.4 | 7.8 | 3.4 |
| 出口物资（十亿欧元） | 1683 | 1215 | 604 | 1537 | 410 |
| 进口物资（十亿欧元） | 1798 | 1792 | 646 | 1286 | 261 |

资料来源：根据欧盟委员会发布的 *EU Transport in Figures–Statistical pocketbook* 2014 整理（数据截止到 2012 年）。

## 一 欧盟道路交通运量

由于欧盟成员不断增多，其内部成员国经济水平又参差不齐，其道路运输状况日趋复杂。欧盟的不断扩容，促进人员流动和货物的流通，使得道路客货运发展迅速，促进了公路基础设施的建设。但由于欧盟内部在经济发展水平、社会发展水平、基础设施及道路运输管理方式和政策上的差异，导致欧盟内部存在一定的发展不均衡现象。

表2—7是欧盟最新统计的与其他经济体有关的交通客运与货运量的比较。

表2—7　　欧盟与其他经济体各种交通工具运量的比较

| 客运（十亿人千米） | | | | | |
|---|---|---|---|---|---|
| | 欧盟28国 | 美国 | 日本 | 中国 | 俄罗斯 |
| 小汽车 | 4613.0 | 5866.0 | 766.7 | 1846.8 | — |
| 公交及卡车 | 525.7 | 470.5 | 87.0 | — | 140.0 |
| 铁路 | 418.4 | 36.7 | 404.0 | 981.2 | 144.6 |
| 城铁及地铁 | 94.1 | 18.2 | — | — | 51.4 |
| 水运 | 37.7 | 0.6 | 4.4 | 7.7 | 0.6 |
| 航空（区域内） | 576.7 | 926.4 | 77.9 | 502.6 | 195.8 |
| 货运（十亿吨千米） | | | | | |
| | 欧盟28国 | 美国 | 日本 | 中国 | 俄罗斯 |
| 道路 | 1692.6 | 2038.9 | 210.0 | 5953.5 | 249.0 |
| 铁路 | 407.2 | 2649.2 | 20.5 | 2918.7 | 2222.0 |
| 内陆水运 | 150.0 | 464.7 | — | 2829.6 | 61.0 |
| 石油管道 | 114.8 | 968.6 | — | 317.7 | 2453.0 |
| 海运（区域内） | 1401.0 | 263.1 | 177.6 | 5341.2 | 45.0 |

注：美国数据为2011年数据，其他国家或地区为2012年数据。
资料来源：根据欧盟委员会发布的 *EU Transport in Figures-Statistical pocketbook* 2014整理。

由表2—7可以看出，在客运方面，欧盟除了小汽车与航空运输不及美国以外，其道路、水路、铁路交通都优于美国，其中城市轨道交通大约是美国的5倍多,优势很明显。而在货运方面,无论哪种方式都落后于美国,而多数项目更是落后于中国。可见,欧盟客运能力很强,其优势在于城市道路交通与铁路运输上。在货运方面,海运相对较为占优。

2012年,欧盟总货物运输量达37680亿吨千米,其中公路运输占44.9%,海运占36.8%,铁路占10.8%,石油管道占3%,内陆水运占4%。同年,欧盟总客运方面达63910亿人千米,公交及大客车占8.2%,铁路占6.5%,电车及地铁占1.5%,电动自行车占2%,小汽车占72.2%,欧洲各国内部的空运和各国海上的运输分别占9%和0.6%。欧盟28国在1995—2012年的客运量、货物量以及GDP的变化情况见图2—3。由图2—3可以发现,在1995—2008年,欧盟的客运量、货运量都是在不断地增长,特别是在2003年以后,其增势更为迅猛。2008年的金融危机以后,有较大的下滑,但是在2009年以后,又有所恢复。

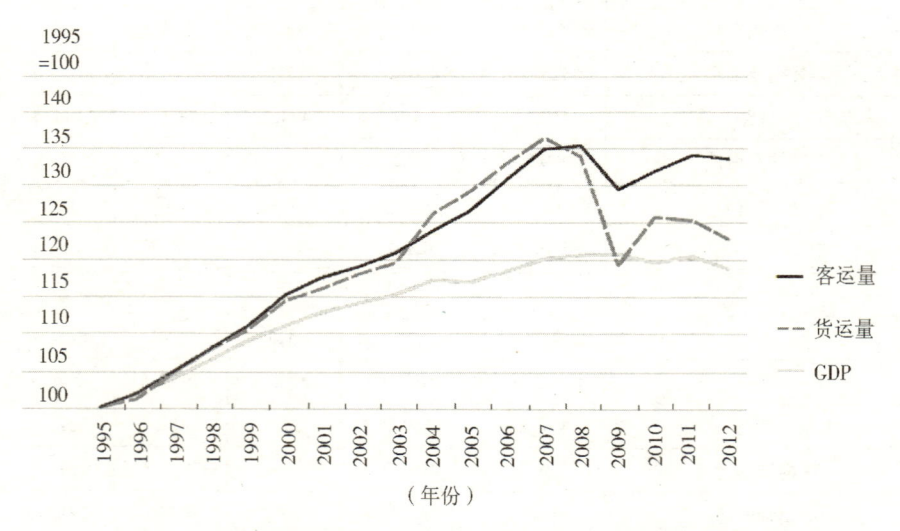

图2—3 欧盟27国1995—2012年客运量、货运量及GDP变化

资料来源:摘自 EU Transport in Figures-Statistical pocketbook 2014,第21页。

## 二 欧盟道路运输业与经济产业及其家庭消费的相关情况

2011年,欧盟大交通业的GVA(Gross Value Added,总增加值)大约为5480亿欧元,占当年GVA总量的4.8%;2010年,欧盟大交通业的

GVA 大约为 5400 亿欧元，占当年 GVA 总量的 4.9%；在 2009 年，欧盟交通业的 GVA 是 5330 亿欧元，占当年 GVA 总量的 5.1%；2008 年是 5200 亿欧元，占 4.6%；2007 年是 500 亿欧元，占 4.6%；2006 年是 400 亿欧元，占 4.2%。由此可见，其新增加值是逐年递增的，但又有逐渐萎缩的趋势。截至 2011 年，欧盟 27 国[①]的大运输业（含仓储、邮政、快递）在其范围内大约雇用劳动人数为 1100 万人，占欧盟总劳动力的 5% 左右，而这其中多数人是从事道路运输工作，见表 2—8。

表 2—8　　　　　2011 年欧盟各交通方式的雇用人数情况　　　（单位：千人）

| 总计 | 道路（货运） | 道路（客运） | 铁路 | 管道 | 内陆水运 | 海运 | 空运 | 仓储等服务 | 邮政导游服务 |
| --- | --- | --- | --- | --- | --- | --- | --- | --- | --- |
| 10605 | 3000 | 1976.6 | 613 | 27.8 | 40.8 | 175.4 | 375.9 | 2530 | 1865.5 |

资料来源：根据欧盟委员会发布的 *EU Transport in Figures-Statistical pocketbook* 2014 整理。

如表 2—9 所示，欧盟 27 国各交通方式的企业数量为 609981 家，其中从事道路交通行业的企业占八成以上。2012 年，欧盟家庭在有关交通的领域花费大约 9670 亿欧元，大约占欧盟家庭消费总额的 13%，而这两组数字在 2007 年分别为 9490 亿欧元与 13.7%。在近年来的统计中，家庭交通消费占家庭消费总额的比率相对较为稳定。

表 2—9　　　　2011 年欧盟 27 国各交通方式的企业数量　　　（单位：家）

| 总计 | 道路（货运） | 道路（客运） | 铁路 | 管道 | 内陆水运 | 海运 | 空运 | 仓储等服务 | 邮政及导游服务 |
| --- | --- | --- | --- | --- | --- | --- | --- | --- | --- |
| 609981 | 59171 | 336835 | 833 | 226 | 9482 | 11756 | 3962 | 135117 | 52599 |

资料来源：根据欧盟委员会发布的 *EU Transport in Figures-Statistical pocketbook* 2014 整理。

### 三　欧盟道路运输业发展的特色

欧盟近年来的道路运输发展迅速，弥补了内部各国间的差异，也在融

---

① 截至 2011 年，欧盟共有 27 个成员国，2013 年 7 月 1 日，克罗地亚正式加入欧盟，欧盟成员国增加至 28 个。本书为倒推数据。——编者注

合与冲突中形成了自身的特色。

一是欧盟综合性质的交通发展战略和规划成为内部发展共识。从1957年《罗马条约》中共同运输政策的制定到各发展阶段白皮书的制定，都涉及了综合交通发展战略，并具有阶段性的长远规划。最新的《欧洲战略白皮书2011》指出欧洲只能有统一的交通路线图，只有这样才能拥有一个具有竞争力和高效的交通运输系统。提出将在未来十年内采用40项具体的计划来营造一个具有竞争性的交通体系，增加运输量，消除区域障碍，抑制燃油使用，解决更多的就业问题。

二是欧盟的交通运输是一个综合的运输体系。2001年9月，欧盟制定《2010欧盟交通政策》（*European Transport Policy for 2010：Time to Decide*）白皮书。这份白皮书符合了2001年6月在欧盟理事会确定的可持续发展的战略和出台的60项具体措施。其目的是改变原有的运输方式，使得各种运输方式变得均衡；同时提出振兴铁路、促进海运和内陆水道的发展，并控制航空业的增长。这是欧盟一个重要的十年交通规划。欧盟委员会还在2005—2006年间发布了对白皮书所涉政策的中期报告。这些具体和详细的规划使得欧盟的交通运输业逐渐发展为综合的运输体系。这一体系由铁路、公路、水路、管道和航空等各种运输方式及其线路、站场等组成，目的是将使得各运输方式能够有机结合、连续贯通且布局合理，均衡发展。

三是欧盟注重技术创新和应用。一般认为，发展综合运输体系是当代运输发展的新趋势。但这个趋势又可分为两大方面：其一，运输经济的分工细化和协调配合方式的多样性成为新的发展方向。其二，新技术的应用更加广泛。尤其是在运输管理信息化、运输设备和工具的数字化方面表现尤为突出。在科技创新和应用方面，欧洲交通运输一直走在世界的前面，而且特别注重道路运输方面的安全和信息技术方面的课题。除了欧盟本身的项目，如果是跨越两个以上国家项目，欧盟将为项目资助一半的资金。目前有数百家政府及民营机构参与各项运输情报、通信、管理等项目的研究。

四是政府主导政策的制定，并设立综合运输协调小组或委托国家综合经济部门，协调各交通运输方式发展的战略规划、建设和管理工作。公路、航空、铁路、管道、水路等运输系统具有不同的经济与技术特点，彼此有着各自的优缺点，它们共同构成了现代化的综合运输体系，在综合运输体系中具有不同的地位和作用。① 欧盟通过政府主导，加强对综合运输体系的研究，促进了布局合理、协调发展的现代化综合运输体系的进一步完善。

## 四 欧盟道路运输业的最新动向

欧盟道路运输的目标除了高效以外，更加关注安全和环保。在2012年的统计数据中，欧盟当年共有28126人死于道路交通事故，比2011年减少了8.3%（2011年死亡人数为30686人），而2011年还比2010年减少了2.5%，与2001年相比，死亡率总计下降了48.8%。虽然车越来越多，运载量越来越大，但是事故却越来越少。

在安全方面，欧盟许多汽车安全设施都投入市场，并提升了交通工具制动或牵引的稳定性，帮助驾驶员与障碍物之间保持合适的距离。防锁制动系统在欧洲市场的多数车内都已经安装；更新的电子设备，如电子稳定程序、电子制动分配系统和牵引控制在许多汽车和卡车上都已经开始应用；电子稳定程序通过给每个车轮增压或较少发动机的输出，从而纠正转向不足或转向过度。而轮胎压力监视器使用压电式感应器接收实时的轮胎压力测量值，当低值出现时对驾驶员发出警告。先进的恒速操纵器和碰撞警报系统使驾驶员与前方车辆保持安全距离，或者通过制动系统和发动机的自动化使其恢复以前想要的速度，这一系统在1999年被引进欧洲。它们在许多小汽车和货车中应用。其他创新包括感应器、车载计算通信系统，以加强道路能见度。突出性分布控制系统通过探测汽车的速度和轨道来改变交通灯的密集度和方向。这些新交通安全技术的应用都为欧盟的道路安全提供了保障。

欧盟公路运输所导致的二氧化碳排放已经占到欧盟运输业碳排放总量的84%。由于道路运输在欧洲还会有着很大的成长空间，因此较少道路碳排放以及节约能耗已经成为欧盟治理环境和提高运输效能的双重任务。一直以来，欧盟致力于治理交通环境和节约能耗等方面的研究，率先采取了具有长远发展前景的创新技术，包括燃料电池、生物燃料和氢气燃料，但大多数尚处于初级发展阶段。其中电动交通工具欧盟的使用人数越来越

---

① 蒋惠园、曾祥华：《21世纪交通运输展望及政策建议》，《中国水运》2000年第30期。

多。最具前途的电动能源应用是使用电动和燃料能源相结合的混合型交通工具。由于交通工具的重量对燃料经济有着很重要的影响，目前最有效的减重材料是铝和碳纤维。用铝制造的交通工具重量将减少40%，并且已经开始在欧盟的市场上投入销售。最新研制出的超级汽车可以节约3—5倍的燃料。随着排放量标准的日益严格，催化剂减少了发动机和排放物的污染。根据欧盟委员会2011年出版的《欧洲战略》的白皮书，欧盟委员会计划2050年在运输行业上削减60%的碳排放。

欧盟许多地区存在交通拥挤问题，许多交通路线都受到了交通拥挤问题的严重困扰。据统计，大约10%左右的公路运输网络每天都会出现交通拥挤现象。公路运输交通拥挤所产生的额外成本相当于整个欧盟GDP的0.5%。2014年9月11日，欧盟委员会提议投资119亿欧元来改善各成员国道路情况，这是迄今为止欧盟最大的一笔用于交通基础设施建设的投资，并决定各成员国必须在2015年2月26日前完成投标工作。这些资金将集中在九个主要交通走廊，最终形成一个核心的交通网络，成为欧盟统一经济市场的生命线，见图2—4。欧盟委员会负责交通事务的副主席卡拉

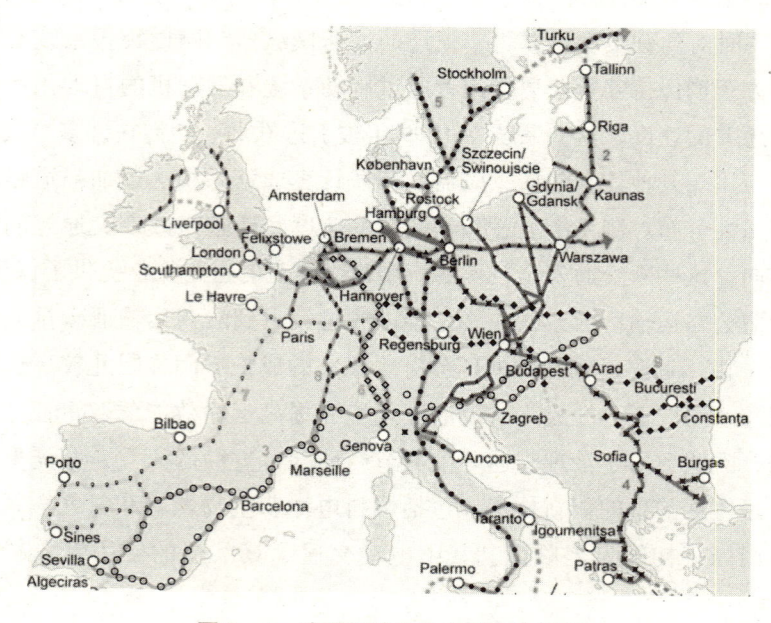

图2—4 欧盟新的核心交通走廊计划

斯评论道："运输是欧洲经济高效的基础，所以投资于交通促使经济复苏比任何时候都重要。欧洲地区如果没有好的交通运输就不会有成长与繁荣。"预计在 2014—2020 年，欧盟总计将向交通领域投入约 260 亿欧元，相比 2007—2013 年 8 亿欧元的投入，增加了约 31.5 倍。① 由此可见，欧盟将在未来对交通领域采取大手笔的行动。

## 第三节  新加坡道路交通业发展、特色及其支持政策

新加坡是东南亚岛屿国家，最短的东西距离只有几十公里，面积较小、资源匮乏，人口密度高达 6800 人/平方公里，是全球人口最密集的城市之一。但是公路总里程却有 3100 公里，其中高速公路 150 公里。全市所有车路相加，总里程可达 7000 公里，国土面积大约 12% 被道路占据。另外，地铁与轻轨共达 128 公里，有 92 个车站；公交车 3300 余辆，共 250 条营运线路；出租车 18300 辆。公交车站点总计 3800 多个，每个站点 15 分钟就有一辆车到达，规定早不能超过 1 分钟，晚不能迟到 2 分钟，400 米范围内必有一个站点，所以总体来说公交系统是非常便捷的。根据全球著名咨询公司美世公司发布的 2012 年报告，新加坡城市基础设施排名位列世界第一，其人民生活质量的排名也一直位居世界前列，而这些成绩都是与新加坡政府有效的城市交通管理密不可分的，是非常值得借鉴与学习的。

### 一  新加坡公共交通业发展的演进

一直以来，建设优质的公共交通服务体系是新加坡政府所致力实现的目标。新加坡通过发挥政府调控和市场配置的手段，并通过制度的约束和刺激，实现了公交系统的有效运行和发展。

新加坡政府有关其交通发展的历史碑刻上写道："自 1970 年代，新加坡已经成功发展出一套世界最先进的交通系统。樟宜机场是世界最好的机场之一，发达的船运业使新加坡成为世界最繁忙的港口。在陆路交通方面，新加坡实现了大众交通系统。如地铁及巴士，来辅助公路系统。"这

---

① http://ec.europa.eu/transport/themes/infrastructure/news/corridors_en.htm.

正是新加坡人对其交通骄傲的自我评价。

新加坡的交通发展不是一蹴而就的，而是经历了长时间的努力才有现在的成效。简要说经历了自由发展、政府强力干预和政府适度宏观调控三个阶段。在早期，政府基本上不干预公共交通运输的发展。新加坡的公共交通起步很早，早在1902年就成立了有轨电车公司，但是由于处在英国殖民统治期间，政府很少干预公共交通运输业的发展。

到了20世纪70年代，新加坡公共交通进入强力的政府干预期，因为当时的新加坡虽然有11家公交公司，且经营着117条线路，可是公交服务质量确是非常的落后：每家公司服务于不同的区域，既没有票价的统一规定，也没有路线和时间表的统一规定。新加坡政府此时意识到公共交通服务的重要性和私人小企业经营公交业务的困难，于是开始了公共交通系统的强力干预，强制性地将11家小型公交公司合并成为三家大公司，并经过一段时间的努力，将三家公司进一步整合，成立新加坡巴士公司，并在新加坡证券交易所上市。1982年，为了促进市场竞争，第二家公交公司八达巴士公司挂牌成立。1987年，第一家城市轨道交通公司也开始运营。

近十几年来，新加坡政府对公共交通业的发展由强力干预转入适度宏观调控。2001年，政府受"公共汽车—轨道交通联合运输"模式的启发，轨道交通公司收购了八达巴士公司公交运营业务，成立了城市轨道交通巴士公司的下属公司，同时也是第一家多式联运公司。2003年，新加坡巴士公司也开始经营轨道交通运营业务，并改名为SBS Transit公司。新加坡的城市公交运营由此走上了市场化道路，政府不再过多干预运营事务，而是给予总体上的宏观调控。[1]

## 二 新加坡公共交通运行方式及其特色

新加坡城市公共交通主要由地铁（轻轨）、公共巴士和出租车三大部分构成。依据新加坡陆路交通管理局2011年12月发布的数据，新加坡公路网达3411公里，高速公路161公里，地铁147公里（97个站点），轻轨29公里（34个站点），公交巴士344条线路（有3484辆车），出租车2.7万

---

[1] 冯立光等：《新加坡公共交通发展经验及启示》，《城市交通》2008年第6期。

辆。车辆总数 95.7 万辆，其中小轿车总数 60.6 万辆。由此可见，新加坡的公交系统可谓四通八达，覆盖面非常广，而其运载量更是惊人：轨道交通出行量每天 240 万人次，巴士出行量 339 万人次，出租车出行量 93 万人次。①

新加坡的公共交通运行方式：地铁、轻轨和公共巴士均由轨道交通公司和巴士公司两大营运公司分别在不同区域垄断运营。票价由公共交通理事会负责制定，服务标准由陆路交通管理局负责制定，并监督服务水平。出租车则与轨道巴士的经营不同，出租车业务是由七大出租车营运公司和少数零散个体户运营，出租车收费标准由各公司自行决定，营运线路灵活，允许新的竞争者加入，因此，出租车的经营并非垄断式的，而是呈自由竞争状态，各公司通过努力提高服务水平进行竞争。②

在公共交通的管理方面，新加坡道路的公共交通管理由新加坡交通部下设的陆路交通管理局具体负责。新加坡的道路交通管理是非常具有特色的，甚至一些制度和法规都是世界唯一的。具体来说：

（1）公交车专用道与单行线的广泛使用。为了加强城市道路客运能力，尤其是提升公共交通的效率，新加坡在城市主要的道路上都设有公交专用道，在早晚高峰时间保证公交通行。另外，新加坡单行线非常多，接近一半的线路是单行线，所以往返同一地点的线路与车费有很大不同。

（2）人性化的交通模式。新加坡每个路口都有很多高低错落的红绿灯，目的是方便驾驶员和行人从不同的角度都能观察到交通信号指示。新加坡的城市道路中交通信号灯覆盖率极高，无论街道大小，都设有交通信号灯，这不仅便于交通管理和协调，也在无形中养成交通主体按规则行事的习惯。

（3）管理制度非常细致。例如，新加坡的车牌颜色区别其使用功能，黄色带有租赁送货的功能，黑色则为普通的，规范有序。

（4）电子闸门。新加坡 ERP 电子收费闸门是全城覆盖的，通过不同地点、不同时间的拥堵的情况来进行收费，减轻拥堵压力。新加坡政府将这种电子闸门收费的方式与限制车辆所有权的方式相结合，共同治理城市拥堵问题，降低城市拥堵问题发生的概率。而其所采用的 ERP 系统则是调

---

① 邱爱军等：《新加坡城市交通管理经验及启示》，《中国经贸导刊》2013 年第 6 期。
② 同上。

节道路交通的阀门。

（5）拥车证。新加坡也通过车价来严格控制私人购车。新加坡购车需要"拥车证"，如果加上各种税费，其养车成本非常高。而且"拥车证"还有期限，一般为十年，需竞价获得。据说每月有两次投标活动，一般每年下发的"拥车证"以原有车辆总数的3%为上限。而且新增1.6升以下的小排量汽车的配额是高排量汽车的两倍。

（6）标线。与国内道路标线对比，新加坡的道路标线更加生动、易懂，有其自身特色。如单折线、单黄线和双黄线，单黄线区域禁止长时间停车，双黄线意味着严禁停车。另外，在到达红灯之前，有三条或者四条方向指示标识。当红灯亮起，若机动车已到达倒数第二个标识，则可以通过路口，若未到达则必须停止，如图2—5所示。另外，新加坡的道路表现具有多元化设计和会意功能强的特征。所有街道的交通标识都明确地反映出该路段的路况和通行要求，并且将违法后果也体现出来，让司机一目了然。新加坡的道路减速带设计十分具有新意，相比国内的减速带，新加坡的减速带更宽，并且在减速带上利用坡面绘制花纹，让司机在很远的位置便可以发现并提前减速。

图2—5 新加坡的交通标线

## 三 新加坡公共交通最新的政策规划

新加坡政府公共交通有着详细的规划，具体来说：

（1）公交车方面。计划到2015年370个公交车站将强制性提供巴士时刻表，公交车专用道将达到200公里。从2016年开始，新加坡交通领域将逐渐转向承包模式，为的是引入更多的竞争，从而提高服务质量。此外，还格外提高在高峰期的服务质量，要做到 50% 的公交车在高峰期间彼此到站间隔不超过 10 分钟，100% 的公交车在高峰期间彼此到站间隔不超过 15 分钟。到 2017 年，新加坡将有 1000 辆政府资助的公交车在道路上行驶，所有的接驳服务在高峰期时段前后两车间隔不能超过 8 分钟，同时将加开 80 个新的公交线路。

（2）轨道交通方面。新加坡 2014 年在东西线和南北线上新增了 13 辆新的列车，这让乘客等车时间变短。预计到 2015 年中，乘客等待的时间将变得更短，因为新加坡政府决定继续增加列车的数量。环线类车将增加到 24 辆，这将比现在增加 60% 的可运输量；同时 18 辆列车也将增加到东北线上，这也将增加 70% 的可运输量。在增加新车的同时，轨道交通方面还会增加部分列车的车厢数量，这样也会大幅度提高运输效率。

（3）出租车方面。在出租车方面，政府也做了具体的规划。要求各出租车公司保证有更多的出租车在高峰期出动，要求一般的出租车要全天候行驶。政府要求的新标准是 80% 的出租车要在高峰期间服务（早高峰是上午 7 点至上午 11 点，晚高峰是下午 5 点至晚上 11 点），并且 80% 的出租车每天行驶里程不能少于 250 公里。新加坡从 2013 年出台新的标准以来，已经初见成效：2012 年高峰期出租车的出动率是 82%，而 2014 年前六个月的数字是 87%，这意味着高峰期平均每天增加了 1300 辆出租车。市场上有了更多的两班倒出租车：2012 年两班倒的出租车只占出租车总量的 52%，而现在占到了 65%。同时，新加坡政府的统计，一班出租车平均一天只能行驶 300 公里，而两班倒的出租车一天能行驶 450 公里，因此，也提高了出租车的服务效率。同时，多种打车方式也在积极普及，如手机软件与电话订车等。

（4）自行车方面。新加坡政府出于绿色交通的考虑，开始鼓励市民骑自行车出行。一是开始大量地修建自行车专用道，其规划在 2020 年将有 16 个建屋局的社区覆盖完善的自行车道；到 2030 年，所有的建屋局的社区都将覆盖自行车道。二是大量增加轨道交通站点的自行车架，到 2014 年底，已经将车站附近的自行车架子数量增加到了 1.1 万个，同时还要大量增加地下自行车停车场。规划到 2030 年，铺设的自行车道将达到 700 公里，相当于新加坡海岸线的3倍。

（5）智能技术应用方面。新加坡领土狭小，可用的地表空间近乎枯竭，因此新加坡积极地研发新的智能技术的应用，主要的研究趋势是向地下发展，并开发无人驾驶交通工具以及更智能化的交通系统。

## 四　新加坡公共交通治理与其扶植政策

（一）交通治理：严格的制度与人性化的设计并存

如前文所述，新加坡的制度是非常严格的，但是其制度的制定也有其细致与人性化的一面。例如，其道路上的"电子警察"或"电子眼"很多，但是只对超速一定的情况下才进行记录，并不是特别死板。路边有黄色波浪线的地方是不能驻车的，单条黄色波浪线是不能长期停车，双黄色波浪线是不能停车。一般路口前的直行路上，有与车同方向线性排列的三个箭头，个别路口也有两个的。据说意味着当你的车已经开到了离路口最近的两个箭头处，如指示灯已经由绿色变成红色，但你依然是可以开过去的，目的是担心由于减速过多带来的伤害。当然，车头过线也是可以的，相比而言，也是很人性化的。

（二）整体的政策导向非常重视城市公交规划

新加坡政府规划中，到2020年将早高峰期搭乘公共交通的比率由目前的约60%提升到70%；而这其中，85%的乘坐者可以在一小时内抵达目的地；公共交通的平均路程时间与私家车里程时间，可由原来的1.7倍降到1.5倍。并且提出了四大策略，分别是：一是科学规划，协调发展策略。治理包括实行城市交通与土地使用开发的综合规划，使交通规划与土地使用有效结合，协调发展。同时统一规划公交线路，确保轨道交通干线与公交巴士线路得以有效联运，轨道站的设置与公交巴士站的设置必须满足在换乘需要和合理步行的范围内。二是优先发展公共交通策略。如推广公交车专用道等。三是实施需求管理策略。包括坚持拥车证制度和电子道路收费系统，有效地抑制了交通需求增长，使新加坡的汽车数量得到有效控制。同时继续提供更加人性化的需求服务。四是实施智能化管理策略。通过电子系统的普及以提高运作效率，如新加坡陆路交通管理部门提供实时的交通信息，减少出行者候车或转车时间。新加坡全国4500个巴士站可以提供巴士路线信息,方便乘客查询。并且从2008年7月起,市民也可通过手机终端、互联网或热线查询实时巴士抵站信息。

(三)扶持政策的制定非常细致与超前

新加坡政府从立国初期就有制定概念性、高起点、高质量发展规划的传统,并针对规划不断进行细致的调整。从前文中我们也可以看出,新加坡对其交通管理有着很具体的量化目标。为了达到这一目标,其会出台很多具体的扶持性政策。例如,新加坡2020年的主要目标是提升公交出行率到70%;85%的公交使用者出行时间小于等于1小时;降低公交出行时间到小于私家车的1.5倍。为此目标,政府投入600亿新元从以下几方面改善提高:一是全力发展轨道交通。2020年前,轨道交通网络将由现在的178公里增至大于280公里。二是建立枢纽站。将巴士与地铁车站一体化设计,在主要居民区、商业区设置融干线、转运巴士、地铁服务为一体的购物居住型枢纽站。三是优先发展巴士。采用信号优先、公交专用道等形式保障巴士运行速度和质量,同时设置优质车、夜班车等特色公交服务车。四是完善智能信息系统。地铁、巴士运行信息通过手机、网站、车站信息牌等载体即时动态发布,民众可随时查阅。

(四)政府强制实行燃油平准基金政策

1992年起,政府要求建立燃油平准基金,规定公共交通运营企业设立专用账户,作为应对短期油价上涨的基金。基金从企业收入里提取,公共交通委员会会给出最近五年平均市场动态燃油价格作为参考价格,企业每年累计上交基金会直至达到预定额度。当实际采购价格低于参考油价时,提取差额部分注入基金;高于参考油价时,可提取基金来缓解燃料价格短期急剧上涨的压力。

## 第四节 发达国家道路运输业发展对经济社会发展的贡献

无论哪个国家,现代道路运输业的发展必定是其整个运输体系建设的重要任务之一。而就道路运输发展的本质来讲,就是要合理地配置有关资源,使其对社会经济发展的贡献最大化。通过道路的建设,使区域间、城市间、城乡间以及城市内部的运输成本降低，优化空间经济产业结构，提高社会经济发展的空间效率。实际上，道路发展的好与不好的评价，是由其对社会经济发展的贡献度决定的。

20世纪50年代中期，西方发达国家基本上从战后的经济状态下复苏起来，进入社会稳定及经济持续增长的时期。因此，社会运输需求量不断增长，相应的市场结构也在不断地变化：道路运输的需求不断增加，而传统的铁路运输需求相应地减少；私人汽车数量增加，小汽车逐渐成为主要的客运工具之一；随着社会经济的发展，人们的生活休闲化、工作效率化，对于交通载体的条件及其运输便捷的要求也变得越来越高。这些现象的出现，使各国都存在道路运输能力滞后于交通量增长需要的问题。因此，各国都提高了对道路运输业的投入，并在有关的建设中极大地改善了投资环境及产业布局的条件，促进了商品贸易活动和人员交流，同时也产生了相应的运输效益和社会经济效益。在这些效益中，有的是直接的效益（与收入相关的），有的是间接的效益（与可达性相关的）。直接的效益如使市场进入更加便利、节约了时间和成本、促进生产率提高、有助于劳动专业化等。间接的效益有形成产品网络经济、形成一定的范围经济、满足了流动性需要、促进了就业等。

## 一 公路交通体系的社会效益

现代公路作为一种重要的道路运输方式，结合当代的科技水平，已经不断为道路运输市场提供更高速度、更高容量以及更为机动的服务。特别在中短途的运输中，相比铁路与航空运输有着无可比拟的优势。在现实中，由于公路的普及广度与便利性，在中远程距离的运输业中，许多企业和个人也采取公路运输的方式，所以有人称这种现象为"铁路比较优势逆转"。表2—10为世界道路运输发展排在前10名的国家，从中可以看出，随着社会发展，不论发达国家还是发展中国家，道路里程数量都会快速增加。其中除了领土较大的中国、印度、巴西以及俄罗斯以外，其余的国家都是发达国家。作为发达国家的法国，其领土面积在世界排名中仅列第47位，但其道路里程数却在世界上排名第8位，几乎与世界领土面积最大的俄罗斯相当。法国道路都是现代化的道路，而且还有5100公里的海外地区的公路。然而俄罗斯道路中铺砌的公路里程仅为 776000 公里，而未铺砌的道路里程达 206000 公里。整体来说，发达国家的公路发展整体水平高于发展中国家，其公路交通体系具有更重要的社会效益。

表 2—10　　　　　　　　世界主要大国公路里程　　　　　　　（单位：公里）

| 序号 | 国家 | 里程 | 序号 | 国家 | 里程 |
| --- | --- | --- | --- | --- | --- |
| 1 | 美国 | 6506204 | 6 | 加拿大 | 1042300 |
| 2 | 中国 | 4106387 | 7 | 俄罗斯 | 982000 |
| 3 | 印度 | 3320410 | 8 | 法国 | 951200 |
| 4 | 巴西 | 1580964 | 9 | 澳大利亚 | 823217 |
| 5 | 日本 | 1210251 | 10 | 西班牙 | 681298 |

资料来源：美国中央情报局发布的 *The World Factbook*（https://www.cia.gov/library/publications/the-world-factbook/fields/2085.html）。

第一，提高公民生活质量。发达国家良好的公路网络为公民生活提供了便利，为公民的交流与出行提供了更为广阔、更具乐趣、更为机动的空间。以美国公路系统为例，绝大多数的美国家庭都会选择汽车出游，其出行自由度显著增加。人们可以在更为广阔的范围内工作、居住、购物。

第二，促进资源的利用与开发。交通条件对自然资源的利用具有重要影响，发达的公路交通网络为资源的运输提供了方便；同时，也会促进沿线旅游资源的开发利用。发达国家的休闲时间相对较多，公路体系的完善提供了旅游的舒适性、方便性和连续性。例如，美国一年生产房车 30 万辆左右，截至 2008 年底，美国有房车 820 万辆，而且这个数字还在增加，家庭房车拥有率大概是 9%—10%。据较新的一次统计，2011 年 5 月—2012 年 5 月，房车在美销量是 294000 量，同比增长 11.8%。[①] 其主要目的是旅行、打猎、钓鱼等休闲活动。而在欧洲，年轻人开始买房车也逐渐成为趋势。在美国和欧洲，房车早已是人们休闲旅游甚至生活中的一部分，已经有近半个世纪的历史，将家安在轮子上体现的是一种个性化的生活方式。[②]

---

① http://tieba.baidu.com/p/2134868424.
② http://baike.baidu.com/view/2308752.htm.

完善的公路体系正是这些房车行驶的基础和保障。可以说，这为旅游业的发展插上了翅膀，使旅游资源开发向深度、广度扩展。

第三，提升沿线地区区位优势。完善发达的公路建设，为沿线及辐射地区创造了优越的交通条件，提升了地区的区位优势，扩大了城市的辐射和吸引能力，增强人员、信息的交流。例如，从美国东部至西部发展来看，原来经济、政治、文化、语言、宗教差距较大的各个州，正是在日趋完善的公路体系下实现了更好的交流与沟通，逐渐使得50个州的经济、文化、政治一体化，同时也正是在美国公路的发展中，才形成了几大重要的区域发展中心。20世纪50年代，美国西部的阿巴拉契亚地区有1/3的人口生活在贫困线以下，人均收入低于美国平均水平的23%，为此，美国国会专门设立了"阿拉巴契亚开发公路系统"，建设了总长5335公里的26条公路通道，将该地区的主要经济中心连接起来，并与州际公路系统贯通。在过去的20年间，该公路系统的交通量增长了1倍。[①] 依托公路运输通道，当地居民发展了本地产业，增加了对外交流，提升了经济发展水平。

第四，增加劳动就业的机会。从发达国家的经验来看，公路的普及将促使农村工业化加快，工业化结构比重上升，从而引导农村剩余劳动力的转移，提高劳动生产率，增加劳动者的收入。与农业相比，工业、服务业将吸纳更多的劳动力，提供更多的就业机会。另外，公路建设本身以及对建材产品的需求量的增大，还有公路建设对沿线产业活动的刺激，也会增加劳动力需求，提供更多的就业机会。美国州际公路系统建设期间，提供了数以千计的建筑和相关商业、服务业岗位，餐饮和住宿行业的就业增长率分别是人口增长率的7倍和2倍。全国就业人口的比例增长了近1/3，公路运输和直接相关产业的就业人口达到了70万，超过总就业人口的1/6。[②] 就业水平也关乎社会的稳定，因此公路运输体系的建设，也间接地对社会稳定发挥一定的作用。

第五，为国家防御、抵御重大灾害提供了保障与支持。德国是世界上最早修建高速公路的国家，在二战期间，德国修建了大量的优质公路适应摩托化部队的快速调集和作为飞机起飞的临时跑道。美国、法国、日本、

---

① 徐文学等：《高速公路与区域经济发展》，中国铁道出版社2009年版，第24页。
② 同上。

英国都在其境内修建了大量用于战备的优质公路。当前，虽然没有明显的战争危险，但是面对国际严峻的反恐形势，以及地球近年来频发的自然灾害，完善的公路体系也为发达国家应对突发事件提供了保障与支持。

第六，促进产业结构合理化。公路建成后，将消除资源空间与时间的距离，有利于改善区域内产业资源的配置，对原先相对不合理的产业结构进行相应的调节，理顺结构，使资源配置更加合理。在欧洲各国中，区域经济差距最大的是意大利，但意大利的区域贫富差距，最高与最低的比也不过3∶1，而最低的地区也不是在陆路连接的地区，而是在西西里岛上。公路的开发可以影响工业以及城市的发展布局。发达国家的公路体系加强了各城镇之间的联系，使城市彼此之间的服务半径相应地扩大，从而带动了旅游业、商业、房地产业、娱乐业等第三产业的发展。美国的硅谷产业带，都是依托高速公路为骨干的高效运输网络发展起来的；还有波士顿地区的128号高速公路建成通车后，其附近十几公里地区已全部布满高科技工业园区，沿线林立着电子、宇航、国际生物工程等各类公司和企业，形成一条600公里长的高科技产业带群。

## 二　高速公路体系的经济效益

通过对道路交通质量的比较，就可以看出其对社会经济发展的不同影响。与传统的公路相比，高速公路全立交、出入车辆控制、双向隔离行驶等特点，大幅度提高了城市间道路运输的时效性和可靠性，其建设与发展已经成为现代社会与经济发展过程中的必要工程建设。直观上讲，高速公路节约了运输成本、客货在途时间，减少了交通事故，产生了直接经济效益；从区域产业发展的角度看，促进了沿线资源的开发利用，优化了沿线区域的产业布局，在国家现代化进程与经济建设中发挥着重要的积极作用。从表2—10中，我们可以看到当前世界公路里程前10名的国家中，除中国以外，还有印度、巴西、俄罗斯等国家，可是就高速公路而言，世界上高速公路里程排在前十名的国家中，除了中国以外，没有任何发展中国家。例如，俄罗斯从2008年才开始修建其第一条真正意义上封闭式现代高速公路。由此可见，高速公路才是发达国家公路运输发展的核心优势所在。

第一，较少直接成本带来的效益。与普通公路相比，质量高的高速公路具有路面平、坡度小、行车干扰少、起停次数少、轮胎磨损小等优势，这就使得在高速公路上行驶的各类汽车能够以最经济的磨损与油耗行驶，延长了汽车寿命，减少了排放污染，降低了公路的运输成本。高速公路通过改善区域间的交通运输状况，降低了生产运输成本和车辆使用成本，提高了客货运输的可靠性，提升了企业的生产效率和竞争能力，为道路用户带来了显著的直接经济效益。据相关统计，美国近40年由于高速公路对车辆损耗和燃油的节省等因素，节约410亿美元；在降低产品价格、运输时间节约、运营成本节约和减少事故等方面产生的效益为2.1万亿—2.5万亿美元；同时每1美元的高速公路投资可以使产品成本每年下降23.4美分。①

第二，减少时间成本所带来的效益。"时间就是金钱"，高速公路相比普通公路和传统铁路，由于在途运行速度快，缩短了旅游和货物在途时间而产生了显著的时间节约效益。国外资料显示，出行时间的缩短直接带来了利润增值，直接产生经济效益。以发达国家的物流行业来说，高速公路使物流企业能够更有效率地运作，实现零库存，降低了企业的生产成本。由于节省了时间成本，提高了企业的资金利用率，从而提高了物流行业的效益。另外，发达国家高速公路网络的发展，为物流提供了灵活、快捷的运送方式，也为产业链中的上下游企业节约了交易成本，从而增强了效益。

第三，土地利用率的提高带来的经济效益。土地作为一种生产资料的重要组成部分，可以视为一种稀缺资源，特别对于一些国土面积并不富裕的发达国家更具有市场价值，如法国、西班牙等。所以，提高土地的使用效率也会带来巨大的经济效益。一般来说，每公里高速公路的土地占用面积为一般二级公路的2—3倍，但高速公路的通过能力却是一般公路的5—7倍，在部分发达国家可能要在7倍以上。也就是说，若修建通行能力同等的普通公路，相比高速公路，需要多占用土地1倍以上。随着高速公路网的形成和连续运输距离的延长，其运输能力的优势更加明显。提高道路通行区域土地利用率，还可以加速沿线地区土地资源的开发和利用，优化有关的农业、工商业土地利用结构，提高综合经济效益。

---

① 徐文学等：《高速公路与区域经济发展》，中国铁道出版社2009年版，第20页。

## 三 城市轨道交通的综合效应

早在 1843 年,伦敦市就设计了世界上最早的城市地铁系统,并于 20 年后,建成了世界第一条城市地铁线路。至今,城市轨道交通的产生与发展已历经 150 多年的历史,对西方近代城市的发展发挥了重要的作用。1945 年以前,世界上修建地铁的城市有 19 个,见表 2—11。

在二战前能够修建地铁的国家,只有欧美等发达国家,仅有美国、英国、希腊、法国、德国、西班牙、奥地利以及后期的苏联和日本。战后,伴随着各国经济的快速发展,无论地上还是地下铁道都进入了快速发展的阶段,所有的发达国家和部分发展中国家都拥有了地下轨道交通系统,现在国际上总共有 50 多个国家和地区、近 200 个城市拥有地铁线路。

表 2—11　　　　　　　　各地修建地铁的时间

| 地域 | 城市 | 年份 |
| --- | --- | --- |
| 美国 | 芝加哥 | 1892 |
| | 波士顿 | 1901 |
| | 纽约 | 1904 |
| | 费城 | 1907 |
| | 纽约/新泽西 | 1908 |
| | 华盛顿 | 1909 |
| 欧洲 | 伦敦 | 1863 |
| | 雅典 | 1869 |
| | 格拉斯哥 | 1896 |
| | 巴黎 | 1900 |
| | 柏林 | 1902 |
| | 汉堡 | 1912 |
| | 马德里 | 1919 |
| | 巴塞罗那 | 1924 |
| | 维也纳 | 1925 |
| | 莫斯科 | 1935 |

续表

| 地域 | 城市 | 年份 |
|---|---|---|
| 东亚 | 香港 | 1910 |
| | 东京 | 1927 |
| | 大阪 | 1933 |

与传统的公交线路相比，一般来说，轨道交通承担量在发达城市的比重相对较高，一般都占到50%以上，甚至更高。如伦敦（1982年）轨道交通约占交通承担量的89%，东京（1990年）占94%，纽约（1984年）占68%，巴黎（1984年）占65%。因此，轨道交通运输仍然是先进城市的优势特点和主要城市交通方式，同时也是新兴与后进城市的发展趋势与方向。轨道交通与其他城市交通工具相比较见表2—12。①

表2—12　　　　轨道交通与其他城市交通工具相比较

| 交通工具<br>项目 | 自行车 | 小汽车 | 公共交通 | 轨道交通 |
|---|---|---|---|---|
| 占地面积（平方米/人） | 6—10 | 10—20 | 1—2 | 0—0.5 |
| 能源消耗（千焦/人公里） | 0 | 316.66—3475.90 | 753.12—903.74 | 292.88—418.4 |
| 运量（人/时） | 2000 | 3000 | 6000—9000 | 10000—3000 |
| 运输速度（公里/时） | 10—15 | 20—50 | 20—40 | 40—60 |
| 二氧化碳（克/人公里） | 0 | 44.6 | 19.4 | 0 |
| 死亡率（每亿人公里） | — | 1.17 | 0.082 | 0.005 |
| 适用范围 | 短途 | 较长 | 中距离 | 长距离 |

对于一些发达国家来说，曾经由于市内小汽车的过度使用，使得公共交通逐渐萎缩，很多年里，包括轨道交通在内的公共交通没有变化，甚至萎缩。但是，城市的道路拥堵、事故频发、尾气的污染以及噪声的增大，都使得发达国家不得不重新检视轨道交通的重要性。

一般来说，城市交通由几部分组成，见图2—6。其中，城市轨道交通

---

① 欧国立：《轨道交通运输经济》，中国铁道出版社2010年版，第233—234页。

一般又分为地铁、轻轨和市郊铁路。具体来说，地铁多用于经济发达城市，一般建于地下，能够充分利用地下资源，减少道路机动车的流量；轻轨，是在有轨电车基础上发展起来的轨道客运系统，线路有地面、高架和地下线；市郊铁路，主要承担城市郊区与城市间的运输任务。由于发达城市的发展导致郊区化现象加强，因此有大量城市人口居住在郊区或卫星城，需要市郊铁路来保证其上班通勤。相比其他城市交通方式，发达城市的轨道交通具有明显的正外部性。例如，行为范围的延伸，表现为出行便捷、成本低；沿线经济的活跃，表现为沿线房地产的升值。其对城市区域经济的发展产生了重要的影响，产生多种社会经济效应。

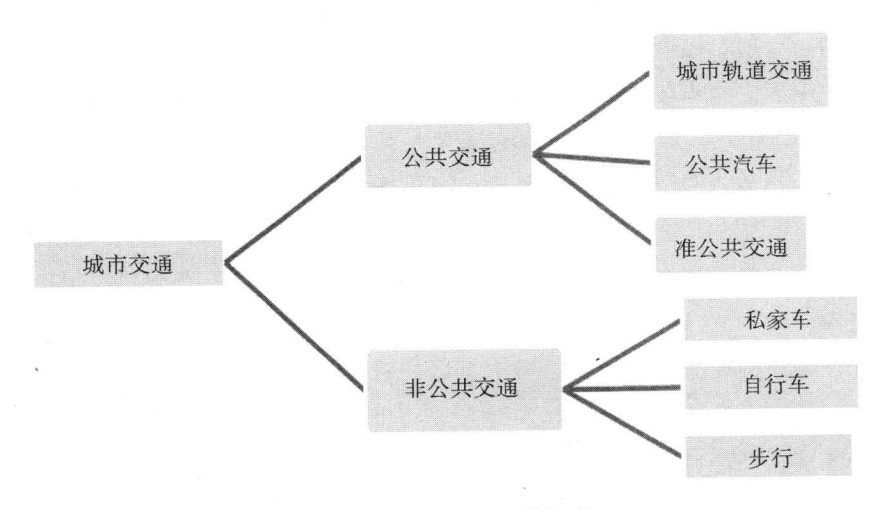

图 2—6　城市交通的构成

第一，节约城市用地，缓解交通压力。一般来说，国际都市的城市人口密度都非常大。在单位面积运载能力上，轨道交通的占地面积最小，而地铁交通更是为城市节约了土地，并缓解了现代大城市的交通压力。由于轨道交通的存在，现在国外发达城市的交通拥堵现象已经得到缓解和进一步的治理。相比其他城市运输方式，轨道交通提高了公共交通的载运能力，缓解了道路拥挤，提高了城市交通效率，已经成为缓解城市交通拥堵、解决城市交通问题的主要途径。例如，日本东京由于拥有良好的轨道交通，因此基本上不需要公交系统的服务。

第二，准时、快捷、输送能力强。轨道交通是独立、封闭的运输体系，具有受地面其他因素影响小的特点。同时，轨道交通可以通过发车间隔的控制来调整不同时段内的运载能力，非常适合城市交通高峰时段和非高峰时段的运输能力。发达国家一般都分为多种轨道交通，有桥上跑的轻轨，也有地下的地铁，还有时而桥上时而桥下的捷运，还有地面跑的城铁和在市内设有上下站的火车，为市民提供多种轨道交通选择。例如，哥本哈根的 Metro，是一种无人驾驶的高速不分节的列车，一般情况下，每个站点是 2—4 分钟通过一辆。哥本哈根还有一种 S-train，俗称"小火车"，在地面行驶，同时城内的大站还有本国及跨国火车经过，可以搭乘，为乘客提供了多种轨道运输方式。哥本哈根一般是自觉打印次卡乘坐公共交通工具，站点一般都没有售票处，所以也节省了购票时间。例如，从哥本哈根市中心出发去哥本哈根机场，如果乘客在车站的时间是 12 点，而飞机是 12 点 45 分起飞，那么乘客可以选择无人驾驶的 Metro，虽然车厢小，但是速度快，每 2 分钟一辆从火车站发往飞机场，路程是 20 分钟，这样最迟在 12 点 22 分到达机场 2 楼的站点；如果乘客觉得时间富余，可选择宽敞舒适，拥有网络、电视、软座的 S-train，这也许需要等待 10 分钟，同时需要坐 30 分钟，这样可以在 12 点 40 分到达机场；如果乘客去的时间，正好有开往瑞典的火车经过，坐跨国火车赶往机场只需 10 多分钟，12 点 13 分左右就能到机场地下扶梯处。多种方式给市民提供了多样的选择，而价格没有区别，都是自觉地在上车前打 2—3 个区的卡。虽然各个发达国家的轨道交通不一致，但都具备多样化的轨道运行方式及自己的特色。例如，巴黎的 RER 轨道系统，实际上是有轮子的"火车"跑在轨道上。

第三，轨道交通具有更舒适的乘车环境，同时也具有安全性。众所周知，城市轨道交通能够明显提高客运量，所以许多现在的新兴城市都是用城市人口规模的多少来决定是否建设轨道交通。但是许多发达国家修建轨道交通比较早，所以很多时候更多考虑的是提升轨道交通的服务水平，更好地改善城市轨道交通的乘车环境。例如，许多欧洲国家的城市轻轨运输系统更多是从保护环境的角度考虑而建设的，还有些是为了观光旅游需要建设的。因此，国外发达城市的轨道交通当前的发展主要目的和新兴城市有所不同，其轨道交通的主要问题并不是解决运输能力，而更多地考虑舒适、环保与其他因素。比如，北欧地区的城铁，都在车厢内提供不同独立的功能车厢，比如有的车厢允许聊天，有的车厢不允许，有的车厢可以停放自行车，有的可以停放婴儿车，并且提供电视和无线网络。所以，乘车的环境很好，这样对工作或者休闲的人来说，都能心情舒畅。同时，轨道交通相比其他城市运输方式，也更加具有安全性。

第四，轨道交通具有较好的可持续发展的特性，并减少了环境的污染。轨道交通完成单位运输量所排放的污染物以及所消耗的能源远低于其他交通方式，尤其是私家车排放方式，可以说轨道交通是资源节约和环境友好型的交通工具。发达国家，特别是北欧以及部分西欧国家，都提升了轨道运输的服务质量。例如，城铁与地铁上都可以携带自行车、婴儿车上下，这样轨道运输结合自行车的方式，使得市民出行更加低碳环保。例如，哥本哈根在城市内提供了"蓝色车道"（自行车道为蓝色的），专门为自行车行驶，已超过300公里，约30%的哥本哈根市民选择骑自行车上下班。但是，自行车虽然有了专用车道，却不适合长途骑行。因此，轨道交通为其提供了方便，其每辆S-train更是在车头与车尾的两个车厢为自行车设专用车厢，这也能够看出外国先进城市轨道运输的发达之处。轨道交通的发展不仅直接减少了如汽车一样的尾气排放问题，同时还引导了人们以更为绿色的方式出行。

第五，轨道交通的规模经济性。轨道交通的修建需要较大的投资，并且其作用的发挥要以路网规模为前提，覆盖面积越大，其社会价值就越大。发达国家的城市交通体系发展较早，相对覆盖面也广。例如，巴黎的地铁就拥有300多个车站。从发达国家的经验来看，轨道交通虽然投资规模大，建设周期长，资产流动性差，沉淀成本高，但是其资产使用时间长，具有一定的永久性，是规模效益递增的，具有明显的规模经济特征。例如，法国里昂政府原来在旧城东侧开辟了一个新区，由于第一条地铁只经过新区，于是旧城日渐萧条，但是等到第二条连接新旧城区的地铁建成后，旧城又变得生机盎然了。

第六，城市轨道交通能够大大推进沿线经济繁荣和社会发展。轨道交通，特别是地铁的便捷、准时和良好的可达性，能够对居民产生强大的吸引力，促使沿线人口密度不断提高，同时其沿线商业氛围也不断增加。有关资源与设施的聚集大大提高了沿线经济的繁荣和社会发展水平，从轨道交通能够提高沿线土地和房地产价值这一点就能看出来。从国外的经验看，一般来说，城市轨道交通建设时期，站点200米半径以内成为高强度开发区，站点200—500米成为中高强度开发区。相关区域的土地和房地产价值随之明显提高。这从发达国家城市地铁沿线周边房租价格以及周围用地的容积率就可以看出。一般来说，在地铁口附近的房租价格都会比其他地区的房租价格高出一成以上。例如，巴黎的地铁附近的酒店价格比离地铁站远的酒店价格高。同时，轨道交通会改变城市的经济区域特性，轨道交通越是密集的地方，其用地容积率也就会越大。表2—13是日本东京地铁站与容积率关系分析。①

表2—13　　　　　东京主要地铁站附近的容积率

| 地段 | 地区 | 站位周围土地用途 | 容积率（%） |
| --- | --- | --- | --- |
| 一级中心 | 银座 | 娱乐、零售、商业为主 | 10—15 |
| | 新宿 | 商业、饮食、文化、娱乐为主 | 10—15 |
| | 涉谷 | 商业、饮食、文化、娱乐为主 | 9.5—12 |
| | 池袋 | 商业、饮食、文化、娱乐为主 | 10.5—12 |
| 二级中心 | 上野 | 商业、饮食为主 | 8—10 |
| | 浅草 | 商业、饮食为主 | 8—10 |
| 三级中心 | 中草 | 商业、饮食为主 | 5—8 |

## 第五节　发达国家政府对道路运输业发展的支持政策

### 一　道路运输业发展的支持政策

（一）美国道路运输业扶持政策

美国道路运输业是政府高额资助的产业，其联邦、州和地方政府

---

① 深圳市规划与国土资源局：《深圳市地铁二期工程综合规划策略研究——土地利用评估报告》。

每年对运输系统的资助远高于美国政府对其他产业部门的资助,资助超过 6000 亿美元。资助的形式主要是政府的无偿赠予和财政支持,内容包括低息贷款、担保贷款和税收优惠以及其他形式的补贴。①

(二) 英国道路运输业的投资政策

英国道路运输业的资金来源渠道较多,既有政府的财政拨款,也有信贷资金和私人投资等。一般来说,政府拨款占投资比重较小。

在道路发展方面,英国也曾制订了"公路发展计划",此计划投资在 1989—1994 年都在持续增加。后来由于有关部门认为修建公路投资大、污染严重等,所以在 1995 年 11 月宣布长期延迟发展计划,并且地方公路的政府投资也被削弱了。此后,欧盟与英国达成了有关交通运输基础设施投资协议,以加强英国与欧盟其他国家之间的运输联系。欧洲发展基金也对英国所有运输业提供了专用资金拨款,包括国有公路、公路、港口等。②

(三) 德国道路运输业的投资政策

德国根据对各个相关项目进行全面经济分析,提出对各种交通线路的扩建和新建计划。根据 2001—2003 年国家预算和交通预算的财政计划,以及已通过的 2007—2015 年规划的修改情况,做出铁路、长途公路和水路 2001—2015 年期间的财政预算,总计为 1500 亿欧元,其中包括载重汽车公路使用费和船舶运输费收入中用于交通基础设施的投资。③

## 二 道路运输业发展的融资政策

德国交通建设除了传统的融资方式以外,还有一些特殊的融资渠道。

第一,交通基础设施的使用者应该更多地承担基础设施的费用,如采用与使用者挂钩的付费方式。比如,重型载重汽车,它会使得高速公路建设、维护和营运费用增加很多。同时,《高速公路使用费法》

---

① 杨咏中、牛惠民:《中国道路运输及综合运输体系改革与发展研究》,人民交通出版社 2008 年版,第 353 页。
② 同上书,第 355—356 页。
③ 同上书,第 357 页。

为德国征收公路使用费提供了法律依据。如按照轴数和污染物排放等级征收不同的使用费。另外,《高速公路使用费法》还规定,可按照使用联邦高速公路的地点和时间征收不同的费用。

第二,私人前期融资。在德国,很多项目选择了私人融资方式,政府有义务以分期支付再融资款额的方式购买私人融资建设的地段。再融资的总成本,即建设成本和资本成本由德国长途公路预算承担。在公路建设计划中,对每个项目的再融资总成本和付款期限都做了规定。因此,项目要得到议会的批准并接受检查。

第三,联邦交通、建设和住房部采用的经营模式,是将融资、建设、运营和维护的任务交给私人承担,有两种不同的方式:一是多车道高速公路扩建的经营模式;二是按照长途公路建设私人融资法进行的经营人模式。

第四,根据乡镇交通融资法规定的联邦财政援助。政府为了改善乡镇交通状况,在《乡镇交通财政援助法》范围内进行投资。

第五,根据《地方化法》规定的资金。自1996年1月1日《地方化法》生效以来,铁路短途旅客运输的任务和财政责任转移到联邦各州。联邦政府以《地方化法》规定的资金支持各州,这些资金专门用于公共短途客运。各州应从提供给他们的资金中,用2/3去购买短途客运运输产品,其他资金用于改善公共短途客运运输。①

## 三 道路运输业发展的税收政策

西方很多国家的政府都灵活地运用税收政策来调控交通运输。例如,英国政府就制定了以下税收政策:

第一,车辆营业税。英国多年来实行的是容易控制的小汽车比率税率,对于重型货车则采用可变税率。

第二,燃料税。燃料税是英国较大的税收来源。英国政府征收燃料税,主要是为了减少二氧化碳排放量。

---

① 杨咏中、牛惠民:《中国道路运输及综合运输体系改革与发展研究》,人民交通出版社2008年版,第357—358页。

第三，特种汽车税（现已取消）。特种汽车税即在购买新车时除了缴纳增值税外，还要缴10%的税金。

## 四　道路运输业发展的安全政策

在所有的运输方式中，从安全的角度看，公路运输是最昂贵、最危险的运输方式。瑞典的公路交通安全状况一直保持良好的纪录。这个拥有900万人口的国家，1970年时有车230万辆，车祸死亡人数1300多人；而现在车辆几乎增加了1倍，但车祸死亡人数不到600人，下降一半以上。

瑞典良好的公路交通安全状况是各方面共同努力的结果。国家、地方行政单位、汽车制造商、汽车驾驶者协会和保险公司密切合作，相互协调。经过不断的摸索和总结，瑞典对交通安全治理基本规律的认识是：交通安全是人、车、路三者相互关系的外在表现。这三者之间关系的好坏并非取决于该国的技术发达水平，而是取决于该国交通安全管理部门的职能发挥程度。瑞典的交通安全治理正是在对交通安全治理基本规律正确认识的基础上，由政府主导，对人、车、路三方面进行全方位的治理。

1997年，瑞典提出了交通事故中无人员伤亡的"零伤亡愿景"的目标。为了达到这个目标，瑞典首先强化对人的保护、引导、教育和管理。国家交通安全局的工作方针设定为"主动预防为主、被动惩治为辅"。这个工作方针不仅对成人建立了完善的交通安全教育体系，而且还有效地进入了青少年教育领域。同时，进一步明确了国家有关责任机关和负责人对交通安全治理的职责，每年均将降低车祸死亡人数的指标作为衡量该区领导人工作业绩的硬指标之一。

瑞典在交通安全治理中对"车"的管理也有独特的经验。例如，鼓励司机白天行车打开大灯，这是使其他行人和机动车司机能尽可能早地看见他的车，以确保安全。白天开车大灯，完全不是出于照明的考虑，但是瑞典国家公路管理局的专家认为人的眼睛对晃动的灯管特别敏感。车辆白天开灯，可以使处在远距离或拐弯、上下坡处的人很容易看到。瑞典的交通法规定，机动车的前灯必须与启动装置相连，因而无论昼夜只要车一发动，灯就自动打开，醒目地告诉别人车辆正在行驶中。自从实行这项措施后，事故发生率明显下降。①

---

① 杨咏中、牛惠民：《中国道路运输及综合运输体系改革与发展研究》，人民交通出版社2008年版，第363页。

# 第三章
# 我国部分省市和地区道路运输业发展、贡献及其支持政策

## 第一节 我国道路运输业发展环境的优化

### 一 经济环境的不断优化

近十年来,在国内外宏观经济环境复杂、改革发展稳定任务繁重的情况下,国家实施了稳定和发展经济的一揽子计划,不断强化和改进宏观经济调控,建立健全扩大消费需求的体制机制,优化投资结构,依靠科技创新推动产业升级,促进区域协调互动发展,国民经济继续保持较强的发展势头。全国工业化速度显著加快,城市化和农业现代化进程持续加速,进出口贸易快速恢复,内需不断扩大,人民群众的生活水平不断提高,为现代道路运输业发展提供了良好的发展环境。

(一) 宏观经济走势的基本面支持

近五年来,国民经济始终保持着持续健康的增长速度,远高于同期世界经济的平均增速。2009—2013 年,国内生产总值分别为 340903 亿元、401513 亿元、473104 亿元、519470 亿元和 568845 亿元,同比分别增长 9.2%、10.4%、9.3%、7.7%和 7.7%,经济总量保持位列世界第二,发挥着世界经济稳定器的作用。国民经济的持续快速增长,促进了人员的流动,刺激了货物运输需求增长。2012 年我国道路客运量、旅客周转量、货运量、货物周转量分别完成 355.70 亿人、18467.55 亿人公里、318.85 亿吨、59534.86 亿吨公里,同比分别增长 8.2%、10.2%、13.1%和 15.9%。

近年来全国 GDP 与道路运输量的年度增长速度比较见表 3—1 和图 3—1。

2013 年，国民经济依然保持较快的增长速度。随着人民生活水平的不断提高以及国家高等级公路网的不断完善，人民群众选择道路运输出行的意愿变得更加强烈，客运量、旅客周转量稳定增长，货物运输量、货物周转量也随着经济总量的增长保持高于经济增长速度的稳定态势。从近几年的总体发展情况看，道路客货运输的增幅与国民经济发展的步伐基本保持一致，道路运输充分发挥了支持和保障国民经济和社会发展的基础性作用。

表 3—1　　　　　国内生产总值与道路客（货）运量的情况

| 指标 年份 | 国内生产总值（亿元） | 同比增速（%） | 道路货运量（亿吨） | 同比增速（%） | 道路客运量（亿人） | 同比增速（%） |
|---|---|---|---|---|---|---|
| 2000 | 99214.55 | 10.3 | 1038813 | 4.9 | 1347392 | 6.2 |
| 2001 | 109655.17 | 10.5 | 1056312 | 1.7 | 1402798 | 4.1 |
| 2002 | 120332.69 | 9.7 | 1116324 | 5.7 | 1475257 | 5.2 |
| 2003 | 135822.76 | 12.9 | 1159957 | 3.9 | 1464335 | -0.7 |
| 2004 | 159878.34 | 17.7 | 1244990 | 7.3 | 1624526 | 10.9 |
| 2005 | 184937.37 | 15.7 | 1341778 | 7.8 | 1697381 | 4.5 |
| 2006 | 216314.43 | 17.0 | 1466347 | 9.3 | 1860487 | 9.6 |
| 2007 | 265810.31 | 22.9 | 1639432 | 11.8 | 2050680 | 10.2 |
| 2008 | 314045.43 | 18.1 | 1916759 | 16.9 | 2682114 | 30.8 |
| 2009 | 340902.81 | 8.6 | 2127834 | 11.0 | 2779081 | 3.6 |
| 2010 | 401512.8 | 17.8 | 2448052 | 15.0 | 3052738 | 9.8 |
| 2011 | 473104.05 | 17.8 | 2820100 | 15.2 | 3286220 | 7.6 |
| 2012 | 519470.1 | 9.8 | 3188475 | 13.1 | 3557010 | 8.2 |
| 2013 | 568845.21 | 9.5 | 3076648 | -3.5 | 1853463 | -47.9 |

资料来源：国家统计局网站（http://www.stats.gov.cn/）。

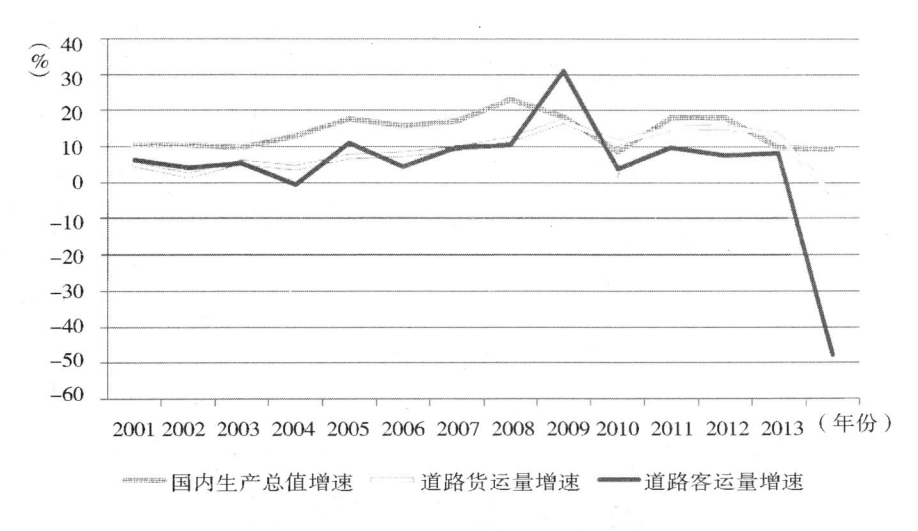

图 3—1  全国 GDP 与道路客货运输量的年度增长速度比较

(二) 经济发展的阶段性及其需求拉动

自党的十七大确定加快转变经济发展方式这一战略任务以来,与之相配套的方针、政策、战略不断完善,经济发展方式正逐步从粗放型向集约型转变,新型产业日益体现出高科技、高效益、高就业、低能耗、低污染的特征,扩大内需战略正逐步走向深化。进入"十二五"以来,国家产业发展"三高两低"的特征更为明显,全国开始进入一个经济发展方式加速转变的新阶段。全国的新兴工业化具有产品附加值高、投资规模大、能耗限制严格、产业关联性强的特点。随着工业化进程的深入,国家投资增加,带动了生产资料需求的旺盛。全国道路货运业承担的工业原材料、工业产成品运输任务所占比例最大,因此,2009 年道路货运强度比 2008 年有较大幅度的增长。然而,随着金融危机影响逐渐减弱,产业结构不断调整,2010 年道路运输货运强度又有所回落。与此同时,随着国家经济结构调整、产业升级的逐步深化,以高科技、高附加值为特征的新兴工业在国民经济中的比重进一步提高,道路货物运输种类中,质量较轻但具有高附加值的货物的比重逐渐增多。以上两个因素叠加,2011 年全国单位 GDP 道路运输货运强度继续下降,较上年减少了 0.1 吨/万元。2009—2013 年全国单位 GDP 的道路运输货运强度变化情况见表 3—2 和图 3—2。

表 3—2　　　　　　全社会货运强度及道路货运强度情况

| 项目<br>年份 | 全社会货运强度<br>（吨/万元） | 同比增长<br>（%） | 道路货运强度<br>（吨/万元） | 同比增长<br>（%） |
|---|---|---|---|---|
| 2009 | 8.3 | 0.7 | 6.2 | 2.3 |
| 2010 | 8.1 | -2.4 | 6.1 | -1.6 |
| 2011 | 7.8 | -3.7 | 6.0 | -1.6 |
| 2012 | 7.9 | 1.3 | 6.1 | 1.7 |
| 2013 | 7.2 | -8.9 | 5.4 | -11.5 |

资料来源：国家统计局网站（http://www.stats.gov.cn/）。

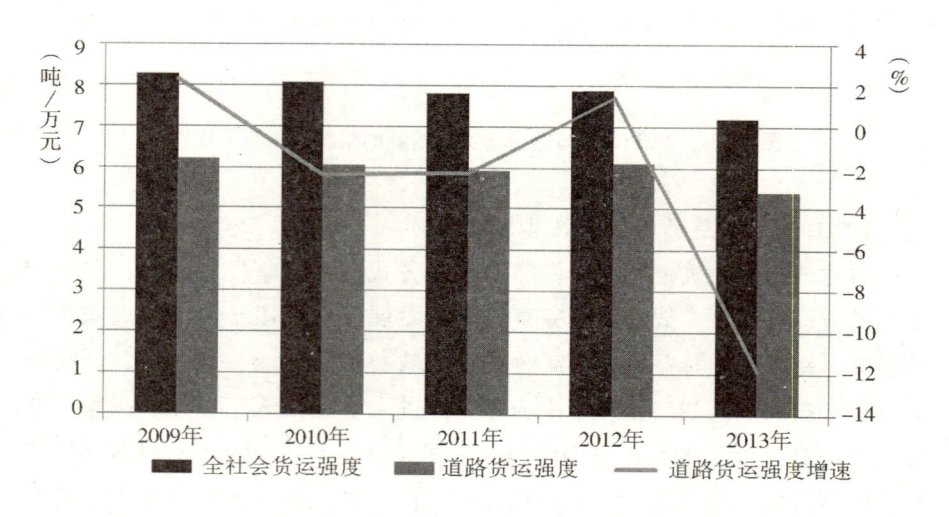

图 3—2　全国单位 GDP 的道路运输货运强度变化情况（2009—2013）

## 二 社会环境的不断优化

发展社会事业和改善民生是"十二五"时期转变经济发展方式、扩大国内市场需求的根本落脚点和出发点。道路运输业在推动城镇化发展、消除城乡"二元"分割、推进新农村建设和服务农民工就业及推进保障性安居工程建设等方面都发挥了重要作用。

### （一）城镇化发展的推动力量

近五年以来，随着我国城镇化战略的不断推进，全国城镇化水平不断提高。2009年我国城镇化率为48.3%，2010年城镇化率为49.9%，2011

年城镇化率为51.3%,2012年城镇化率为52.57%,2013年城镇化率为53.7%。近20年来全国城镇化水平几乎每年增加0.8—1.0个百分点。数据显示,到2013年底,我国内地的总人口为136072万人,比2012年末增加668万人;城镇常住人口73111万人,比2012年末增加1929万人,农村常住人口62961万人,减少1261万人,城镇人口占总人口比重为53.7%。伴随着城镇化的快速发展,城市型生活方式正日益普及,城市间、城乡间和城市内"一体化"、"零换乘"等出行方式将更加完善,人们选择道路运输出行的需求日趋旺盛。无论从道路货物运输量还是从全社会人均出行频次来看,都与城市化进程保持了如影随形的同步发展态势。

2011年全国居民人均年出行次数达26.1次,其中利用公路方式出行达24.3次,占总出行次数的93%,比上年增加3个百分点,仍然位居各种运输方式之首。全国道路客运平均运距51公里,较2010年平均运距增加1.8公里。这表明随着城市化进程的加快,城乡居民的出行范围在逐步扩展。全国城镇化率和人均年出行次数变化情况见图3—3,全国道路客运平均运距变化情况见图3—4。

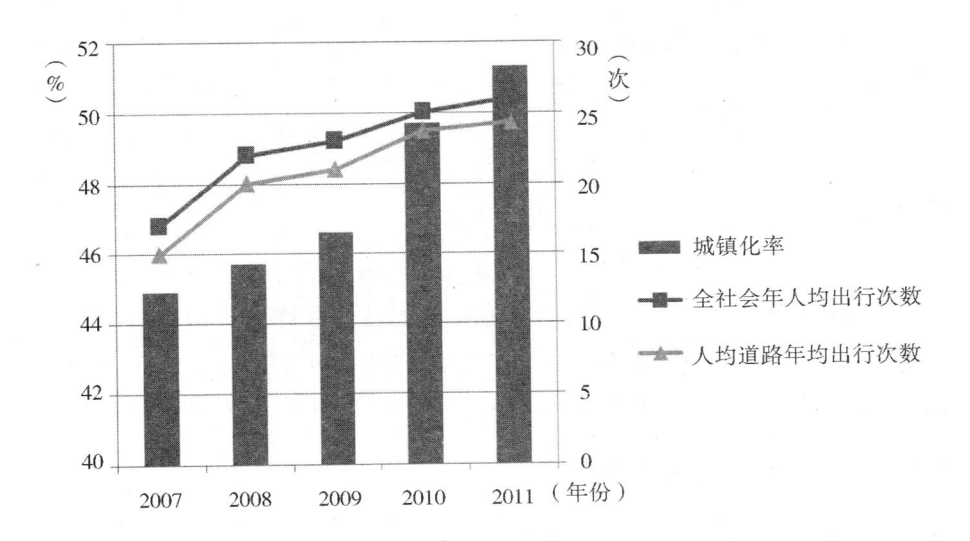

图3—3 全国城镇化率和人均年出行次数变化情况(2009—2011)

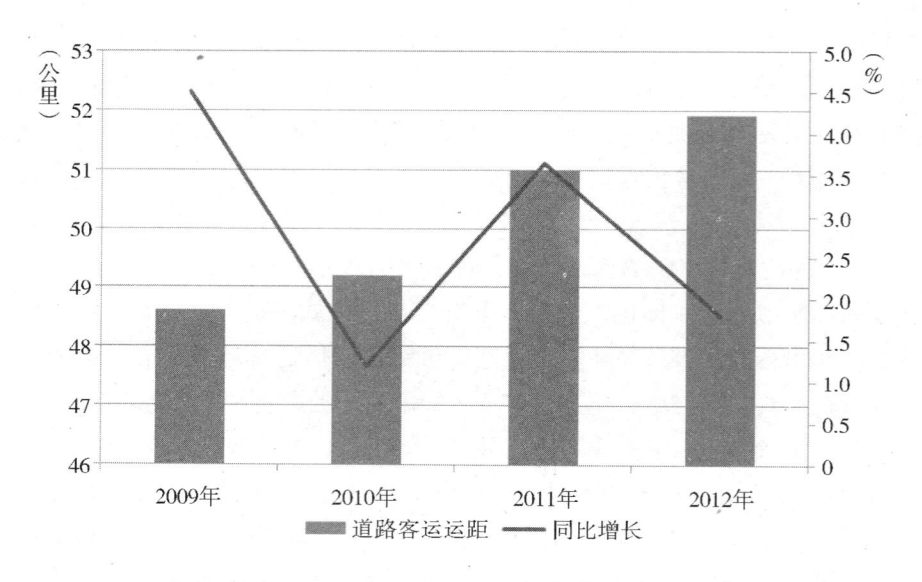

图 3—4　全国道路客运平均运距变化情况（2009—2012）

（二）新农村建设的助推力量

社会主义新农村建设是当前我国农村经济社会发展的重要战略选择。"十一五"期间，全国农村各项事业取得了显著进步，农民生产条件和生活质量大为改善。据统计，2008—2013 年，全国农村居民人均纯收入分别增长了 8.0%、8.5%、10.9%、11.4%、10.7% 和 9.3%。随着新农村建设的深入，农村经济将进一步繁荣，农村居民出行次数和品质要求将快速增加，道路运输在农村经济社会发展中的作用将进一步显现。

截至 2011 年底，全国开通农村客运班线 9.1 万条，同比增长 3.4%；客运车辆 35.7 万辆，与上年持平；农村客运站总数达到 21.1 万个，同比增长 11.1%，客运班车通镇（乡）、村率分别达 98.1%、91.3%，分别与上年持平和增加 1.2 个百分点。

## 三　政策环境的不断优化

改革开放以来，我国经济体制主要经历了三个阶段：一是计划经济阶段；二是有计划的商品经济阶段；三是社会主义市场经济阶段。在实际颁布的行业发展政策方面，道路运输业作为最早开放的行业之一，其政策发展演进基本是沿着国家经济体制改革的路径推进的。在道路运输发展的内外部环境中，国家相关政策和行业标准的颁布与实施对行业的健康可持续发展起到了较好的规范、调控、引导和激励作用，为保证道路运输业发展提供了非常好的政策土壤。

（一）计划经济阶段道路运输业发展政策

1983年，交通部提出了"有河大家行船、有路大家行车"、"国营、集体、个体一起上"的道路运输业改革原则，并出台实施了一系列相互配套的改革举措，从而打破了国营道路运输企业垄断经营的状况，促进了道路运输企业的经济模式和管理方式等改革。1989年初，根据中共中央"治理经济环境，整顿经济秩序，全面深化改革"的决定，交通部针对道路运输市场违章、无证经营、秩序混乱等问题，做出严密部署，进行了为期近四年的道路运输市场治理整顿工作。治理整顿一定程度上维护了道路运输市场秩序。

这一阶段道路运输业政策的主要特点是，道路运输业基础设施建设相对比较落后，相比快速增长的道路运输客货运量，道路运输业基础设施投入和建设有些不足，道路发展速度与道路运输需求之间的不平衡加剧，道路发展成为国家经济发展的硬约束和障碍。虽然解放社会闲置运输生产力可以大幅度提升道路货运量，但也对道路运输业的行业秩序造成了一定的冲击。培育和规范运输市场是这个阶段道路运输业发展的关键。

（二）有计划的商品经济阶段道路运输业发展政策

1991年，根据改革开放的实际需要，我国制定了"三主一支持"的道路运输业基础设施建设发展规划。规划中包括道路网设施规划和建设45个道路主枢纽基础设施建设规划；同时，给予配套资金支持。

1993年，为了建立市场交易规则，加强市场组织管理和制度建设，反对不正当竞争，健全市场秩序，交通部发布了《道路客货运输企业开业经济技术条件》。该法规的发布，为道路运输市场的发展，提供了政策保障。

1994年，交通部把改革、开放、培育和发展道路运输市场作为宏观调控的重点，出台了一系列开放、培育和发展道路运输市场的政策法规。在这个阶段，道路运输市场对外商采取的是一种有限制、适度的开放政策。

这一阶段，国家相关部门、地方政府等，出台了一系列促进和规范道路运输市场发展的法规、政策和规章制度，基本健全了道路运输市场发展的政策法规，为道路运输市场的健康发展奠定了法律法规基础，有利于道路运输市场法制化。道路运输政策法规的出台，促进了企业组织经营方式的突破，促进了国有大中型汽车运输企业产权关系明晰、权责明确、政企分开、管理科学，也为这些企业改革创新、规模化、集约化经营奠定了基础。道路运输投资持续增加，道路里程、路网密度和路网质量进一步提高。

（三）社会主义市场经济阶段道路运输业发展政策

第一，国家层面的重大政策的推出。2004年，《中华人民共和国道路运输管理条例》及配套规定颁布，这标志着我国结束了道路运输业发展无法可依的状况，也标志着我国道路运输业的发展进入了法制化轨道。2005年，交通部发布了《关于加快道路运输发展的若干政策》，该政策的主要内容包括："进一步开放道路运输市场；鼓励、支持非公有制经济投资道路运输业；鼓励运输企业规模化、集约化经营；推动城乡交通一体化；引导建立道路运输行业诚信体系；大力发展农村客运；引导和鼓励道路运输企业发展现代物流；鼓励发展安全可靠、经济实用的客运车型；鼓励发展封闭式货物运输车辆和多轴重型专用车辆；加大道路运输站（场）建设力度；全面提升机动车维修保障能力；规范机动车驾驶员培训市场；进一步落实道路运输行业安全管理职责；进一步发展国际道路运输；加快道路运输行业科技进步，努力创建节约型环保型行业。"①

2011年，国务院从多个方面对道路运输行业给予了政策指导：要清理和规范收费，减轻道路运输经营者和从业人员负担；建立健全完善的运价和油价联动机制，消化、消除、降低油价大幅波动对运输成本的影响；推动优惠政策的落实，推动道路运输业快速发展；加强道路货运信息收集和行业监测，完善运力调控体制机制；落实运输企业安全主体责任制，促进道路运输行业健康、安全发展；关心道路运输企业职工生活，保障、维护道路运输从业人员合法权益；加强道路运输行业协会的建设，充分发挥行

---

① 《关于加快道路运输发展的若干政策》，中华人民共和国交通运输部网站（http://www.moc.gov.cn/）。

业协会的桥梁和纽带作用；落实生产责任制，有效预防和妥善处置突发事件。2011年以来，面对日益拥挤堵塞的交通现状，构建低碳、绿色公路运输体系成为实现公路行业可持续发展的内在需求。交通部先后出台了《建设低碳交通运输体系指导意见》、《关于交通运输行业落实"十二五"节能减排综合性工作方案的实施意见》等多项政策，引导公路行业转变发展方式，加大节能减排力度。

2011年8月，国务院出台了《关于促进物流业健康发展政策措施的意见》（国办发〔2011〕38号），该意见从九个方面提出了促进物流业发展的办法，即物流业的税收、土地政策、公路收费、物流管理体制、物流设施资源、技术创新和应用、扶持政策、优先发展领域、强化组织等方面，行业内简称为"物流国九条"。2011年底，国务院办公厅又出台了《关于印发贯彻落实促进物流业健康发展政策措施意见部门分工方案的通知》（国办发〔2011〕162号），对《关于促进物流业健康发展政策措施的意见》规定的各项任务进行分解和部门分工，明确各项工作的责任主体，推动各项措施的实际落实。《关于促进物流业健康发展政策措施的意见》对困扰物流业发展的诸如税收、土地、公路费、基础设施等问题进行了明确规定，对于有效降低物流成本、提高物流效率、集聚物流资源、推动我国物流业健康可持续发展具有重要的意义。

2011年12月，国务院办公厅发布了《关于进一步促进道路运输行业健康稳定发展的通知》，明确了一系列支持道路运输行业发展的重大政策，这是国务院第一次对道路运输业发展制定综合性政策。其中重点提出了"清理规范各项收费，减轻经营者和从业人员的经济负担；实施运价与油价联动机制，消除油价大幅波动影响；完善落实优惠政策，支撑行业转型发展"，对行业的可持续发展将产生深远的影响。

第二，行业层面重大政策的实施。其一，在客运方面，交通部发布了《关于积极推进城乡道路客运一体化发展的意见》（交运发〔2011〕490号），提出"加快完善城乡道路客运一体化法规和标准规范体系、加快建设城乡道路客运服务保障网络、加快落实城市公共交通优先发展战略、加快提升农村客运普遍服务能力、加快推进道路客运经营结构调整、加强城乡道路客运安全管理、建立科学合理的城乡道路客运票制票价体系"七项主要任务及"加强组织领导、完善体制机制、增加资金投入、实施考核评价"四项保障措施。提出用五年时间，使全国城乡道路客运一体化取得突破性进展，城乡道路客运发展协调、网络衔接顺畅、政策保障到位，服务广度和深度不断提升，服务质量明显改善，发展能力持续增强。2011年9月17日，交通运输部印发了《关于对苏浙沪省际毗邻地区开展客运班线公交化运行工作意见》，明确苏浙沪省际毗邻地区可借鉴城市公交运行服务方式，对省际客运班线的运营进行适当调整，引导毗邻地区客运班线公交化改造，有效覆盖沿途乡镇，逐步实现客运线网跨市、跨区融合。该意见还明确了线路模式、票价政策和安全管理等政策措施，支持苏浙沪省际毗邻地区开展客运班线公交化运行。2011年4月27日，交通部发布了《进一步加强道路运输市场诚信体系建设的意见》，提出"加快建立完善道路运输市场诚信体系建设法规制度；完善诚信考核指标体系，建立诚信评价机制；加快诚信信息征集和披露体系建设；建立诚信奖惩机制，营造诚信经营环境；落实责任，形成合力"五项主要任务和"加强组织领导、加大资金投入、发挥信息平台作用、推进道路运政管理规范化、加大宣传力度、坚持试点先行"六项保障措施，强化规范道路运输市场秩序，推动道路运输业户遵守法规、诚信经营，维护消费者的正当权益，积极促进道路运输业协调发展。其二，行业队伍建设方面，2011年8月31日，交通部发布了《关于加强道路运输管理队伍建设的指导意见》，从深化体制机制改革、提升队伍素质和形象、完善和落实保障措施等方面，提出了加强道路运输管理队伍建设的19条指导意见和工作措施。《指导意见》的出台实施，对于加快建立一支业务精湛、作风过硬、保障有力、人民满意的道路运输管理队伍，更好地服务和保障现代交通运输业发展，具有重要的推动作用。

这一阶段道路运输业政策的主要特点是：相关政策法规明确鼓励和支持国有运输企业大刀阔斧地进行体制改革，项目建设资金向高速公路倾斜，公路建设提倡向科技含量高、低碳环保的方向发展。

改革开放以来，为了适应我国不同时期道路运输业的发展需要，我国道路运输业发展政策的内容和重点也在不断地进行相应的调整，是一个不断优化的过程。目前，道路运输业的行业利润率还比较低。从对现有道路运输企业经营效益的调查来看，效益好的企业并不多。而且，由于改革开放初期道路运输政策的影响一直延续到现在，尽管我国道路运输主管部门采取了一些调整措施，但我国道路运输的组织结构仍属于分散型的结构形态，依然是国有、集体、个体千家万户跑运输。企业的经营规模较小，仍旧是经营主体多、规模小、实力弱、经营不规范、过分多元化的市场格局，不正当竞争的现象还比较普遍。①

## 第二节 我国道路运输业发展及其变迁

近年来，我国道路运输业继续保持了"十一五"以来平稳较快发展的良好势头。运输结构不断优化，服务水平稳步提升，节能减排持续深化，安全形势稳定，为经济社会发展和人民群众安全快捷出行，以及节约能源和保护环境等方面做出了积极贡献。

### 一 客货运输以较快速度稳定发展

客货运输都以较快速度稳定增长。2009年，全国道路货运量212.78亿吨，同比增长11.0%；货运周转量37188.82亿吨公里，同比增长13.1%；客运量277.91亿人，同比增长3.6%；旅客周转量13511.44亿人公里，同比增长8.3%。2010年，全国道路货运量244.81亿吨，同比增长15.0%；货运周转量43389.67亿吨公里，同比增长16.7%；客运量305.27亿人，同比增长9.8%；旅客周转量15020.81亿人公里，同比增长11.2%。2011年，全国道路货运量282亿吨，同比增长15.2%；货运周转量51374.7亿吨公里，同比增长18.4%；客运量328.6亿人，同比增长7.6%；旅客周转量16760.3亿人公里，同比增长11.6%。2012年，全国道路货运量318.85亿吨，同比增长13.1%；货运周转量59534.86亿吨公里，同比增长15.9%；客运量355.70亿人，同比增长8.2%；旅客周转量18467.55亿人公里，同比增长10.2%。2013年，全国道路货运量307.66

---

① 邹海波：《我国道路运输组织结构调整研究》，《交通标准化》2005年第6期。

亿吨，同比下降3.5%；货运周转量55738.08亿吨公里，同比下降6.4%；客运量185.35亿人，同比下降47.9%；旅客周转量11250.94亿人公里，同比下降39.1%，见表3—3。我国客货运输业快速发展，为国民经济平稳较快发展提供了运输保障。2008—2013年全国道路客货运量及周转量增长率比较见图3—5。

表3—3　　　　　全国道路客货运量及周转量增长率情况

| 年份 | 道路货运量（万吨） | 同比增速（%） | 货运周转量（亿吨公里） | 同比增速（%） | 道路客运量（万人） | 同比增速（%） | 客运周转量（亿人公里） | 同比增速（%） |
| --- | --- | --- | --- | --- | --- | --- | --- | --- |
| 2008 | 1916759 | 16.9 | 32868.19 | 14.5 | 2682114 | 30.8 | 12476.11 | 8.4 |
| 2009 | 2127834 | 11.0 | 37188.82 | 13.1 | 2779081 | 3.6 | 13511.44 | 8.3 |
| 2010 | 2448052 | 15.0 | 43389.67 | 16.7 | 3052738 | 9.8 | 15020.81 | 11.2 |
| 2011 | 2820100 | 15.2 | 51374.74 | 18.4 | 3286220 | 7.6 | 16760.3 | 11.6 |
| 2012 | 3188475 | 13.1 | 59534.86 | 15.9 | 3557010 | 8.2 | 18467.55 | 10.2 |
| 2013 | 3076648 | -3.5 | 55738.08 | -6.4 | 1853463 | -47.9 | 11250.94 | -39.1 |

资料来源：国家统计局网站（http://www.stats.gov.cn/）。

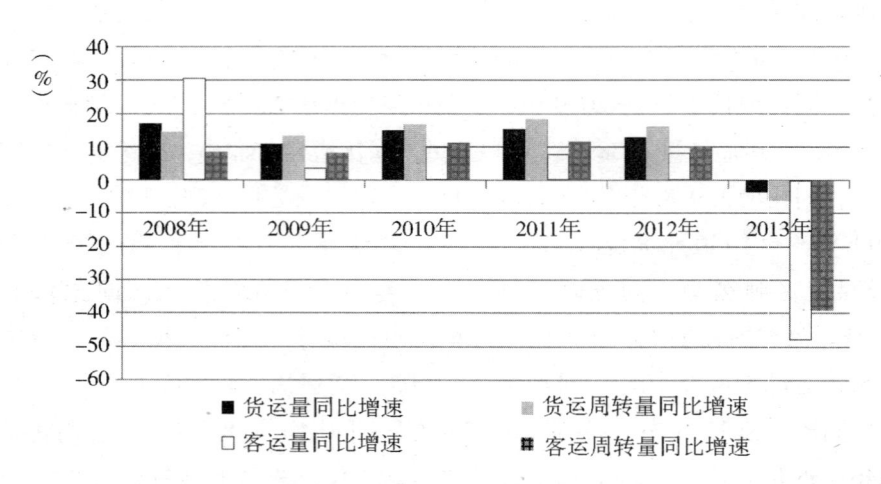

图3—5　全国道路客货运量及周转量增长率比较（2008—2013）

第三章 我国部分省市和地区道路运输业发展、贡献及其支持政策 | 65

## 二 基础设施不断向高水平发展

### （一）公路总里程

到 2013 年末，全国公路总里程为 435.6 万公里，比 2012 年末增加 11.8 万公里，同比增长 2.8%，见表 3—4。

表 3—4　　　　　　　　全国公路里程及公路密度情况

| 指标<br>年份 | 公路总里程<br>（万公里） | 同比增速<br>（%） | 公路密度<br>（公里/百平方公里） | 同比增加<br>（公里/百平方公里） |
| --- | --- | --- | --- | --- |
| 2008 | 373.0 | 4.1 | 38.9 | 1.4 |
| 2009 | 386.1 | 3.5 | 40.2 | 1.3 |
| 2010 | 400.8 | 3.8 | 41.8 | 1.6 |
| 2011 | 410.6 | 2.4 | 42.8 | 1.0 |
| 2012 | 423.8 | 3.2 | 44.1 | 1.3 |
| 2013 | 435.6 | 2.8 | 45.4 | 1.3 |

资料来源：国家统计局网站（http://www.stats.gov.cn/）。

2008—2013 年全国公路总里程及增长变化情况见图 3—6。

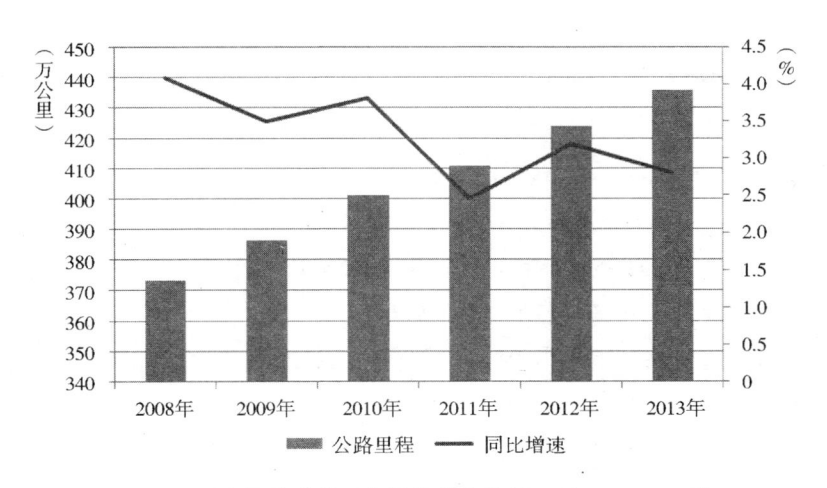

图 3—6　全国公路总里程及增长变化情况（2008—2013）

2013 年末，全国公路密度达到 45.4 公里/百平方公里，比 2012 年提高 1.3 公里/百平方公里，见图 3—7。

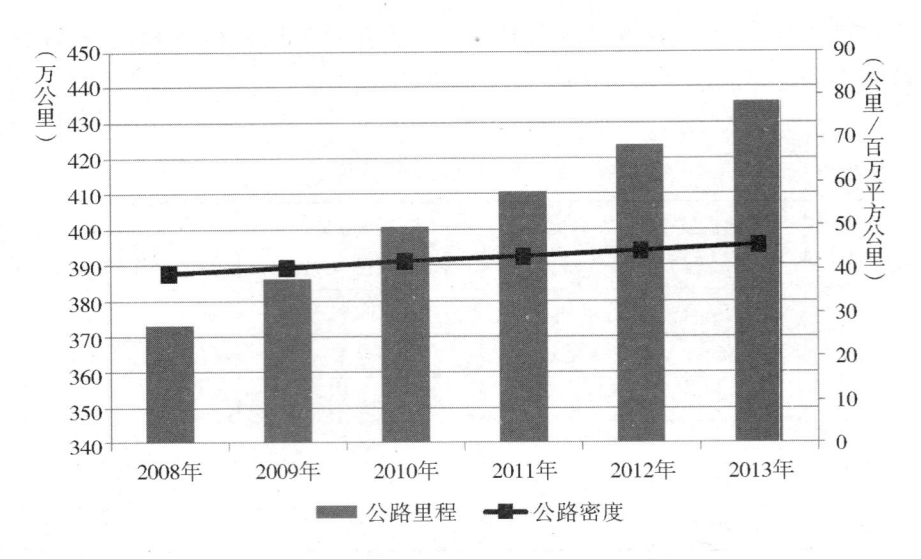

图 3—7 全国公路总里程及公路密度（2008—2013）

（二）路网结构

2013 年末，全国等级公路为 375.55 万公里，比 2012 年增加 14.60 万公里。等级公路占公路总量比 86.2%，同比增加 1.0 个百分点。其中，二级及以上公路 52.44 万公里，增加 2.25 万公里，占公路总量比 12.0%（见图 3—8），同比增加 0.2 个百分点。

2013 年公路里程为：专用公路 7.68 万公里，比上年增加 0.31 万公里；乡道 109.05 万公里，比上年增加 1.39 万公里；县道 54.68 万公里，比上年增加 0.73 万公里；省道 31.79 万公里，比上年增加 0.58 万公里；国道 17.68 万公里（其中普通国道 10.60 万公里），比上年增加 0.35 万公里。全国高速公路总里程为 10.44 万公里，比 2012 年底增加 0.82 万公里，见图 3—9。其中，国家高速公路 7.08 万公里，比上年增加 0.28 万公里。全国高速公路车道里程 46.13 万公里，比上年增加 3.67 万公里。

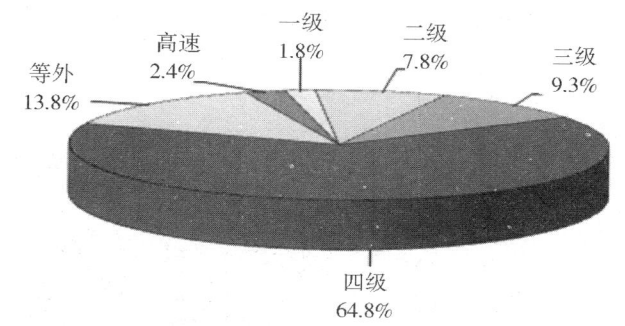

第三章 我国部分省市和地区道路运输业发展、贡献及其支持政策 | 67

计量单位：万公里

| 高速 | 一级 | 二级 | 三级 | 四级 | 等外 |
|---|---|---|---|---|---|
| 10.44 | 7.95 | 34.05 | 40.70 | 282.41 | 60.07 |

图 3—8　2013 年全国各技术等级公路里程构成

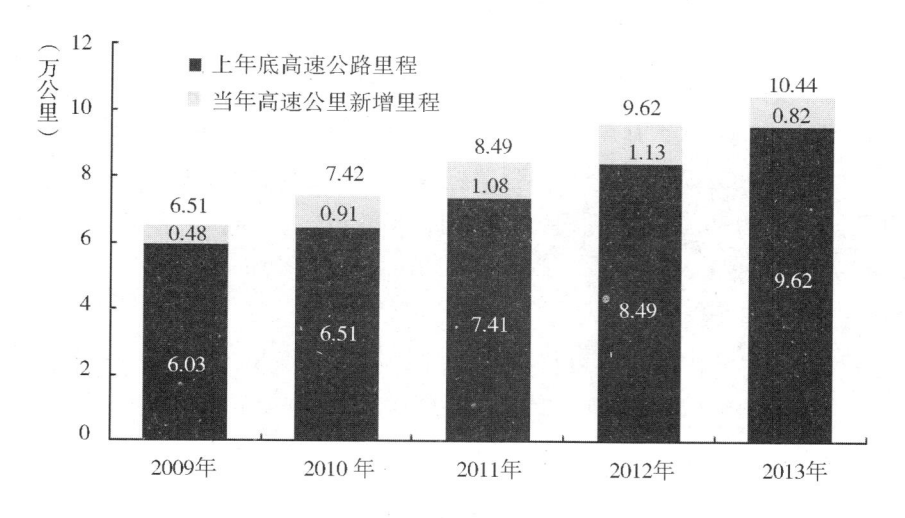

图 3—9　全国高速公路里程（2009—2013）

2013 年，全国农村公路（含县道、乡道、村道）为 378.48 万公里，比 2012 年底增加了 10.64 万公里，其中，村道 214.74 万公里，占比 56.7%（见图 3—10），比上年增加 8.52 万公里。全国通公路的乡（镇）占全国乡（镇）总数的 99.97%；其中通硬化路面的乡（镇）占全国乡

（镇）总数的 97.81%，比 2012 年底增长了 0.38 个百分点。通公路的建制村占全国建制村总数的 99.70%；其中通硬化路面的建制村占全国建制村总数的 89.00%，增长了 2.54 个百分点。

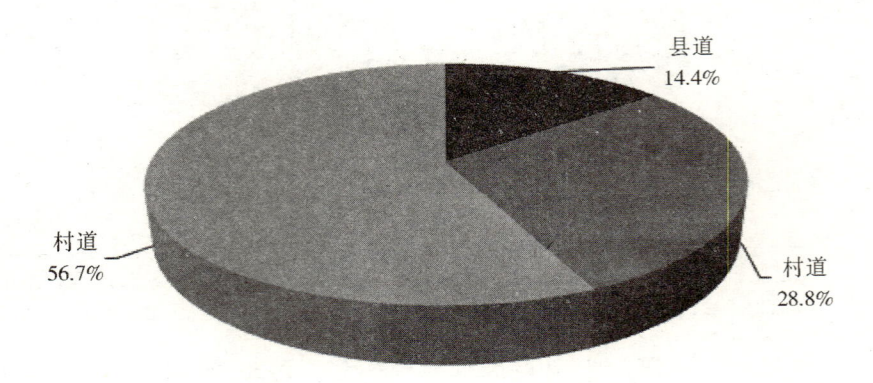

图 3—10　2013 年全国农村公路里程结构

2013 年，全国有公路桥梁 73.53 万座 3977.80 万米，比 2012 年底增加了 2.19 万座 315.02 万米。其中，特大桥梁 3075 座 546.14 万米，大桥 67677 座 1704.34 万米。全国有公路隧道 11359 处 960.56 万米，比上年增加了 1337 处 155.29 万米。其中，特长隧道 562 处 250.69 万米，长隧道 2303 处 393.62 万米。

（三）运输站场建设

2011 年，全国共有客运站 255671 个，比上年增长 6.5%；共有货运站 3300 个，比上年减少 17 个。2007—2011 年全国道路客货运站场建设情况见表 3—5。

表 3—5　　　　2007—2011 年全国客货运站场建设情况　　　（单位：个）

| 年份 | 客运站 | | | | 货运站 | | | |
|---|---|---|---|---|---|---|---|---|
| | 一级 | 二级 | 三级 | 四级 | 一级 | 二级 | 三级 | 四级 |
| 2007 | 521 | 2133 | 1960 | 3892 | 224 | 271 | 894 | 1196 |
| 2008 | 548 | 2165 | 1966 | 4572 | 234 | 279 | 822 | 1769 |
| 2009 | 584 | 2163 | 2083 | 4822 | 246 | 320 | 912 | 1954 |

第三章 我国部分省市和地区道路运输业发展、贡献及其支持政策 | 69

续表

| 年份 | 客运站 | | | | 货运站 | | | |
|---|---|---|---|---|---|---|---|---|
| | 一级 | 二级 | 三级 | 四级 | 一级 | 二级 | 三级 | 四级 |
| 2010 | 633 | 2143 | 2140 | 5109 | 246 | 313 | 927 | 1831 |
| 2011 | 672 | 2102 | 2140 | 5279 | 263 | 300 | 864 | 1873 |

全国等级客运站数量列前十位的省（自治区、直辖市）是：河南（2154 个）、四川（2048 个）、山东（1364 个）、湖南（1011 个）、山西（991 个）、黑龙江（984 个）、湖北（981 个）、江西（867 个）、甘肃（851 个）、安徽（805 个）。2011 年全国登记客货运站东、中、西部地区的数量分布情况见图 3—11。

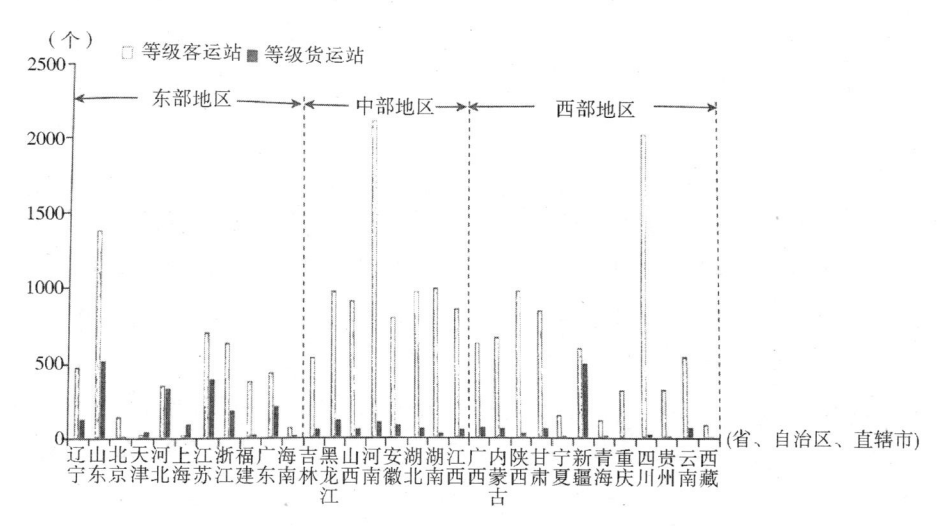

图 3—11 2011 年全国登记客货运站东、中、西部地区的数量分布情况

### 三 运输辅助业及相关业务

近几年，随着经济社会快速发展，人民生活水平有了很大提高，汽车消费市场增长迅猛。机动车拥有量的飞速增长，推动了汽车后市场运输辅助业及相关业务的快速发展。2011 年汽车维修业户达到 42.2 万户，比上年增长 9%，完成汽车维修和维修救援 26965.5 万辆（台）次，比上年增

长19.4%；机动车驾驶员培训学校发展到10347所，比上年增长17.9%，年培训量达1955.1万人次，比上年增长42.3%；汽车综合性能检测站2061个，比上年增长11%。有汽车租赁业户3316户，从业人员32876人，拥有租赁车辆744707辆；其中客车743284辆，占总比重的99.8%。

## 四 市场主体

### （一）道路运输及相关业务经营业户

2011年，全国道路旅客运输经营业户6万户，比上年减少1.1万户；道路货物运输经营业户722.4万户，比上年增加35.8万户；道路运输相关业务经营业户35.9万户，比上年增加2.1万户。全国道路运输经营许可证在册数共计785.5万张，比上年增加56.3万张，增长7.8%。

在道路运输相关业务中，从事站场经营的3.1万户，比上年增长6.9%；从事机动车维修的42.2万户，比上年增长9%；从事机动车驾驶员培训的1万户，比上年增长11.1%；从事其他运输服务的8.4万户，比上年增长10.5%。

### （二）运输车辆

到2013年底，全国有公路营运汽车1504.73万辆。载客汽车为85.26万辆，比2012年底减少1.67%；有2170.26万客位，同比增长了1.7%，见表3—6。其中，大型客车29.90万辆，同比增长了4.2%；有1283.12万客位，同比增长了4.9%。

2013年底，全国城市（包括县城）保有公共汽电车50.96万辆57.30万标台，与2012年相比，分别增长了7.3%和8.5%，其中BRT车辆4484辆。按车辆燃料类型分，柴油车占59.3%、天然汽车占24.3%、汽油车占3.4%。全国共有18个城市拥有轨道交通，比2012年底增加2个城市。拥有轨道交通车站1549个，增加了174个；有运营车辆14366辆34415标台，分别增长了13.9%和12.2%。其中，地铁12971辆，同比增长了15.6%；轻轨1253辆，同比增长了0.5%。有运营的出租汽车134万辆，同比增长了3.1%。图3—12为2009—2013年全国营运客车及其客位数变化情况。

第三章 我国部分省市和地区道路运输业发展、贡献及其支持政策 | 71

表 3—6　　　　　　　　　全国营运客车及其客位数

| 项目<br>年份 | 公路营运载客汽车<br>拥有量（万辆） | 同比增长<br>（%） | 公路营运汽车<br>客位数（万客位） | 同比增长<br>（%） |
|---|---|---|---|---|
| 2009 | 180.79 |  | 2799.71 |  |
| 2010 | 83.13 | -54.0 | 2017.09 | -28.0 |
| 2011 | 84.34 | 1.5 | 2086.66 | 3.4 |
| 2012 | 86.71 | 2.8 | 2166.55 | 3.8 |
| 2013 | 85.26 | -1.67 | 2170.26 | 1.7 |

资料来源：国家统计局网站（http://www.stats.gov.cn/）。

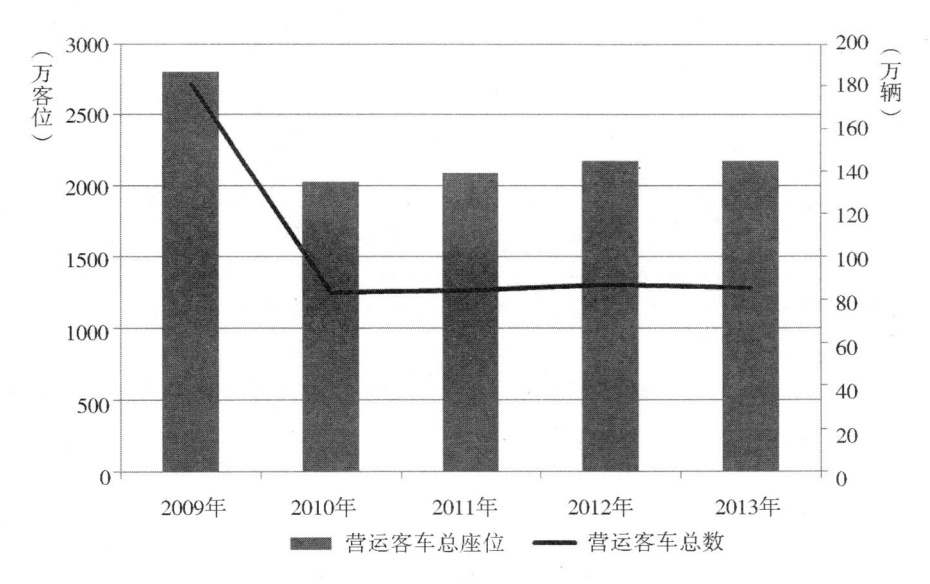

图 3—12　全国营运客车及其客位数变化情况（2009—2013）

2013 年，全国公共电汽车运营线路为 41738 条，总长度为 74.89 万公里，比 2012 年底增加了 3495 条，增加了 3.44 万公里。其中，公交专用车道为 5890.6 公里，增加了 634.8 公里；BRT 线路长度为 2753 公里；全年新辟运营线路 3373 条、撤销运营线路 833 条、调整运营线路 5248 条。轨道交通运营线路为 81 条，总长度为 2408 公里，比上年增加 12 条，增加 350 公里。

2013 年，全国城市客运量为 1283.35 亿人，比 2012 年增长了 4.5%。其中，公共电汽车客运量为 771.17 亿人，同比增长 2.8%；BRT 客运量为

10.96亿人次；公共电汽车运营里程为348.96亿公里，同比增长0.6%；轨道交通客运量为109.19亿人，同比增长25.1%，运营里程为2.74亿公里，同比增长21.5%；出租车客运量为401.94亿人，同比增长3.1%，运营里程为1593.21亿公里，同比增长1.7%。

2013年，全国载货汽车总数为1419.48万辆9613.91万吨位。其中，普通货车为1080.75万辆5008.34万吨位，专用货车为46.21万辆514.45万吨位，见表3—7。

表3—7　　　　　　　　　全国营运货车及其吨位

| 项目<br>年份 | 公路营运载货汽车拥有量（万辆） | 同比增长（%） | 公路营运载货汽车吨位数（吨） | 同比增长（%） |
| --- | --- | --- | --- | --- |
| 2009 | 906.56 |  | 46552291 |  |
| 2010 | 1050.19 | 15.8 | 59998178 | 28.9 |
| 2011 | 1179.41 | 12.3 | 72612001 | 21.0 |
| 2012 | 1253.19 | 6.3 | 80621408 | 11.0 |
| 2013 | 1419.48 | 13.3 | 96139111 | 19.2 |

资料来源：国家统计局网站（http://www.stats.gov.cn/）。

2009—2013年全国营运货车及其吨位数变化情况见图3—13。

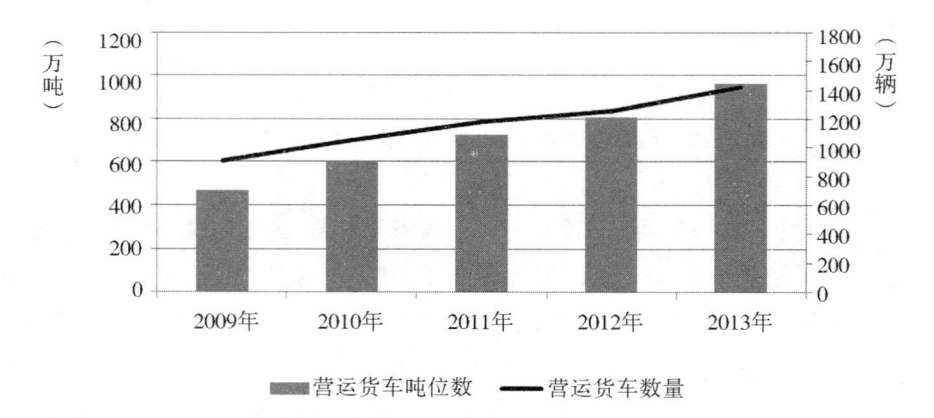

图3—13　全国营运货车及其吨位数变化情况（2009—2013）

## 五 经济发展

道路运输行业是国民经济体系的组成之一,因此,道路运输业的发展,对国民经济的发展具有促进和保障作用。不同经济发展阶段,对道路运输业产生不同的需求,要求其提供与经济发展阶段相适应的运输供给。道路运输与经济的发展是一个相互协调和相互推动的关系。可以用道路运输业的生产总值与各地区的生产总值的比值,来表示道路运输业在国民经济中发挥的作用。图3—14为2011年全国部分省(市、自治区)道路运输产值比率情况。

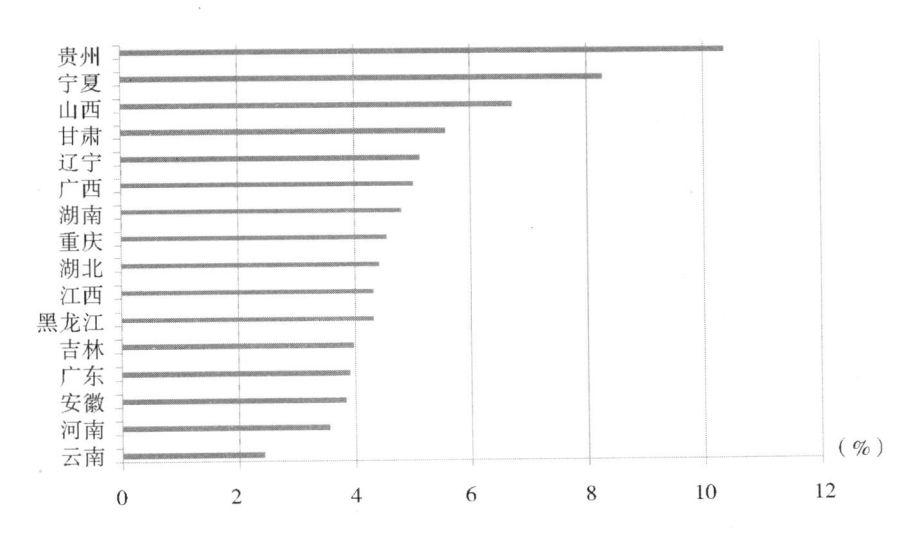

图3—14 2011年全国部分省(市、自治区)道路运输产值比率情况

从图3—14中可以看出,2011年,贵州省道路运输业产值对全省生产总值的贡献率为10.36%,居全国首位;吉林省道路运输业对全省生产总值的贡献率为3.98%,处于较低的水平。

道路运输业是一个劳动密集型产业,它的快速健康发展,有利于保障城乡居民的充分就业,有利于维护社会的良好秩序,有利于国民经济的发展。随着科技的发展、社会的进步,道路运输业的服务质量将不断地提高,道路运输业的劳动密集型特征也会不断转变为知识型、智能化,因此，单位运输量所需要的劳动者会呈现为下降的趋势。图3—15为2011年全国部分省（市、自治区）道路运输业的就业贡献率。

从图3—15可以看出，道路运输业的就业贡献率在全国排名前三位的分别是北京、上海、广东，分别为2.44%、1.83%、0.57%。吉林省道路运输业的就业贡献率为0.34%，在全国居第16位。除北京、上海外，其他省（市、自治区）的道路运输业就业贡献率均不足1%。

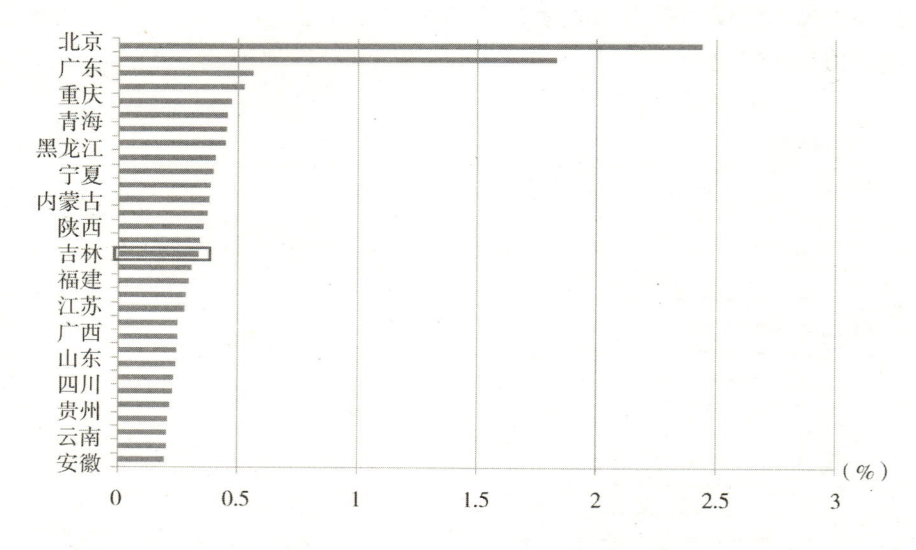

图3—15　2011年全国部分省（市、自治区）道路运输业的就业贡献率

## 第三节　香港道路公共交通业发展、机制及其支持政策

香港的土地面积只有1104平方公里，人口超过700万，但香港却是一个公共交通系统非常发达的城市，拥有完善的公共交通网络，多个铁路、公路以及海上运输服务企业为市民服务，因此公共交通也是其居民主要的交通出行选择。香港的公共交通采用专营的模式，不需要直接从政府获得补贴，就可以使得交通运输企业获得相对合理的利润。例如，香港特区通过采用轨道交通和沿线物业联合开发的模式，使得香港的地铁成为世界范围内唯一盈利的轨道交通系统。

## 一 香港道路公共交通业概况

香港各类交通工具包括铁路、电车、巴士、小巴、的士和渡轮。根据香港特区政府运输署2014年11月的最新统计,香港各类交通工具每日载客超过1200万人次,以车辆的数目而言,每公里道路约有325辆领有牌照的汽车。由此可见,香港的交通可用资源是非常有限的,完善公共交通是香港道路运输发展的唯一选择。

(一)轨道交通系统

香港轨道交通系统主要由地铁、九广铁路、轻轨等组成,其营办商是港铁公司,以前称为地铁公司,从1979年开始营运至今。2007年12月,地铁公司与九龙铁路公司合并,遂成立现在的港铁公司。合并后的港铁公司自称所拥有的轨道运输网络是全亚洲最具有效率以及覆盖最广的体系。现在港铁共有九条线路,分别是西铁线、马鞍上线、东铁线、迪士尼线、将军澳线、东涌线、港岛线、荃湾线以及观塘线,总计全长175公里。以2014年4月为例,每天载客约为440万人次。

当前,香港轨道系统共有87个车站和68个轻轨站,由中环的商业中心可以直达新界以及大屿山,网络覆盖香港本岛、九龙以及新界。其中特别值得一说的是香港的城市轻铁,它是一个区域性的运输系统,在1988年投入服务,最初是为了应付新界西北部居民的区内运输需求。香港轻铁总长约36公里,以2014年4月为例,每天载客约47万人次。此外港铁公司还提供接驳巴士服务,来往于新界的轻铁车站间,以方便乘客转乘轻铁及西铁线网络。

同时港铁还营运全长35.2公里的机场快线,其中部分车站内更设有预办登机手续的设施。以2014年4月为例,机场快线平均每天就载客约38900人次,可以说是非常便捷并有效的。

目前,香港的轨道交通被公认为世界级的公共交通运输系统,在可靠性、安全性以及效率方面,一直为国际级最高水平,港铁乘客99%的旅程都会准时到达目的地,是乘客往返香港以及境外的最快捷便利的交通服务。

## （二）巴士交通系统

香港巴士分为专营巴士、非专营巴士和公共小巴三类。

**1. 专营巴士**

（1）城巴有限公司，简称城巴，是港岛其中一家专营巴士公司，经营108条巴士线路，包括59条港岛线路、29条过海线路、1条新界线路及19条服务东涌—机场的线路。截止到2013年12月31日，城巴拥有952辆空调巴士，每日平均载客64.3万人次。

（2）新世界第一巴士服务有限公司，简称新巴，经营49条港岛线路、8条九龙—将军澳线路及33条过海线路。截止到2013年12月31日，新巴拥有有照巴士715辆，每日平均载客量达49.9万人次。

（3）九龙巴士成立于1933年，简称九巴，在九龙和新界区经营，拥有311条线路和61条过海线路。截止到2013年12月31日，九巴拥有有牌巴士约3800辆，而其中大部分为双层巴士，日平均载客261万人次，号称是东南亚规模最大的陆路客运公司之一。

（4）龙运巴士有限公司，简称龙运，提供北大屿山和位于赤鱲角的机场的专营巴士服务，经营19条线路。截止到2012年12月31日，龙运拥有165辆有牌照巴士，日平均载客量8.54万人次。

（5）新大屿山巴士有限公司，成立于1973年，简称屿巴，经营22条大屿山线路及1条新界线路，截止到2012年12月31日，屿巴拥有108辆有牌照单层巴士，日平均载客大约6.09万人次。

**2. 非专营巴士**

非专营巴士的角色是辅助集体运输的工具，其承担的角色是满足市民主要在繁忙时间对专营巴士和专线小巴服务的需求和在一些专营小巴和专线小巴不符合其营运效益的地区提供服务。而这些非专营巴士的服务又有着明确的条例规定，如游览服务，就根据《公共巴士服务条例》（第230章）第4条的规定，游览服务即符合以下各项条件的服务：收取个别车费而运载乘客；乘客有权在有间断或没有间断的任何旅程中一起乘车，由乘客被接载的某地点或某些地点（为同一地点或为同一近处的2个或多于2个地点）前往一个或多于一个其他地点，然后返回乘客被接载的该地点或其他地点；所有乘客的运载均是为完成该旅程大部分并且乘客中并无任何人是经常在一日之中该旅程做出的时间或大约时间前往该旅程的出发地点或途经地点。由此可见，基于以上的准则，非专营巴士是为特定的乘客提供特设的服务。截止到 2014 年 12 月 31 日，已登记的非专营公共巴士共有 7053 辆。

3. 小巴

小巴，即公共小型巴士，规定最多 4350 辆，每辆最多 16 个座位。小巴又分行走固定线路的绿色专线小巴和行走非固定线路的红色小巴。具体来说，绿色小巴按固定的线路、班次和收费提供服务。就 2013 年来看，绿色小巴日均载客量 151.2 万人次。而就红色小巴而言，除了禁区外，可以行使香港各区，没有固定的线路、班次和收费。截止到 2014 年 11 月，全港共计 1215 辆红色小巴，就 2013 年而言，红色小巴每日的载客量约为 35.2 万人次。

(三) 其他交通系统

1. 的士（出租车）

对香港来说，虽然道路拥堵严重，但的士仍然是主要的客运公共交通工具之一。对于的士，香港政府也有着很多明确的法例规定，如除个人手提行李外，的士不可以用作运载货物，所以乘客不应租赁的士作运载货物用途。还有在香港，不同类型的的士有着指定的经营范围，红色的士可在本港大部分地方行驶，而绿色的士主要在新界东北部及西北部行驶，蓝色的士只能在大屿山和赤鱲角营运。

2. 渡轮

香港由 1999 年 4 月 1 日起，大部分渡轮服务均是由持牌渡轮营办商经营。截至 2014 年 7 月 1 日，香港共有 11 名渡轮营办商，合共营办 18 条乘客渡轮航线，提供来往离岛以及港内线渡轮服务。不过在香港仍有两项由天星小轮有限公司营办的专营渡轮服务，即中环—尖沙咀及湾仔—尖沙咀航线。在 2010 年，渡轮乘客达 4900 万人次。

3. 电车

香港的电车交通是非常有历史的，早在 1904 年就已投入使用，现在并非是主要的公共交通工具，但也在一定程度上发挥着作用，并成为城市一道风景线。电车在港岛北岸行走，共提供七条行车线路。当前，电车公司旗下共有电车164辆，包括两辆供游客和私人租用的敞篷古董电车，以及一辆维修电车，是世界上唯一全部采用双层电车的车队。

## 二 香港道路公共交通发展的演进

当前，香港已经是一个拥有完善的公共运输网络的大都市。多个铁路、道路以及海上运输服务营办商为市民提供各种公共交通服务往来不同的目的地。但是，和很多国际大都会一样，香港的交通和道路规划方向也是经过漫长的发展而形成的。

20世纪70年代以前，香港没有成形的公路发展及土地规划。进入70年代后，港英政府才第一次进行了整体的交通研究，建立了战略性的交通模式，作为整体公交运输规划的基础。之后的时间里，不断地进行更为具体的规划。进入20世纪90年代，香港的交通及道路规划进入了新的历程，在这个过程当中，政治上、技术上和环境上的改变也影响了一些策略的决定。

总的来说，20世纪60年代的交通模式比较粗犷，政府没有认真地考虑交通政策，只是重点研究个别的交通方式，在此期间设计了一条海底隧道，并于1972年通车。到了20世纪70年代，随着人口的增多、生活水平的提高，市民对交通的需求也不断提升，于是香港政府在此期间进行了第一次整体的交通研究规划，但仍是以满足交通需求为重点。进入80年代，政府展开了土地及运输最佳配合研究，探讨土地应用与交通之间的相互关系，并于1986—1989年间进行了第二次整体交通研究，预测期至2001年，以评估香港未来15年的交通情况。1999年，香港进行了第三次整体运输研究，制定了香港长远运输发展策略。

当前，香港的公共交通服务水平不断提高，已经位于世界领先地位。2013年的公共交通服务乘客量比2012年上升约2.2%，至每日1235万人次。铁路每日接载乘客506万人次，乘客量比去年上升了3%，是乘客量最高的公共交通服务。载客量占次位的是专营巴士服务，每日接载乘客391万人次，比去年上升了2%。

## 三 香港道路公共交通运行方式及政策动向

当前，香港政府对于道路交通的管理主要履行宏观管理职能。其中政府最主要的宏观管理是对公交工具实行总体控制与价格监管。政府通过对巴士运营线路实施经营专利权许可，对公共小巴、出租车牌照实行定额拍卖发放，有效控制各类公交工具发展总量。政府统一确定出租车等运营价格，审批巴士公司调价方案，通过官股代表对拥有自主定价权的地铁、九铁公司的定价决策实施实质影响，确保各类公交工具收费合理，保障市民根本利益。香港政府还成立了交通资讯委员会，该委员会就交通政策涉及的广泛议题以及有关交通运输的重要建议，向行政长官会同行政会议提供意见。委员会的组成，包括1位主席和17位委员，其中3位是政府官员。委员会亦会督导交通投诉组的工作，该投诉组负责接受和处理公众人士就交通及运输事宜提出的投诉及建议。各公共交通营办商也在其内部成立众多商会和工会，政府通过这些平台，听取民意以及专家的建议，协调各方利益，维护各方权益。

同时香港政府依靠市场机制，让社会资金能自由进入公交领域投资，使公交发展能有一定的资金保障，减少了政府的公交补贴的包袱。香港政府于20世纪70年代末成立了地铁公司，当时政府一次性投入321.9亿港币。2000年地铁公司实行"官有民营"体制，在香港联合交易所上市，其中政府占股份的75%，余下25%的股份由其他私人股东占有。据统计，香港地铁近年不断发展，政府投入只占1/3，其他2/3的资金来自社会融资。香港的巴士、小巴、电车都由私人公司运营。出租车80%归市民个人拥有，出租车牌照一经政府拍卖即进入市场自由买卖，价格也自由浮动，任何个人或公司只要买到牌照即可自由进入该行业，金融机构同时提供按揭，这种体制使出租车行业的发展资金全部来自社会。①

香港无论私营还是公营公交机构，都实现了盈利，这在世界上是绝无仅有的。香港地铁成为全球商业上最为成功的地铁，得益于"铁路与物业综合发展经营"的盈利模式。一是票价收入。其发车频率极密，最快时间隔不到两分钟即发一班车，载客量最高的一天达到了几百万人次，这种高效运转使公司获得了可观的销售收入。二是在开发地铁时，向政府购得车站附近土地的开发权，与地产商合作建设大型住宅、写字楼、商场，出售

---

① 交通运输部道路运输司：《世界主要城市公共交通》，人民交通出版社2010年版。

和出租获取巨额利润。三是利用雄厚的技术实力为世界各地的城市开展地铁咨询业务。四是进军内地及欧洲地铁市场，先后在上海、深圳、北京入股投资地铁建设，开辟新的盈利渠道。五是实行严格、科学管理，有效控制成本。地铁公司在商业上的巨大成功，使公司投资发展新线路有了充足的资金保障。①

据香港2014年运输资料年报最新的介绍：作为最环保的集体运输工具，铁路网络将会继续扩展成为本港运输系统的骨干。其他交通工具会继续担当辅助但仍十分重要的角色，以确保乘客有多种公共交通服务选择。专营巴士服务的素质持续改善。在2013年，香港政府推出了54项巴士转乘计划，使计划总数增至305个。渡轮的市场占有率在2013年维持在1.1%的水平，平均每日载客136000人次。依据这一交通现实，香港开始推行以下政策：

（1）天然气的士。香港政府发放过一笔资助金以鼓励的士车主将柴油的士转换为天然气车辆后，不再进口和登记柴油的士。相关法例亦规定柴油的士自2001年8月1日起不得进口香港。截至2013年底，全港共有18080部已登记的天然气的士，占的士总数的99%以上。各区共有62个天然气加气站营运。

（2）关注环境。在2013年，运输署继续积极采取适当措施改善空气质量，包括逐步引进天然气及电动小巴、控制专营巴士车队的增长、改善在交通挤塞地区的巴士运作情况、推广巴士转乘计划和巴士/铁路转乘计划、减少车辆废气和实施行人环境改善计划。

（3）在交通拥堵的地方改变巴士的运作。香港政府在2013年继续致力于减少在繁忙路段行走的巴士数目。比如，途经中环及铜锣湾繁忙路段的巴士数目经连串重整后，每日减少了约380架次及300架次。

（4）巴士转乘计划及巴士/铁路转乘计划。为避免开设过多直接巴士线路、帮助减轻交通挤塞以及尽量减少在繁忙路段所造成的环境影响，香港政府鼓励巴士公司推行更多巴士转乘计划和巴士/铁路转乘计划，并向转乘的乘客提供票价折扣优惠。截至2013年底，巴士转乘计划共有

---

① 交通运输部道路运输司：《世界主要城市公共交通》，人民交通出版社2010年版。

305 项。

（5）行人环境改善计划。为了改善行人环境，香港政府已在铜锣湾、旺角、尖沙咀、中环、湾仔、深水埗、佐敦、赤柱、上水及元朗实施行人环境改善计划。至 2013 年底，共实施了 7 个全日行人专用区计划、30 多个部分时间行人专用区计划和超过 40 个悠闲式街道。

（6）在最新动态方面，香港特区政府为了让特殊群体和弱势群体更为方便地乘坐港铁的一般线路、专营巴士以及渡轮，从而"鼓励他们融入社区，建立关爱共荣社会"，从 2014 年 5 月 18 日开始，65 岁以上的长者、65 岁以下的部分残疾人以及 65 岁以下的伤残津贴受惠者（包括 12 岁以下合资格残疾儿童）将享受每程 2 元港币的优惠票价。个别公共交通设施将为指定组别的儿童提供免费的交通服务。同时，政府了便民并提高交通运输效率，推广"香港乘车易"的服务，这一服务能够提供一站式点到点线路的搜寻服务，涵盖多种公共交通工具，包括港铁、专营巴士、专线巴士、电车、山顶缆车、轻铁、轮渡等。这一服务同时提供网页、手机应用程序和流动网页等多种版本的技术支持。

## 四 香港道路公共交通发展的启示

香港公共交通的成功经验，对内地城市道路公共交通发展具有重要的启示意义。

（1）多元的公共交通体系。香港的公交体系呈现多元化，其中包括港铁、电车、专营巴士、公共小型巴士、的士、非专营公共巴士及渡轮等，服务范围几乎遍及全港。另外还设有复康巴士服务，供行动不便的人士使用。

（2）宏观的政府管理。主要依靠市场的手段，各公交机构不需要政府提供太多的补贴，就能够自我生存并发展。政府只是通过委员会的咨询与必要的登记管理来宏观管理公共交通系统。由此可见，常规的公共交通体系不能以社会公益为借口一直依靠政府的补贴，而是应该在市场中寻求自身的可持续发展。

（3）高效率的运行模式以及严格的规章制度。香港的公共交通，无论是轨道交通、巴士或出租车都安全可靠、干净整洁，服务讲求效率，并且在规章上也非常严格,对于车上车下的饮食、吸烟都有着明确的规定,保证了乘车的环境。同时其硬件设施也非常好,所有的公交工具都配备空调。

(4)注重整体的公共交通设计和管理。香港政府力求不断提升其公交服务质量,于是不断推出便民、环保、高效的新措施。目的是使市民更愿意选择公共交通工具出行,减少私家车的使用,实现城市交通的绿色发展。

(5)注重宣传,强化公交文化。在日常的生活中,通过有力的宣传提高市民的"公共交通"意识,让更多的市民自发自觉地遵守交通法则。

(6)发挥科技引领作用。香港政府积极采用新技术,全面推广使用八达通智能交通卡,不仅可以在各类公交工具上使用,而且还可在商店、饭店、停车场使用,甚至可作为学校、办公室和住所的通行卡,让公交出行贯穿市民日常生活,从而降低城市能源消耗,提高城市环境质量。

## 第四节 我国部分省市道路运输业发展、贡献及其支持政策

### 一 北京市道路运输业发展、贡献及其支持政策[①]

到 2013 年末,北京市公路里程 21614 公里,比上年末增加 122 公里。其中,高速公路里程 923 公里,与上年持平;城市道路里程 6346 公里,比上年末增加 75 公里。[②] 全年公路运输货运量 25889.6 万吨,比上年增长 3.9%;全年货物周转量 146.8 亿吨公里,比上年增长 5.0%。全年客运量 132785.6 万人,比上年增长 0.3%;全年旅客周转量 299.1 亿人公里,比上年减少 1.9%。

2013 年实现地区生产总值 19500.6 亿元,比上年增长 7.7%。其中,第一产业增加值 161.8 亿元,增长 3%;第二产业增加值 4352.3 亿元,增

---

① "北京市道路运输业发展、贡献及其支持政策"的主要内容,来自于北京市交通委员会网站(http://www.bjjtw.gov.cn/)。

② 《2013 年北京市城市建设情况》,中商情报网(http://www.askci.com/)。

长8.1%；第三产业增加值14986.5亿元，增长7.6%。按常住人口计算，北京市人均地区生产总值为93213元（按年平均汇率折合为15052美元）。三次产业结构由上年的0.8：22.7：76.5变为0.8：22.3：76.9。

（一）道路运输能力不断提高

2013年全年，北京市城区客运量为92.9亿人次，比上年增长5.0%。其中，公共汽电车（含郊区客运）客运量为57亿人次；轨道交通客运量为32.0亿人次，比2012年增长30.2%。公共交通出行比例为46%。北京市机动车拥有量543.7万辆，比上年末增加23.7万辆。民用汽车518.9万辆，增加23.2万辆；其中私人汽车426.5万辆，私人汽车中轿车311万辆，分别增加19万辆和12.8万辆。

2013年底，北京市公共电汽车运营线路813条，比上年末增加34条；运营线路长度20575公里，比上年末增加1028公里；运营车辆22486辆，比上年末增加340辆；全年客运总量49亿人次，比上年下降4.9%。轨道交通运营线路17条，比上年末增加1条；运营线路长度465公里，比上年末增加23公里；运营车辆3853辆，比上年末增加168辆；全年客运总量32.1亿人次，比上年增长30.5%。

2013年，北京市交通运输部门改造整合线路144条，165个小区的居民出行方便了。增开了42条微循环公交线路，使180个小区与枢纽、轨道站点的接驳问题得以解决；开行定制商务班车45条、78个班次，实现了78条公交线路实时到站查询服务。实施市区公交场站改造16处，其中6处已投入使用，开工建设郊区客运场站14个。

2013年，交通管理部门多方努力，使轨道交通14号线的西段、10号线的二期剩余段和8号线的二期南段、昌八联络线陆续开通试运行。先后三次缩短既有线路最小运行间隔，进一步提高轨道交通运力。

（二）道路运输能力持续稳定

2013年，北京市道路施工部门完成北京国际机场高速四环出口匝道拓宽等疏堵工程239项，其中市级114项；完成道路微循环维修改造工程63项，畅通道路里程108公里。建成出租车扬招站601处、车位1980个。以地铁4号线、5号线、6号线沿线道路为重点，完成124公里道路综合整治，完成和平东桥下1074平方米自行车道彩色铺装，完成检查井病害治理

4600座，鲁坨路一期建成通车；完成14项一般公路新改建工程，新增公路里程62公里。重点实施12项扫尾清理工程，通香路、延琉路、沙阳路、李流路、徐尹路、南丰路和华西路等7项工程相继通车。①

强化旧路材料利用，制定了新型环保型沥青混凝土材料定额，全年旧路沥青材料回收率为97%，利用率达到77%，使用温拌沥青等节能环保材料91万吨，占沥青总量的90%。坚持"见缝插绿，土不露天，以树为主，四季常青，三季有花，乔灌花草配套"的原则，通过加宽、加厚绿化范围、加强绿化效果、提升绿化水平，新植里程460公里114万平方米，为改善首都空气质量、美化路域环境做出了积极贡献。推动预防性养护技术研究，编写完成《预防性养护技术指南》（初稿），开展薄层罩面等预防性养护技术定额测算工作。启动编制《北京市沥青路面预防性养护技术指南》，为预防性养护技术全面推广应用提供技术支持。

连续三年实现铁路道口安全"零事故"，成功避免道口安全事故10起。全市道口监控中心投入使用，道口安全管理实现动态监控、无缝覆盖。严格执行24小时修复标准，建立市、区（县）两级巡查互动机制，提高病害修复及时性。建成城市道路巡查系统，与城六区交通委实现信息共享。

（三）运营车辆管理制度化

2013年，北京市运输管理部门落实《北京市人民政府关于加强出租汽车管理提高运营服务水平的意见》，会同相关部门制定实施了《出租汽车服务质量投诉处理办法》等9个配套文件。制定并实施《北京市出租汽车企业落实主体责任监管考核办法（试行）》，监督企业主体责任的落实。进一步完善优化了96106统一电召服务平台，推出四小时约车承诺措施，规范推广手机叫车软件，设置扬招站601处，有效引导了行业运营模式转型。截至12月末，全市备案停车场5947个、停车位156.2万个。②

2013年，北京城区新增加的居住区停车位为26850个；全市新建P+R停车位2797个。测试电子收费的停车位为4657个，错时对外开放的停车位为11825个，实施自治管理的居住区为37个，实现单停单行的胡同为

---

① 北京市交通委员会（http://www.bjjtw.gov.cn/）。

② 同上。

22条。完成石景山区老山街道、丰台区花乡地区"一车位一编号"试点工作。组织开展停车秩序专项治理活动，共清理违规停车位5000余个。制定出台了《北京市机动车停车管理办法》，完成《城六区占道停车特许经营实施办法》等配套政策措施的拟定工作。

2013年，交通运输管理部门加强了对公交、轨道、"两客一危"等重点行业的安全管理，完成了外埠进京省际客车GPS监控系统平台建设，全市500艘游船实现了GPS监控。组建绿色车队，企业1265户，车辆35093台。新增更新LNG公交车3460辆，组织验收LNG撬装加气站24座。更新出租车12460辆，示范运营CNG双燃料出租车2001辆，区域电动小客车850辆。新增纯电动租赁车145辆、示范运营纯电动物流车70辆。建成2.5万辆公共自行车服务系统，办卡9.2万张，累计骑行次数510余万次。

（四）依法查扣惩治违法车辆

2013年，交通执法总队以维护运输市场秩序，提升监管的社会效果为工作主线，统筹兼顾行业监管和黑车治理，努力在维护运输市场秩序、强化机制实施和精细化管理以及勤政廉政带好执法队伍三个方面实现突破。截止到2013年底，共查处各类违法违章3.9万起，查扣"黑车"1.2万余辆，维护了运输市场秩序稳定。同时，加大出租车投诉受理力度，共处罚投诉案件4680起。开展出租车运营秩序专项行动，全年共查处出租车违章18178起，警告出租车驾驶员7195人，52名驾驶员进入"黑名单"。严厉打击克隆出租车，开展专项整治，加强夜间监管力度，对全市"假出租车"较为严重的朝阳、海淀、丰台重点区域进行了拉网式清理，共查扣克隆出租车1154辆。

（五）强化地铁运营管理

为了保证地铁稳定运营，不断提高运营质量和效率，北京地铁运营公司采取了多种行之有效的措施：一是加强早晚高峰客流监测，适时增加换乘站、重点站人员力量，同时结合全网客流变化情况，动态调整限流车站数量，并提前在车站张贴"温馨提示"，引导乘客错峰出行；二是结合车站站型条件，不断完善"一站一方案"，持续组织车站一线人员开展大客流客运组织桌面推演，提高应对突发大客流处置能力；三是针对西单、天安门西等六座试点"人、物同检"车站因安检通过能力不足造成进站速度放慢情况，及时调整限流时间和客运组织方式，确保运营秩序；四是开展"深化规范服务、塑造优质形象、展现地铁风采"优质服务月活动，深化落实服务标准规范，提升地铁服务品质，营造和谐的服务氛围。

为应对地铁列车延误，北京地铁运营公司采取了多项措施服务乘客：一是为所辖235座运营车站各配备500张"应急导行卡"，在出现列车延误时（含京港地铁所属线路），为有需要的乘客在"应急导行卡"上描画出从"应急导行卡"发放站至乘客要到达的目的站的推荐路径，使乘客通过绕行其他线路到达目的地，以减少乘客等候时间，方便乘客出行。二是加强一线服务人员培训，使其熟悉路网线路、车站分布情况，并能在短时间内为乘客指明最短绕行路径。三是在发放"应急导行卡"过程中，广泛收集乘客意见，不断完善服务手段。这些针对性措施，提高了服务质量，赢得了乘客的称赞。

（六）路网系统进一步完善

2013年，清理12项多年未完工工程，通香路、沙阳路等7项工程相继完工。鲁坨路一期建成通车，111国道二期进展顺利，全年完成一般公路新改建工程14项，新增公路里程62公里，公路路网系统进一步完善。广渠路四环至五环段基本建成通车，京新高速五环至六环段、京良路房山段主体工程完工，京昆高速北京段完成总合同额的63%，110国道二期启动招标前期准备工作。

全年共实施239项疏堵工程。市首条潮汐车道提高了朝阳路及区域路网的通行能力。对机场高速四元桥、京承高速望和桥出口匝道进行的拓宽改造，缓解了立交节点的交通拥堵，受到了市民的好评。在重点地区和七家市属医院建成出租车扬招站601处、车位1980个，为规范出租车停靠创造了设施条件。德胜门桥公交场站左转车道开工建设，航天桥、安贞桥公交立体换乘和东四十条桥立交改造前期工作基本完成。城六区、大兴、通州、昌平共完成微循环道路建设63项，畅通周边道路路网108.1公里，进一步优化了区域交通环境。

在二环路内，以地铁4号线、5号线、6号线沿线道路为重点，对124公里市管道路进行综合整治，完成和平西桥桥下自行车道彩色铺装1074平方米；城六区对635条次干路、支路的慢行设施进行调查，启动实施12条

13.2公里区管示范路工程，治理自行车道、人行步道34万平方米。

2013年还实施阜成路、天宁寺桥等道路桥梁大修27项，完成中修128项13万平方米。采用薄层罩面、低噪纤维微表处等工艺对15条125万平方米道路进行预防性养护，市管城市道路主要技术状况指数（PCI）由2012年的83.2提高到84.2，完好率由2012年的89%提高到90%。

实施城市桥梁养护工程师制度，全面提升桥梁养护管理水平。长春桥路示范工程荣获2013年中国市政工程协会"扁鹊杯"。此外，还对三环路内4600处检查井周边病害进行了专项治理，提高了道路出行的舒适度。加强城市道路巡查，及时发现并处置城市道路塌陷131起。

按照交通部"一个中心、三个推进、五个提高"的要求，北京市道路交管部门以"打造信息化交通、建设服务型公路"为主题，高标准完成108国道改造示范工程，实现了"畅安、舒美、精新"的既定目标，得到了部验收专家组的高度评价。在2012—2013年交通运输部普通干线公路路况监测中，市国道路状况综合排名第二。市普通公路路面使用性能指数（PQI）90.99，优良率达到94.75%。

农村以乡村公路管理养护年活动为契机，加大对各区县乡村公路管理力度，全年完成路面大修575公里、桥梁改造51座、危险点段安保工程106项，路况水平稳步提升。中等路以上里程达到89.96%，四五类桥梁比例控制在4.4%，实现了管理养护年活动阶段目标，为市政府对区县年度绩效考核提供了科学依据。

（七）实施安全生产标准化

建章立制，细致谋划，创新推进，有序开展安全生产标准化工作。安全生产标准化工作始终坚持"服务企业、服务行业、注重实效"的原则，在考评员考试认定方面坚持原则，客观公正；在机构遴选方面严格程序，严格管理；在企业达标考评方面分类推进，注重实效，按照年初工作部署有序开展。在没有经验可循的基础上，经过细致谋划，创新推进，确保了各项任务的顺利完成。

一是认真学习研究各级文件要求，在充分调研、多方沟通的基础上，起草并联合市安监局下发了《关于印发北京市交通运输企业安全生产标准化建设工作方案和管理实施办法的通知》，明确安全生产标准化建设工作方案、考评管理办法、考评员管理办法、考评机构管理办法和抽查考评管理办法。"一个方案、四个办法"奠定了全市交通运输企业安全生产标准化工作的制度基础。

二是在交通运输部达标考评指标实施细则的基础上，着眼"首都标准"需要，结合北京交通行业实际，制定了包括公交、地铁、省际客运、省际客运场站、机动车维修、出租、道路普货运输、道路货运场站、道路危险货物运输、交通工程建设等10个专业的考评指标实施细则。

三是针对达标考评工作可预见的矛盾问题，从企业角度出发，适时出台相关规定和要求，促进达标考评工作有序开展。针对危货运输企业行业管理特点，组织科研机构将危货企业安全评价与企业安全生产标准化达标考评工作进行详细比对，制定了《道路危险货物运输企业安全生产标准化考评指标实施细则（适用安全评价达标企业）》，印发了《关于开展道路危险货物运输企业安全生产标准化达标考评工作的通知》，简化了考评认定程序，减轻了企业负担，提高了工作效率。

## 二 上海市道路运输业发展、贡献及其支持政策[①]

2013年，上海市全年实现生产总值（GDP）21602.12亿元，按可比价格计算，比上年增长7.7%。其中，第一产业为129.28亿元，比2012年下降2.9%；第二产业为8027.77亿元，比2012年增长6.1%；第三产业为13445.07亿元，同比增长8.8%。第三产业生产总值占比为62.2%，比2012年增加1.8个百分点。按常住人口计算，上海市人均生产总值为9.01万元。[②]

（一）客货运输业稳步发展

2013年，上海市货物运输行业货物运输量43809.00万吨，比上年增长2.1%；客运量3720.00万人次，比上年减少0.7%；轨道交通运营线路长度为538.31公里（不含磁悬浮线路）。

截止到2013年12月31日，上海市公交行业有运营企业35家，线路

---

① "上海市道路运输业发展、贡献及其支持政策"的主要内容，来自于上海市交通委员会网站（http://www.jt.sh.cn/html/index.html）。

② 上海市统计局（http://www.stats-sh.gov.cn/column/tjgb.html）。

1338 条，公交线路长度 23824.131 公里，公交运营车辆 16692 辆（不含团客）。公交线路日均运营 293.47 万公里，日均客运量 732.97 万人次（其中日均换乘优惠 198.44 万人次、日均老人免费 54.79 万人次），日均运营收入 1287.69 万元（不含补贴）。

上海市出租汽车行业出租顶灯汽车 49623 辆，行业日均载客里程 1104.20 万公里，日均载客 293.59 万人次，日均运营 163.10 万车次；上海市省际长途客运站为 34 个，经营长途客运班车、包车的业户为 145 家，营运客车总计为 9849 辆；经营线路为 3405 条；日均发送旅客为 10.19 万人次（含包车）。

2013 年轨道交通 11 号线二期和 12 号线、16 号线部分区段投入运营。到 2013 年末，上海轨道交通运营线路总数为 15 条，运营线路总长度为 538.31 公里；共计优化调整公共交通线路 307 条，其中新投入使用的 94 条；公共交通专用道里程为 161.8 公里。公共交通运营车辆为 1.67 万辆，出租车为 5.06 万辆。2013 年上海市内公交客运量达到 63.57 亿人次，比 2012 年增长 2.1%。其中，轨道交通客运量达到 25.06 亿人次，同比增长 10.1%；公共交通汽电车客运量达到 27.1 亿人次，同比下降 3.3%。

截止到 2013 年底，上海市拥有各类民用汽车 235.1 万辆，比 2012 年增长 10.4%。其中私人汽车达到 163.38 万辆，同比增长 15.6%。

2013 年上海市道路货物运输经营企业 3.81 万户，拥有运输车辆 21.86 万辆（含牵引车头 4 万辆），车辆总吨位达到 194.4 万吨。其中危险品运输经营性业户 271 家，危险品运输非经营性业户 23 家，危险货物运输车辆总计 6095 辆（不含牵引车头），危险品车辆吨位数 10.74 万吨；集装箱运营业户 1726 户，集装箱运营车辆 2.26 万辆（不含牵引车头），集装箱车辆总吨位 69.1 万吨，总箱量 4.5 万 TEU。

上海市汽车维修检测行业有汽修企业 5301 户，完成维修量 897 万辆次。其中，二级维护 18.81 万辆次，专项修理 74.71 万辆次，维修收入 125.72 亿元。综合性能检测站 18 户，检测量 29.7 万辆次。其中，维修竣工检测 26 万辆次，等级评定检测 18.56 万辆次。有从事驾驶员培训的机构 197 户，教练车 1.73 万辆（其中小型客车教练车 1.71 万辆），教练员 2.29 万人，参加机动车驾驶员培训人数 38.76 万人次，培训合格人次 31.01 万人次。停车管理行业有公共停车场（库）2167 户，停放车次 2.06 亿次，停车收入 17.83 亿元（其中包月停放车次 0.51 亿次，包月停放收入 4.55 亿元）。全市 16 个区县设立道路停车场，核定停车泊位 3.43 万个，停放车次 0.14 亿次；清障施救牵引行业有清障施救牵引业户 84 户，车辆 823 辆；从业人员 0.24 万人，清障施救牵引车驾驶员 1290 人。主营业务收入 1.58 亿元；其中，牵引收入 1.36 亿元，清障施救收入 0.22 亿元。[①]

（二）不断强化驾驶员培训机构管理

2013 年，上海市道路交通管理部门不断强化驾驶员培训机构和驾驶员驾驶行为的管理，以提高各个驾驶员培训机构的培训质量和规范驾驶员的驾驶行为，提高客运和货运的运输质量，提高车辆运输的安全性、效率性和低碳性。

继续强化对全市 183 家驾驶员培训机构的规范经营、公示执行、安全生产、档案台账等内容检查，进一步规范行业经营者经营行为，确保培训质量。检查表明，各驾校的管理水平比 2012 年有了一定的提高。一是驾培机构规范经营意识进一步提高。绝大部分驾培机构对于此次检查非常重视，以积极的态度迎接检查，不少企业已自觉将检查的内容作为强化内部日常管理工作的抓手。二是基础管理工作有所加强，特别是教练员档案、学员档案、教练员排行榜等管理比较规范，为日常管理工作的开展打下扎实基础。三是制度基本落实，安全意识有所增强。大部分机构都建立了安全学习、检查台账以及突发事件应急预案制度，如实记录安全学习内容及安全检查情况。

落实机动车驾驶员培训机构交通事故责任倒查、培训质量排行综合考核制度。由市运输管理处、市公安车管所和市交通执法总队联合成立的上海市机动车驾驶员培训机构交通事故责任倒查、培训质量排行综合考核办公室，根据《上海市机动车驾驶员培训机构交通事故责任倒查、培训质量排行综合考核办法》有关规定，通过日常监管、集中上户检查和满意度测评等方式对纳入考核的 178 家培训机构进行了综合考核排名。考核结果，2013 年达到 A 级的驾驶员培训机构有 17 家，达到 B 级的驾驶员培训机构

---

① 上海市交通委员会（http：//www.jt.sh.cn/html/index.html）。

有 146 家，达到 C 级的驾驶员培训机构 15 家。其中 C 级机构中，因发生酒后和醉酒驾车、教练员发生全责死亡事故及违反信息上报制度被否决 10 家。针对连续两次考核为 C 级的培训机构，责令其限期整改，并按相关法规处罚，在一定范围内降低其教练车带教的额定人数。

严厉惩处违法违规的驾驶员培训机构。市运输管理处在会同市交通执法总队进行日常监督检查过程中，发现部分驾校存在弄虚作假等行为。为了严肃管理法规，整肃行业秩序，根据《上海市道路运输管理条例》、《机动车驾驶员培训管理规定》以及相关行业管理要求，市运输管理处、公安车管所和市交通执法总队经研究，对违规培训机构进行了严肃处理。同时，市运输管理处要求各培训机构：第一，要强化内部管理，开展自查自纠。各培训机构应当对内部经营管理情况对照行业管理规定，逐条进行自查，自查要明确岗位职责，落实专人负责。报告应重点说明上述内容的自查情况和下一步加强管理的措施。市运输管理处、市交通执法总队对未按时上报自查报告或报告中未写清自查整改情况的培训机构开展重点检查。第二，开展宣传教育，加强队伍管理。各培训机构应及时召开职工专题会议，进行宣传教育，并结合实际情况建立健全内部管理和处罚制度，落实各项管理措施。特别是要加强内部岗位管理和教练员队伍管理，纠正和打击教练员私下收取培训费用、考试"保险费"等违法违规行为。

为了确保驾培行业的安全稳定，道路交通管理部门开展了联合安全大检查。检查内容为：营运车辆按照国家标准及行业标准配置安全设施和防火设备的情况、企业贯彻落实安全管理制度的情况、企业内部不稳定因素滚动排查和具体工作措施情况、从业人员安全防范教育和培训情况、安全生产隐患治理的落实情况等。联合检查小组对现场检查中发现的安全隐患问题，立即组织驾校召开现场座谈会，通报检查情况，指出安全隐患，并要求驾校立即整改。同时，要求各培训基地牵头，联合各进场单位组成日常安全检查组，将安全检查工作常态化、制度化，形成以企业为主体、行业管理部门为监督的安全管理形式。

为了强化各种车辆的驾驶培训教练员的行业管理，推进驾驶培训行业的信用体系完善，引导教练员依法经营、诚实守信、优质服务，2013 年上海市运输管理部门依据《道路运输驾驶员诚信考核办法（试行）》、《机动车驾驶员培训管理规定》等法规，出台了《上海市机动车驾驶培训教练员信用评价实施细则》；为加强驾培行业从业人员管理，准确掌握从业人员的从业状态，及时了解聘用、变更等情况，上海市运输管理处根据交通运输部的有关法规，制定了《从业人员信息采集和报备管理规定》，并与从业人员管理信息系统同步实施。上海市运输管理处建立监督检查制度，定期对信息情况进行监督检查，对未按规定完善信息数据的，采用与企业质量信誉考核挂钩等方法进行相应的督促和监管。

为了保障学员合法权益，维护培训人员的权益，上海市运输管理处强化了培训费用的管理。一是培训机构调整培训费价格应根据《机动车驾驶员培训管理规定》（交通部2号令）和《关于要求培训机构加强经营管理、规范学员培训费用收取等工作的通知》，及时向上海市运输管理部门上报备案，并提前在培训机构的收费窗口和上海市驾驶员培训行业的网站上进行公示；二是培训机构应该按照上报备案的收费价格收取费用，不得增加收取其他的费用；三是对于违反规定收费，及时查处、纠正；四是培训机构与培训学员已经签订的《培训合同》，按合同签订之日的价格执行，不得随意涨价。

（三）提高汽车维修服务质量

为切实加强对大客车维修的监管，确保大客车维修业有序发展，严把资质关，借助延续许可，全面对大客车维修企业进行清理。全市开展大客车维修的企业从2012年的近700户下降到2013年的160余户。各运管机构加大对大客车维修企业的监管力度，督促企业按照相关标准确保维修质量。市运输管理处加强与行业协会合作，推动组建全市大客车维修联谊会，发挥企业自律作用，共同促进大客车维修健康发展。

为规范本市汽车维修业户的经营行为，2013年市运输管理处对市中心城区2012年度质量信誉考核为B级的企业开展专项检查。针对质量信誉考核中存在的问题，市运输管理处通过现场检查，督促企业依据法律法规的相关要求做好各项工作。对于未办理经营场地变更的企业，市运输管理处采取约谈方式，宣传行业政策，敦促企业依法办理相关手续。此次专项检查，进一步促进了市中心城区汽车维修市场的健康发展。

机动车综合性能检测是运管部门确保营运车辆技术状况的重要一环，

加强对综合检测站的管理是行业管理的重中之重。2013 年，市运输管理处通过信息化手段，强化对综合检测站的管理，规范经营行为，确保检测质量。市运输管理处采取限制检测量的措施，通过各检测站的计算机控制系统，每个站每条线一天最多只能检测 100 辆次。同时对全市综合性能检测信息系统进行功能拓展，有效提高运管机构对营运车辆技术状况的监控。

2013 年，市运输管理处开展了市中心城区机动车维修企业安全生产大检查。此次安全生产检查，出动执法人员 217 人次，上门检查 65 家维修企业。主要是针对企业安全生产制度、应急预案的建立、责任书的签订、制度落实情况、消防器材配备、相关设备的使用及厂房设施等方面进行了重点检查，对检查中存在的问题要求维修企业立即改正。市运输管理处紧紧围绕安全工作"调整、整顿、充实、提高"的总体目标，抓行业安全要点，抓薄弱环节，切实保证行业安全稳定。

加强危险货物运输车辆维修管理。为贯彻交通部 2 号令，确保危险货物运输车辆维修有序、健康发展，市运输管理处提出了相关管理要求：一是各危险货物运输车辆维修企业要提高对交通部 2 号令发布实施的认识，切实做到不因政策调整而发生降低作业标准和牺牲质量的现象，发现一起，处理一起；二是要严格按照维修作业工艺、标准和流程规范操作，保证维修质量，切实为本市危险货物运输车辆营运安全提供有力的技术支撑，履行好企业主体责任；三是危险货物运输车辆维修企业联谊会要按照年度联谊工作计划安排，组织好年度行业自律互动考评工作，为管理部门开展年度质量信誉考核工作提供真实、完整的各企业履行诚信情况的基础信息。

（四）加强货物运输管理

成立上海市道路集装箱运输企业（甩挂）联盟。2013 年，由上港物流、汉唐物流等九家道路集装箱运输企业联合发起组建了"上海道路集装箱运输企业（甩挂）联盟"。九家企业以"资源整合、信息共享、优势互补"为切入点，通过"统一联盟标识、统一服务标准、统一信息平台"提升服务与管理水平，促进行业转型升级。除了企业联盟形式外，集装箱运输企业以加盟、契约式、股份制等多种经营模式也正在酝酿、筹建之中。企业出现联盟、加盟等经营模式是市场发展所趋，对集装箱运输企业谋求转型升级有利，对提高行业地位和市场话语权有利，对行业稳定和健康发展有利。

为进一步做好本市道路危险货物运输行业安全管理工作，上海市运输管理处联合市交警总队事故防范处、上海环亚保险经纪有限公司和中国人保闸北分公司组织开展了安全业务培训。通过对道路危险货物运输事故案例及事故防范和处理的讲解，使运输企业举一反三，做好道路危险货物运输的安全管理工作。市运输管理处结合行业管理工作重点，布置了道路危险货物运输企业许可复查工作，并重点对2014年道路危险货物运输企业安全生产责任书进行宣讲，要求各运输企业做到以预防为主，各项工作措施做到前面。

强化道路危险货物运输企业运输管理。市运输管理处积极开展安全大检查，督促各道路危险货物运输企业做好安全管理工作，确保安全运输。检查范围重点是运送易燃易爆危险货物运输企业、2012年度企业质量信誉考核"A"、"B"级运输企业以及各类违规、事故多发运输企业。重点检查企业各项安全管理制度、危险货物运输资质管理、车辆安全技术状况、从业人员持证上岗、安全生产管理机构建立和专职安全管理人员配备、夏季高温专用车辆电路检查情况、规范运营操作等情况以及疲劳驾驶行为。

结合GPS专报，市运输管理处对违规企业法人或总经理进行了专项培训。根据市交通港航指挥中心关于道路危险货运车辆GPS监控专报的监控统计信息及日常监管情况，市运输管理处集中对2013年3月30日—5月3日的车辆各类预警前20名及在行业监管中存在安全隐患的企业法人或总经理进行了专项培训。46家违规企业的法人或总经理参加了培训。专项培训通报了违规进入禁行区域、超速行驶、违规出入境、场外停车、信号异常等各类预警排名前20名的企业名单及报警次数，综合分析了造成违规预警的各类原因，要求企业对违规车辆逐一排查，对违规驾驶员进行教育，纠正驾驶员的违规行为。讲解了法规、各项管理要求、安全管理中注意事项等，并进行书面考试。通过培训，进一步明确道路危险货物运输企业需要具备的资质及行业各项监管要求。强调企业应强化安全管理意识，做好违规车辆的实时监控工作，抓好违规驾驶员、押运员的教育工作，避免违规行为的发生，确保道路危险货物的运输安全。

货运行业积极拓展信息化应用。针对货运行业经营业户、营运车辆、从业人员数量庞大的现况，拓展货运行业信息化应用，提高日常监管水平。在上级部门支持、帮助下，上海市"外省市备案信息系统"、"集卡行业成本检测数据信息管理系统"、"集卡进港信息监管系统"和"货运车辆审验信息管理系统"等信息系统先后投入运行，其中"货运车辆审验信息管理系统"在2013年货运车辆审验工作中，方便了经营者参加审验，减轻了管理人员工作量，提高了审验工作质量，受到广大车辆单位及各级运管机构的肯定和好评。

### 三 广东省道路运输业发展、贡献及其支持政策①

广东省位于祖国大陆最南部，东邻福建，北接江西和湖南，西连广西，南临南海，并在珠江三角洲东西两侧分别与香港和澳门特别行政区接壤，西南部雷州半岛隔琼州海峡与海南省相望。全省陆地面积为17.98万平方公里，约占全国陆地面积的1.87%；其中岛屿面积1592.7平方公里，约占全省陆地面积的0.89%。全省大陆岸线长3368.1公里，居全国第一位。

改革开放之后，广东省以经济建设为目标，采用一系列改革措施，狠抓道路基础设施建设，以提高道路基础设施效率和运输效率为中心，加强各种运输方式的协调建设，综合运输能力快速增强。形成以广州为枢纽、辐射全省各地的综合运输网络，构建起综合运输骨架。

2013年，广东省实现地区生产总值（GDP）62163.97亿元，比上年增长8.5%。第一产业生产总值为3047.51亿元，比2012年增长2.5%，对地区生产总值（GDP）的贡献为1.3%；第二产业生产总值为29427.49亿元，同比增长7.7%，对地区生产总值（GDP）的贡献为45.4%；第三产业生产总值（GDP）为29688.97亿元，增长9.9%，对地区生产总值（GDP）的贡献为53.3%。三次产业结构为4.9∶47.3∶47.8。在现代产业中，高技术制造业增加值6143.29亿元，同比增长9.8%；先进制造业增加值12314.71亿元，同比增长9.3%；现代服务业为17173.26亿元，同比增

---

① "广东省道路运输业发展、贡献及其支持政策"的主要内容，来自于广东统计信息网（http://www.gdstats.gov.cn/tjzl/tjgb/）、中商情报网（http://www.askci.com/）。

长 11.1%。在第三产业中，批发和零售业增长 10.5%，住宿和餐饮业增长 3.4%，金融业增长 18.0%，房地产业增长 11.2%。民营经济增加值 32058.76 亿元，增长 8.8%。2013 年，广东人均 GDP 达到 58540 元，按平均汇率折算为 9453 美元。①

2013 年，广东省公路通车里程达 20.29 万公里，较 2012 年增加 7950 公里，公路网密度达 114.05 公里/百平方公里。其中，高速公路通车里程 5705 公里，一级公路里程 10617 公里，二级公路 19130 公里，二级以上公路里程 35452 公里。

（一）道路运输客货运量和周转量持续增加

2013 年，广东省公路货物运输量 217643 万吨，比上年增长 15.1%；货物运输周转量 2872.31 亿吨公里，比上年增长 18.0%；旅客运输量 604938 万人，比上年增长 8.7%；旅客运输周转量 2775.29 亿人公里，比上年增长 12.4%。道路运输生产能力快速增长。道路运输在综合运输体系之中，是普遍性、最经济和最适用的运输方式，这种运输方式在经济建设和社会发展中，发挥着重要的作用。特别是在大的节假日和自然灾害中，发挥着重要的作用。如在春节、"黄金周"等节假日中，在台风、洪涝、冰冻、雨雪等自然灾害中，道路运输以其灵活性的优势，发挥着难以替代的作用。

（二）运输企业向集约化方向发展

广东省建立了一大批大型客货运输企业，这些企业以品牌经营和连锁经营等方式，不断扩大经营规模和范围，促进了道路运输行业的集约化发展。它们立足于车辆结构科学化，大幅度提高营运客车的车型、清洁能源的车型；大幅度提高重型货车、集装箱拖挂车、厢式车等高效、节能车型的比重；科学更换农村客运和城市快递等的车型。同时，完善线路布局，调整市际班线节点和清理省际班线，整合客运线网，规范经营线路；并试点探索适应市场需要的新型运输模式，比如，实行城乡公共客运区域专营和线路专营，等等。

---

① 广东统计信息网（http://www.gdstats.gov.cn/tjzl/tjgb/）。

### （三）树立规划先行的管理理念

在"十一五"时期，广东省陆续发布了一系列法规政策，以支持和促进广东省道路运输业的发展。比如，出台了《关于促进我省道路运输业又快又好发展的实施意见》和《珠江三角洲地区公路水路交通运输一体化规划（2009—2020）》等法规政策，支持和促进站场建设和客运枢纽建设，使各类站场建设相互衔接、布局科学合理。同时，建设了广州东站、深圳福田、广州南站等综合客运枢纽，实现和促进了道路运输与其他运输方式之间合理、高效、无缝隙衔接，既方便出行者，又提高了运输效率。经过各方的共同努力，一体化的道路客运体系已经初步建成，城际客运网络、城市的公交网络与农村的客运网络，分工明确，定位清晰。泛珠三角地区的道路客运班线、粤港澳直通车及跨市班线全部开通。

### （四）运输服务能力持续提高

运输服务保障能力持续提升。运输装备不断改进，全省16万余辆客运车辆中，高级车约占60%，车辆安全性、舒适性明显提高；货运车辆达到91.5万辆，明显具有专用化、厢式化发展的趋势。加快实现公共交通优先的发展战略，加快公共交通城市的创建，进一步提高公共交通覆盖面和服务水平。到2013年底，全省公交车达到5.9万标台，公交运营线路9.1万公里，公交站亭8.4万个，全省公交日均客运量3500万人次，均居全国第一。

### （五）理顺行业管理体制

"十一五"时期，广东省陆续出台了一系列道路运输业发展的政策法规。比如，出台了《道路旅客运输班线经营权招标投标办法》、《广东省出租汽车管理办法》和《道路运输从业人员管理规定》等政策法规，构建起比较健全的道路运输行业发展的制度体系，行业管理体制基本形成。同时，加快建设全省道路运输信息体系，现已经初步建成全省"道路运政管理信息系统和全省公众出行服务系统"，基本实现了道路运输证和从业资格证应用IC卡电子证件，同时还可以同交通部的数据联网共同使用。另外，广东省还加快建立健全安全管理制度和"手段"。"十一五"至今，制定健全了七大项安全生产制度和考核规范，还实施了"三不进站、五不出站"制度；通过"安装GPS车载系统及行车记录仪，以及应用IC卡电子证件"，对各种车辆和各类人员进行动态监管，并与公安部门共享安全信息。改革营运车辆二级维护管理制度，进行营运车辆二级维护管理改革；进行机动车综合性能检测站升级改造，提高车辆管理水平。加强培训，提高从业人员的素质。

在交通运输管理部门的积极努力下，普通公路项目的审批制度进行了简化审批程序、下放普通公路（桥梁）审批权限等突破性的改革；道路路面改造、维修工程回归养护工程属性，道路建设方案交由各级道路运输主管部门直接审批，公路养护直接审批施工设计图。行政审批事项进一步改革放权，评定交通运输企业安全生产达标（二级）及汽车客运站站级评定的职能，交给符合评定条件的社会组织承担。理顺了外商投资道路运输行业的投资程序和办理手续。

广东省交通运输管理部门积极创新道路建设模式，广（州）佛（山）肇（庆）和兴（宁）（五）华高速公路（即兴宁—汕尾高速公路兴宁—五华段）等项目实施了"BOT+EPC"模式。同时，还积极探索武（汉）深（圳）高速公路（即武汉—深圳的高速公路）和宁（波）（东）莞高速公路（即江苏南京市—广东省东莞市的高速公路）等项目按照 BT 模式进行建设，以广泛引入社会资金参与高速公路的建设。加快理顺各级政府还贷的高速公路建设投资和管理运营体制，挂牌成立了省南粤交通投资建设有限公司，韶赣、江肇等八个高速公路项目实现了平稳有序移交。出台了粤东西北公路发展实施方案和互通立交新（改扩）建及连接线建设管理方案，指导行业规范可持续发展。

（六）推进数字交通建设

在广东省交通运输管理部门的积极努力下，广东省综合运输体系规划信息平台（一期）顺利投入使用，可以初步进行"一张图"规划管理。同时，加快实施道路交通建设及运输市场信用服务系统等四项信息化重大工程。全省营运车辆的卫星定位监管系统，逐步开始与北斗卫星导航系统兼容，并与客车 IC 卡进站出站监管系统联网联控。积极建立汽车联网售票网络，13 个地市的 177 个客运站实现了与省联网中心的联网。完成网上办事大厅建设，18 项行政审批事项、12 项非行政审批事项（共计 89 个子事项）实现在线申报、审批。

继续推进全国干线高速公路通信系统的建设。广东省交通运输管理部门综合监控中心大厅落成并交付使用；建设西江86公里数字航道；加快建设交通运输信息感知基础设施，加快物联网在交通引导、停车诱导、城市公共交通智能管理、路况实时播报、客货车辆动态监管、危险品运输监理、电子通关等方面的应用。

### 四 辽宁省道路运输业发展、贡献及其支持政策[①]

辽宁省曾是东北乃至全国老工业基地的典型代表，在东北区域经济发展中具有领头作用，是东北区域经济增长极，推动区域经济进步，增强区域竞争实力。辽宁省处于东北与华北的衔接地带，具备沿海经济的特征。东北要实现经济与社会的发展，就应该主动加强与环渤海经济区的联系，主动接受经济辐射。辽宁省在这一过程中，发挥着枢纽作用。辽宁省在东北区域区位优势明显，历史上就是交通运输枢纽地区，京沈、沈大（沿海南北大通道）两条国家级公路在辽宁省人字形交会，其作用不言自明。随着吉林、黑龙江、京津冀地区以及内蒙古东部公路的建设，辽宁省的枢纽作用将进一步增强。改革开放后，辽宁省道路运输业得到了快速发展，取得了令人瞩目的成绩。

2013年末，辽宁省公路里程为（不含城管路段）110072公里，增加5393公里；民用汽车为509.8万辆，比2012年底增长6.9%。其中，载客汽车增长15.4%，载货汽车下降10.7%。截至2013年末，个人拥有汽车量为377.7万辆，比2012年末增长13%。

2013年，辽宁省继续推进高等级公路的建设，推进以县、乡道为主体的农村公路网的建设，提高农村公路的覆盖面。同时，加快了连通河北省、内蒙古自治区和吉林省等省际高速公路的建设，完成了四平—阜新—承德、朝阳—赤峰、沈阳—梅河口等高速公路建设；加快了丹东—庄河、辽宁中部环线、沈阳—彰武、庄河—盖州等高速公路的建设，完善了辽宁省内高等级公路网。2013年末，辽宁省高速公路达4023公里，比上

---

[①] "辽宁省道路运输业发展、贡献及其支持政策"的主要内容与数据，来自《2013年全省道路运输经济运行分析报告》，辽宁省交通厅运输管理局网站（http://www.lnyg.net/ygzw/ystj/201402/t20140227_548322.html）。

年增加111公里；100%的行政村公路铺盖黑色路面，交通、生产、生活条件大为改善。

（一）旅客运输能力稳步发展

2013年，辽宁省完成道路客运量9.34亿人，同比增长3.1%；旅客周转量445.3亿人公里，同比增长4.2%。1—11月份客运量和旅客周转量分别在全国排名第13位和第16位。全省共有道路旅客运输经营从业人员19.8万人，同比增长2.1%。道路旅客运输经营业户平均从业人员149人，同比增加16人，吸纳就业能力稳步提升。

2013年，辽宁省在乡镇通班车率100%、建制村通班车率100%的基础上，积极推进农村客运网络向自然屯延伸；全省共开通农村客运线路3996条，比上年末增加30条；平均日发班次29294班，同比增长7.2%，发送能力有所增强。随着农村客运基础设施、装备和服务水平不断完善，农村旅客运输平均运距不断延长，达到32.6公里，比上年末延长10.0公里，同比提高22.6个百分点，运输能力不断增强。

经营业户结构不断优化，经营业户数量逐步减少，企业规模逐步提升，运力集中度进一步提高，经营业户的平均运力和平均从业人员均有增长，行业管理更加趋于规范合理，吸纳就业能力不断增强。2013年底，全省共有道路旅客运输经营业户1334户，同比减少9.3%。其中，企业447户，同比减少1.8%；个体887户，同比减少12.6%；企业占道路旅客运输经营业户比重为33.5%，同比提升2.5个百分点。从运力规模看，旅客运输经营业户平均拥有营运车辆18.9辆，同比增长0.3辆。

（二）集约化水平稳步提升

2013年，辽宁省营运载客汽车总数量25220辆，同比减少7.7个百分点。其中，中高级车辆比重72.9%，同比提升3.3个百分点。车型结构不断优化，车辆装备水平不断完善，有效推进道路客运服务水平进一步提升。全省共开通客运线路7101条，同比增长0.7%；客运线路平均日发班次47860.6班，同比增长0.2%，客运线路及发送能力趋于饱和。2013年底，全省包车客车7982辆，比上年末增加639辆，同比增长8.7%。

2013年底，全省班车客运客车14871辆、客位数435026个，车辆数同比减少1.3%，客位数同比增长0.6%；全省包车客运企业225户，同比增长4.6%，其中拥有车辆50辆及以上的企业44户，拥有50辆以下的企业181户。包车客运企业平均拥有营运车辆35.3辆，同比增长1.4辆，运力集中度进一步提高。

（三）道路货物运输能力增长较快

辽宁省沿海经济带的开发、沈阳经济区的建设以及突破辽西北等一系列战略措施的实施，加快了该省经济社会建设步伐，全省经济发展催生货物运输需求。2013年，全省完成货运量19.4亿吨，同比增长11.4%；货物周转量2943.6亿吨公里，同比增长10.0%。受结构调整和国民经济运行整体放缓的影响，全省道路货物运输量增速趋缓，增幅略有回落。货运量、货物周转量增速同比分别减少3.5个和4.9个百分点。1—11月份货运量和货物周转量均在全国排名第6位。

全省共有道路货物运输经营业户36.9万户，同比增长5.4%。其中，企业68318户，同比增长2.3%；个体30.0万户，同比增长6.1%。从运力规模看，货物运输经营业户平均拥有营运车辆2.1辆，与上年基本持平。其中，货运企业平均拥有营运车辆6.0辆，同比增长0.2辆；拥有50辆及以上的货运企业1458户，同比增长10.7%；拥有50辆以下的货运企业66860户，同比增长2.1%。拥有50辆以上货运企业增速明显高于50辆以下的企业，业户规模化水平不断提高。全省共有道路货物运输经营从业人员110.0万人，同比增长0.7%。道路货物运输经营业户平均从业人员为3.0人，与上年基本持平，吸纳就业能力基本保持稳定。

2013年，载货汽车统计口径发生变化，交通运输部制定的《交通运输综合统计报表制度》对牵引车和挂车分别进行统计，全省载货汽车数量76.8万辆，吨位数465.3万吨，按原口径计算，同比分别增长9.4%和13.1%。吨位数增长速度明显高于车辆数增长速度，载货汽车大型化、重型化趋势明显。从经营范围看，普通载货汽车59.6万辆，普通货物运输挂车4.4万辆，合计64.0万辆，按原口径计算，同比增长6.8%；专用载货汽车3.3万辆，专用货物运输挂车1.8万辆，合计5.1万辆，按原口径计算，同比增长8.5%，增长速度较快；道路危险货物运输车辆2.0万辆，同比增长7.2%，载货汽车专业化水平稳步提高。

全省新增集装箱企业26家，新增集装箱运输车辆777辆，新增大连、营口等6个市156家企业的1525辆集装箱车享受高速公路通行费优惠政策。截至2013年底，全省累计对8个市259家集装箱运输企业7600辆集装箱车实施高速公路通行费优惠政策，占全省集装箱运输车辆总数的79%，道路集装箱运输稳步发展。

截至2013年底，全省共有8个市、县37家物流企业开展甩挂运输，同比增长42%，甩挂运输线路达60余条，参与甩挂运输的牵引车和挂车分别为903辆和1511辆，同比增长分别为44%和48%，甩挂牵引车和挂车比例达到1∶1.67，甩挂运输取得实质性进展。

随着全省经济结构不断调整，道路货物运输市场需求不断变化。2013年，全省完成煤炭及制品运输量15996万吨，同比减少9.2%，占全省分货类运输总量的8.2%，同比下降1.8个百分点；石油、天然气及制品运输量8112万吨，同比减少0.63%，占分货类运输总量的4.2%，与上年基本持平；金属矿石运输量13274万吨，同比增长33.0%，占分货类运输总量的6.8%，同比提升1.1个百分点；钢铁21279万吨，与上年基本持平，占分货类运输总量的11.0%；矿物性建筑材料26465万吨，同比增长32.6%，占分货类运输总量的13.6%，同比提升2.2个百分点；此外，水泥、粮食、农林牧渔业产品所占比重较高，货运种类呈多样式发展趋势。

（四）城市客运服务水平不断提升

2013年底，全省城市公共汽电车辆22223台，同比增长2.5%；运营线路1647条，同比增长3.2%；公共汽电车经营业户113户，同比增长4.6%；市区公交车万人拥有率12.4标台，同比增长0.2标台；出行分担率23%，同比提升1.5个百分点；服务"夜经济"延时公交线路100条，公共汽电车保障能力和服务水平进一步提升。

全省出租汽车数量稳定增长。2013年底，城市出租汽车运营车数90885辆，同比增长5.3%；经营业户23138户，同比增长9.1%。全省出租汽车行业以迎接"十二运"为契机，通过开展各种竞赛活动，提升了城市窗口形象。大连市开展"关爱的哥的姐健康，营造行业文明和谐"活动，进一步提高了出租车从业人员的职业认同感。通过组织开展的出租汽车市场专项治理，检查出租车16万辆次、从业人员17万人次，查处违法行为7240起，查扣非法经营车辆1905辆，销毁58辆，出租车客运市场运营秩序得到有效规范，服务质量显著提高。

（五）机动车维修业健康发展

2013年底，全省机动车维修经营业户15135户，同比增长6.3%。从结构看，一类汽车维修968户，占6.4%，同比增加37户；二类汽车维修3603户，占23.8%，同比增加133户；三类汽车维修10564户，占69.8%，同比增加840户，行业服务水平进一步提高。全省机动车一类、二类、三类维修业户比例为1：3.7：10.9，按照国家1：3：6的指导标准，三类维修业户所占比重偏大，维修产业结构体系还有待进一步优化。2013年底，全省汽车综合性能检测站70个，同比增加1个。完成检测总量121.4万辆次，同比增长19.6%，业务量增长较快。

全省新能源和清洁能源车辆5.4万辆，同比增长36.1%。其中，LNG汽车2445辆，CNG汽车26059辆，LPG汽车22068辆，纯电动汽车55辆，油电混合动力汽车2906辆，替代燃料在运输车辆装备中的使用比例大幅提高，低碳客运体系建设有序推进。

全省机动车驾驶员培训业户共有488户，同比增长3.8%；拥有教学车辆16506辆，同比增长5.4%；培训人次61.6万人次，同比减少7.0%。通过严格规范驾驶员和从业人员资格考试，机动车驾驶员培训水平不断提升，运输诚信体系建设稳步推动，道路运输安全从源头上得到了保障。

（六）站场建设平稳有序

辽宁省先后下发了《关于加强和规范道路运输客货站场建设项目计划管理的通知》和《辽宁省汽车客运站安全检查设施、农村客运候车亭建设管理实施意见》两个规范性文件，提出了站场计划管理的原则、建设项目前期工作和审批程序等，明确了汽车客运站安全检查设施等省补助投资项目的补贴标准、项目申报、管理程序和项目验收等规定。通过建章立制，加强和完善站场建设管理。

2013年底，全省一级和二级客运站分别达到44个和35个。客运站场建设更加注重长途客运与城市公交、出租汽车及铁路运输的有效衔接，推进实施了以沈阳南站、辽阳客运站等为代表的综合客运枢纽示范项目，客运站场的一体化服务管理水平逐步提升；全省拥有货运站场115个，物流站场基础设施建设实现稳步推进、取得阶段性进展，有效提升了道路货运组织能力，推动了传统货运行业的转型进程，传统货运站场正逐步向现代物流园区转型。全省累计建成农村客运站1372个，其中等级客运站405个。农村客运站建设有序推进，农村客运网络覆盖更加密集，农民出行条件逐步改善，城乡客运一体化稳步发展，城乡居民出行服务水平逐步提高。

辽宁省道路运输业的发展推动了地方经济的发展。2013年，辽宁省地区生产总值为27077.7亿元，比2012年增长8.7%。其中，第一产业同比增长4.8%，第二产业同比增长8.9%，第三产业同比增长9.2%。三次产业的占比由2012年的8.7∶53.2∶38.1改换成8.6∶52.7∶38.7。人均地区生产总值为61686元，比2012年增长8.6%。辽宁省经济保持稳中有进，继续拉动以消费和投资为主的内需，促进了道路运输业的持续较快发展。尽管2012年国家相继出台了房地产、基建投资项目等一系列调控政策，放慢一些领域的增长速度；同时，受国际经济形势的影响，国际市场需求萎缩，外需拉动作用减小，经济下行压力加大，也使经济增速放缓。但是，2013年辽宁省货运量、货物周转量增速仅同比分别回落3.5个百分点和4.9个百分点，仍保持了与宏观经济增速的同步走势。

要看到的是，辽宁省道路运输业发展也存在一些需要进一步解决的问题：一是道路客运集约化经营进入攻坚阶段，承包经营急需规范。辽宁省开展客运集约化经营已经进入第二个五年规划，集约化进程稳步推进，但目前集约化经营改造线路仍存在一些矛盾问题，集约化经营改造成本逐年增加，企业资本积累不足，道路客运推进集约化经营进入瓶颈期。同时普遍采取的承包经营存在产权不清晰、组织和管理落后等问题，制约了道路客运的健康发展。二是道路货运生产成本上升，经济效益下滑。由于道路货运市场集中度较低，导致经营企业缺少定价议价能力，受市场竞争影响，货运价格依然偏低，同时用工报酬、燃油、配件等价格持续上涨，运输成本不断上升，导致货运市场经济效益总体下滑，呈现增量不增效的态势。三是城市公交客运体系建设力度有待加强。大部制改革赋予了城市公交客运行业管理新的职责，目前城市公交客运工作机制尚未建立，受地方政府重视程度和财力限制，普遍存在基础设施欠账较多、车辆更新缓慢、职工待遇较低、发展后劲不足等问题。四是机动车维修业和机动车驾驶员培训业需要进一步规范和提高。维修和培训企业经营管理方式粗放，从业人员服务意识较差，业务能力参差不齐，服务水平有待进一步提高，对机动车维修业和驾驶员培训业的行业指导和规范仍有很大的提升空间。五是辽宁省道路运输业还存在道路网络不均衡，农村道路网落后，次要干线、支线、县乡公路的等级比较低，大型专业化物流集散中心缺少，运输能力较弱等问题。

## 五　黑龙江省道路运输业发展、贡献及其支持政策[①]

2013 年，黑龙江省地区生产总值为 14382.9 亿元，比 2012 年增长 8.0%。第一产业同比增长 5.1%，第二产业同比增长 6.6%，第三产业同比增长 10.4%。三次产业结构为 17.5∶41.1∶41.4，第一产业、第二产业、第三产业对地区生产总值增长的贡献率分别为 7.4%、40.8% 和 51.8%。人均地区生产总值为 37509.3 元，比 2012 年增长 7.9%。非公有制经济增加值 7508.6 亿元，比上年增长 10.4%，占全省地区生产总值的 52.2%，稳居全省半壁江山。这些成绩的取得，道路运输业做出了较大的贡献。

### （一）道路运输能力不断提高

2013 年，黑龙江省公路完成旅客周转量 305.6 亿人公里，同比增长 3.0%；完成货物周转量 986.5 亿吨公里，同比增长 6.2%。公路线路里程达 16.0 万公里，同比增长 0.7%。其中高速公路为 4083.5 公里，与 2012 年持平。民用汽车数量快速增长，截止到 2013 年末，民用汽车数量达到 296.4 万辆，比 2012 年增长 10.1%；其中，私人汽车为 237.2 万辆，同比增长 12.8%。民用轿车数量为 142.9 万辆，同比增长 15.0%。其中，私人轿车为 124.9 万辆，同比增长 17.3%。

2012 年，黑龙江省公路完成旅客周转量 296.8 亿人公里，同比增长 8.4%；完成货物周转量 929.0 亿吨公里，同比增长 10.1%；2012 年末公路线路里程达 15.9 万公里，比 2012 年增长 2.2%。其中，高速公路为 4083.5 公里，同比增长 10.1%。民用车辆继续快速增长。截止到 2012 年末，民用汽车数量达到 269.3 万辆，比 2012 年增长 11.1%。其中，私人汽车为 210.2 万辆，同比增长 15.1%。民用轿车数量为 124.3 万辆，同比增

---

[①] "黑龙江省道路运输业发展、贡献及其支持政策"的内容，主要来自张新颖《黑龙江年鉴 2013》，黑龙江年鉴社 2013 年版，第 238—239 页。

长18.8%。其中，私人轿为车106.5万辆，同比增长21.2%。

至2012年底，黑龙江省公路总里程为159063公里，公路网密度为35.04公里/百平方公里。有国家高速公路8条、国道8条、省道35条（其中地方高速公路6条）、县道220条、乡道4299条、村道13784条、专用公路4236条。

按公路行政等级划分，各行政等级公路里程为：国道6984公里，占总里程的4.39%；省道9156公里，占总里程的5.76%；县道7930公里，占总里程的4.99%；乡道54699公里，占总里程的34.39%；专用公路15284公里，占总里程的9.61%；村道65010公里，占总里程的40.87%。

按公路技术等级划分，各技术等级公路里程为：高速公路4084公里，占总里程的2.57%；一级公路1521公里，占总里程的0.96%；二级公路9623公里，占总里程的6.05%；三级公路32182公里，占总里程的20.23%；四级公路81850公里，占总里程的51.46%；等外公路29803公里，占总里程18.74%。二级及二级以上等级公路15228公里，占公路总里程的9.57%。

按公路路面类型划分，各类型路面公路里程为：有铺装路面里程102559公里，占总里程的64.48%；简易铺装路面里程1372公里，占总里程的0.86%；未铺装路面里程55132公里，占总里程的34.66%。

全省有公路桥梁20371座710403米。其中，特大桥梁19座31638米，大桥1064座221981米，中桥4186座240006米，小桥15102座216778米。有公路危桥6659座149651米。其中，国道136座6803米，省道157座10348米，县道482座15061米，乡道2736座58730米，专用公路62座1383米，村道3086座57326米。全省有公路隧道4处4435米。全省有公路渡口346处，其中机动渡口39处。

（二）道路运输网络形成

黑龙江省干支相连，相互支撑，互为补充的高速公路、国省干线、普通公路和农村公路三大路网，构建起纵穿南北、横贯东西、覆盖全省、连接周边（其他省、自治区或邻国）的公路网络，并通过与其他运输方式（例如水运、铁路、民航、管道等）的合理、便利衔接，形成了对内循环、对外开放的现代化交通格局。

黑龙江省大力发展公共交通，扎实推进农村客运公交化改造，客运网络更趋完善；认真落实公交优先战略，哈尔滨市成为全国公交都市示范城市之一；深入开展出租车和谐劳动关系创建活动，成效明显；不断加强国家运输通道建设，开通哈尔滨经佳木斯、同江至比罗比詹等六条国际客货运输线路，全省国际客运线路达到 30 条，货运线路达到 31 条。

黑龙江省交通运输部门立足综合运输体系建设，充分发挥中短途客货道路运输优势和重大件货物运输优势，全面加快客运枢纽、物流园区等节点建设，推进与航空、铁路、邮政场站的有效对接，实现多种运输方式零缝隙衔接，形成了各种运输方式合理分工、优势互补、无缝对接、协调发展的格局。

公路建设三年决战全面收官，交工高速（化）公路 5 项（段）506 公里，分别是前锋农场—嫩江公路伊春—北安段 163.7 公里、嫩江—省界段 12.9 公里、鸡（西）虎（林）高速公路 181.7 公里、加（格达奇）嫩（江）公路嫩（江）白（桦）段 141.8 公里、黑瞎子岛乌苏大桥及其引道工程 6.4 公里；交工牡丹江—哈尔滨高速公路大修工程 266 公里。交工一级公路 13 项 191 公里；交工二级公路 17 项 817 公里；续建重点项目 3 项；实施国省道改造 42 项 2093 公里。

2012 年，全省运管部门登记注册的公路营运车辆共 59.5 万辆，同比增长 5.6%。其中客运车辆 14.1 万辆，货运车辆 45.5 万辆，同比分别增长 3.8%和 6.2%。共实现客运量 4.2 亿人次，旅客周转量 297 亿人公里，货运量 4.7 亿吨，货物周转量 929 亿吨公里，同比分别增长 5.4%、8.4%、6.9%和 10.1%，占全社会综合运输的比重分别为 78%、40%、69%和 46%。

(三) 道路运输管理规范化

2012 年，收费公路管理全面落实区域化养护的养护体制，实施工程监理制、片区督导制、施工图审批制，日常养护及除雪保通工作进一步加强，养护工程质量显著提升。全省收费公路技术状况指数（MQI）达到 90 以上，着力改善收费环境和秩序，连续开展收费稽查、零点夜查、打击倒卡闯岗等专项整治行动，车辆通行费增幅稳步提升。全面提升服务管理水平，积极开展星级收费、收费站评比、收费形象大使评选等活动，文明、高效、安全和谐的收费服务体系建设稳步推进。积极落实国家便民惠民政策，共减免鲜活农产品绿色通道和重大节假日小型客车通行费1.9亿元，社会满意度进一步提升。

国省普通干线管理。积极开展国省普通干线公路养护管理年活动，建设科学标准路844公里。进一步完善公路抗灾抢险救援体系，实现一般自然灾害2小时内到达开展抢险工作，24小时内完成抢险保通工作，扎实推进危桥与平交道口改造工程，道路通行服务能力稳步提升，全省普通干线公路技术状况指数（MQI）达78，优良路率达76%。

省交通运输部门与省财政联合出台了《黑龙江省乡村公路省级养护补助资金管理办法》，通乡通村公路省级养护补助资金得到落实。广泛开展农村公路管理养护评比竞赛活动，农村公路管理考核体系不断完善。全面落实各级政府治超主体责任，各级路政、公路、收费、运管、航运等部门全力推进，联合公安、工商、工信等部门齐抓共管，在源头治超、路面执法、打击非法改装车辆、严格责任追究等方面，保持高压态势。全省投入路面执法人员近百万人次，检测车辆近千万台次，处罚6.94万台次，整改非法改装车辆6791台，公路超限超载率下降到3%以下，处于近年最好水平。全省路政管理体制进一步理顺，部门职责更加明确，规章制度得到完善，执法和服务水平不断提升，全面开展了铁锤清拆行动，有效保护了路产路权。

以道路运输安全为重点，省交通运输部门会同公安、安监部门出台了《黑龙江省道路运输企业安全生产管理办法》，严格落实企业安全生产主体责任。开展道路客运安全专项整治行动等安全生产管理活动，推行安全生产标准化工作，以强化安全日常管理为抓手，认真推进平安工地建设，进一步强化重点工程施工现场的安全管理。突出抓好"两客一危"车辆和桥梁、隧道等方面的安全隐患排查治理，切实加强交通运输安全生产基层基础建设，以提升应急保障能力为目标，不断完善安全应急预案。进一步健全加强演练，建立预警机制，强化应急运力、装备和物资储备，加快五大区域应急救援中心建设，完善应急管理体系。

### （四）建立行业安全管理长效机制

黑龙江省先后出台了《道路运输业安全生产管理办法》、《重点工程建设安全生产管理办法》等政策法规，建立健全安全生产责任制，规范全省道路安全生产；成立了省、市、县三级安全监督机构，加强行业安全监管能力；持续开展基础设施建设、运输生产等安全生产专项整治、隐患排查治理行动，重大安全隐患得到有效治理；实施危桥改造、安保工程和水运航道疏浚工程，保障行车安全和航道畅通；组织编制《黑龙江省交通厅突发公共事件总体应急预案》和子预案，依托运输企业，建立由客车、货车、装载机、运油车组成的应急运输车队，落实应急物资、设备储备和保障资金，提高交通应急保障能力。

加强交通信息化建设，完善管理、经营手段；完善交通信息通信网络，实现省、市、县三级网络互联互通；完善交通门户网站群，广泛应用专业管理系统，提高为社会公众提供信息服务的能力，强化交通信息资源的整合与综合运用，完善环境保护、资源利用和节能减排管理，把生态环保的绿色交通理念贯彻到了规划、设计、施工、运营等各个环节；不断加大资金投入，提高资源利用效率，促进国土资源、水资源、通道资源的综合开发利用。

（五）理顺管理架构和体制

黑龙江省交通运输管理部门积极理顺收费公路管理体制机制，按照国家统一部署取消全省公路养路费等"六费"和政府还贷二级公路收费，并妥善安置转岗人员。同时，严格贯彻省政府关于扩大县（市）经济社会管理权限的实施意见，公路养护实现计划下达到县，资金拨付到县。坚持"立法草案适度超前、立法与修法并举"的方针，加强立法协调和立法研究，起草制定了多个规范性文件。加快由审批型政府向公共服务型政府转变，减少行政审批项目，坚持行政程序公开透明，强化依法行政机制约束，全面提高行政执法队伍素质。

黑龙江省道路运输发展还存在一些问题和薄弱环节：一是公路总量不足、结构不尽合理，公路网密度、路网通达程度、高等级公路所占比重等多项指标在全国排名较为靠后。二是公路运输站场建设滞后，站场数量不足、布局不合理、经营管理科技含量低、配套设施功能不完善、建设管理不规范。三是交通运输管理理念落后，管理效率不高和服务水平差距过大。四是交通安全应急体系正在建立，尚不完善，处于起步阶段，所以应急救援的能力亟待加强。五是新材料、新工艺、新设备的研发、应用能力不足，资源循环利用和节能新技术、新成果推广应用水平有待提高。六是与交通运输业发达的省份相比，黑龙江省的交通运输科技水平还存在一定差距，所以交通现代化和信息化水平还需要大幅度提高。正视和重视道路运输发展中存在的现实问题，是黑龙江省道路运输进一步发展的前提；而解决道路运输发展中存在的现实问题，则是黑龙江省道路运输进一步发展的保证。

# 第四章
# 吉林省道路交通运输业发展现状

吉林省道路运输业主要包括"客、货、维、驾"等四个方面，客运和货运又是其中最主要的内容。从吉林省道路运输业发展的现状来看，近年来重在发展高速公路道路货物运输。高速公路货物运输在运输速度、安全性、通行能力等方面，较普通公路有很大的优势，具备更少的时间和更低的运输成本。在公路旅客运输方面，随着经济社会的发展和人民生活水平的提高，人民群众对出行的质量需求越来越高，吉林省的公路旅客运输水平也经历了一个从数量到质量不断提高的过程，高标准的公路旅客运输网络建设迅速发展。

## 第一节 吉林省道路客运业发展

### 一 旅客运量及密度发展

旅客运量反映的是道路运输工具实际运送旅客的数量，通常按一人一次计算统计。2012年，吉林省旅客运量为6.6亿人，同比增长7.02%；2009—2012年间，吉林省旅客运量一直保持稳步上升趋势，由5.27亿人增加至6.6亿人，年平均增长率为7.79%。以省域土地面积作为平减指标，2012年吉林省旅客运量密度为每公里0.35万人，同比增长7.02%；2009—2012年间，伴随旅客运量的稳步上升，吉林省旅客运量密度也相应保持上升态势，由2009年每公里0.28万人增加至2012年每公里0.35万人。

从全国层面的横向比较来看（见图4—1），吉林省旅客运量及密度在全国居于中等偏下地位，其中旅客运量排名第19位，为旅客运量最多广东省的11.89%；旅客运量密度排名第22位，为旅客运量密度最大北京市的4.29%。

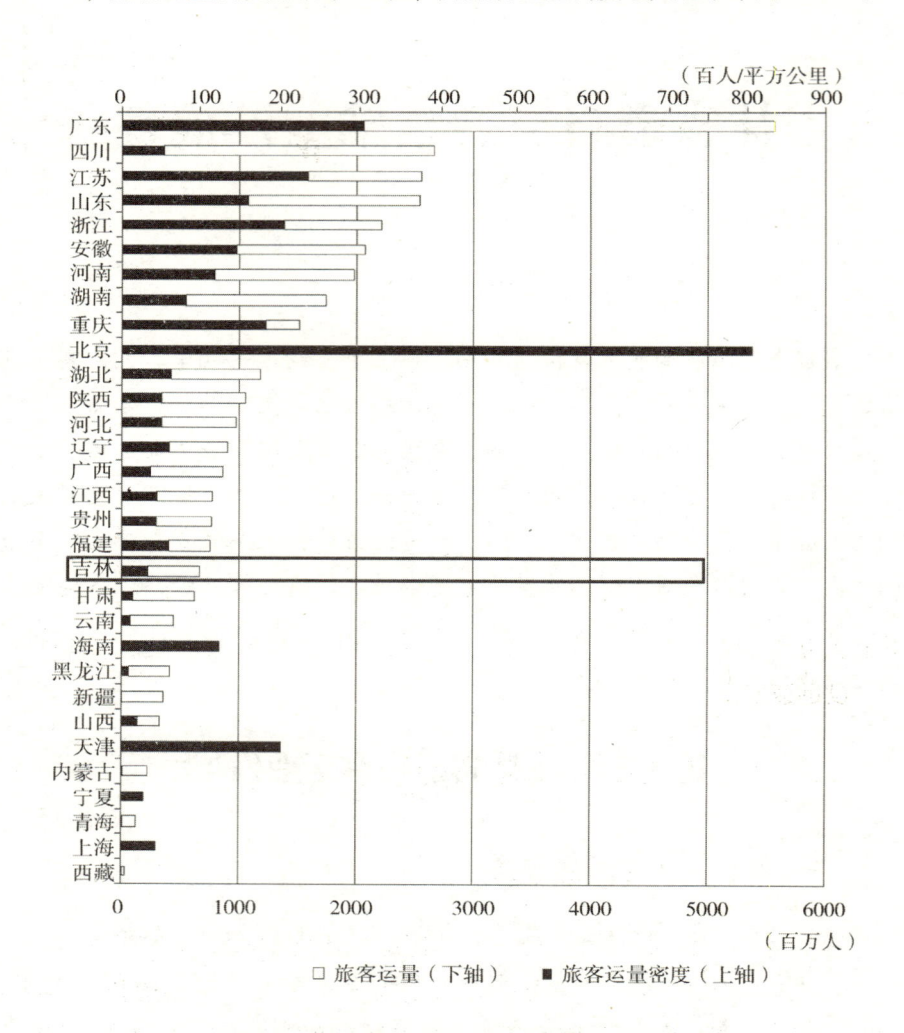

图4—1 全国旅客运量及密度横向比较

从东北三省旅客运量及密度发展情况看，辽宁省旅客运量和密度居于首位，吉林省居中，黑龙江省居末位。

## 二 旅客周转量及密度发展

旅客周转量是衡量客运的重要指标,指道路运输车辆在固定时间内运送的旅客数量与其相应运输距离的乘积,公式为:旅客周转量 = ∑旅客运输量×运输距离。2012 年,吉林省旅客周转量为 306.76 亿人公里,同比增长 7.06%;2009—2012 年间,吉林省旅客周转量由 228.58 亿人公里增加至 306.76 亿人公里,年平均增长率为 10.3%。旅客周转量增速大于旅客运量增速,这意味着旅客运输距离的延长,即吉林省人力资本流动辐射范围的扩大和提高。

从全国层面的横向比较来看(见图 4—2),吉林省旅客周转量及密度

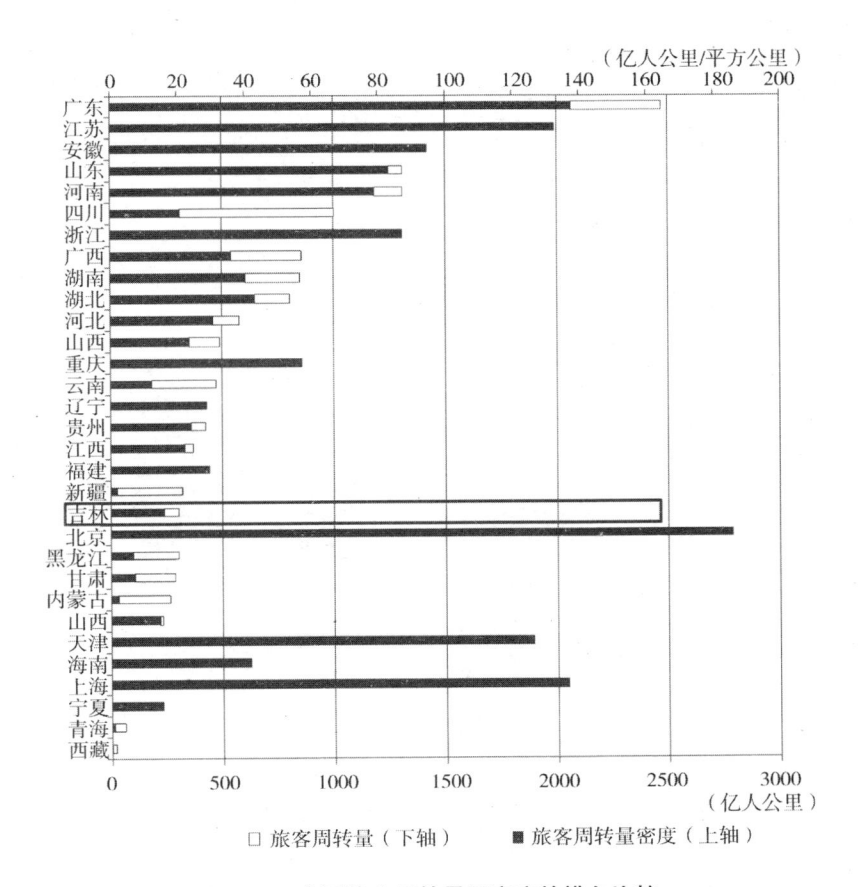

图 4—2 全国旅客周转量及密度的横向比较

在全国居于中等偏下地位,其中旅客周转量排名第20位,为旅客运量最多广东省的12.07%;旅客周转量密度排名第22位,为旅客运量密度最大北京市的11.17%。

在东北三省中,辽宁省旅客周转量和密度居于首位,吉林省居中,黑龙江省居末位。

## 第二节 吉林省城市公交客运业发展

### 一 公交车运营能力与需求满足程度

2009年,全省公交车总数为10187辆;到2012年公交车总数为10916辆,增加729辆。增幅缓慢。其中2009—2010年、2010—2011年两年的增幅很小(见图4—3)。吉林省的万人公交车拥有量低、分布不均,2013年长春和吉林两市分别拥有公交车4612辆和1107辆,万人拥有公交车的数量分别为12.8辆和5.8辆,与两市人均GDP的比例不相符。吉林省城市交通难以满足需求。

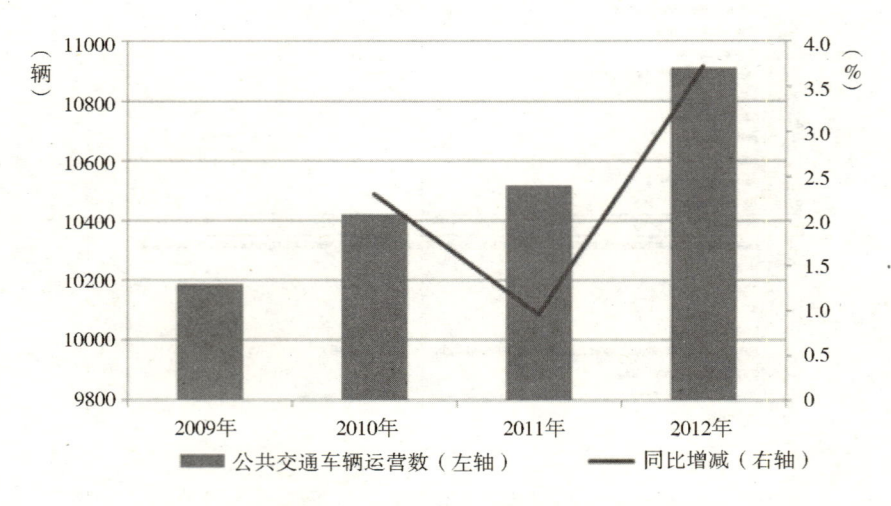

图4—3 吉林省历年公共交通车辆营运数(2009—2012)

2014年,吉林省推进实施了"公交便民"工程,全省计划新增和更新公交车辆1440辆，建成候车亭、牌3100个，公交停车场110000平方米，每个市县至少新增1个镇村公交网络。

2009—2012年，吉林省公交车运营线路总里程增幅巨大，由2009年的4729公里增至2012年的11255公里；2009—2012年新增加公交车运营里程6526公里，增幅达138%。但是，由于2009年的运营里程基数很低，所以增幅后的里程与全国其他省份相比依然偏低。例如，辽宁省在2009年公交车运营总里程为18955公里，远远高于吉林省当时的水平。图4—4为2009—2012年吉林省公交运营线路总长度变化情况。

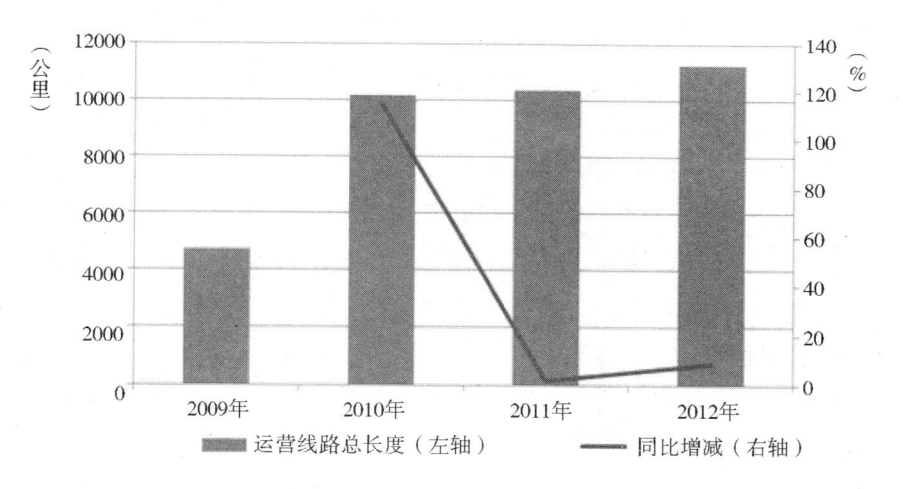

图4—4 吉林省历年运营线路总长度（2009—2012）

## 二 出租车运营能力及需求满足程度

（一）出租车总量水平与诚信规制

截止到2012年，吉林省拥有出租车55475辆，万人出租车占有率20.2辆，居全国中上等水平。图4—5为2009—2012年吉林省出租车数量。与周边省份比较，吉林省万人出租车占有率处于领先位置。出租车的投放与运行，对便利居民出行、缓解公交压力起到了积极作用。

2014年起，吉林省制定实施了《出租汽车诚信考核实施办法（试行）》。考核设定从3A级到B级4个等级。如果出租车经营者连续两个考核等级为B级，吊销其许可证，且五年内不得重新申请。

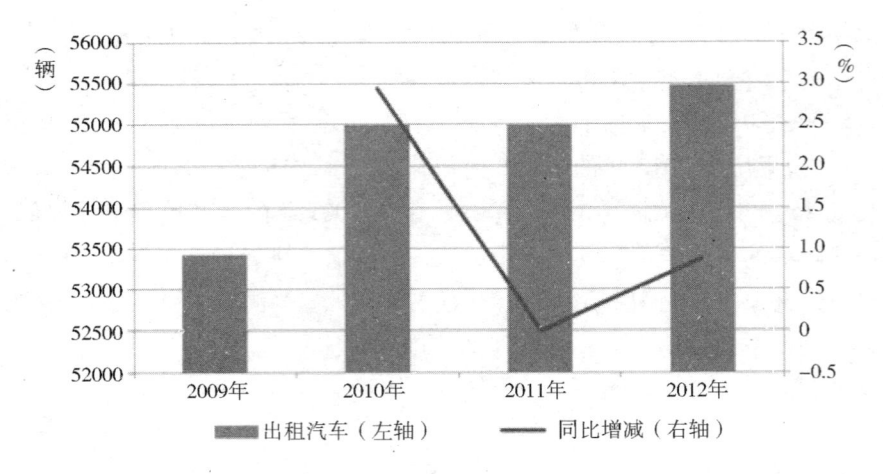

图 4—5　吉林省历年出租车数量（2009—2012）

（二）出租车的经营体制与模式

根据 2012 年的数据，吉林省出租汽车总数中有 52.6% 的车辆为个体经营，公司经营车辆占比 47.4%。吉林省出租车经营模式以个体经营为主，但主要的经营模式有三种。

1. 公司经营

该种模式是出租车的特许经营权由企业或公司所有，出租车辆由公司购买，驾驶员负责按时缴纳任务款项。该种模式在出租车行业比较常见，具体来说还可以分为以下几种情况：一是驾驶员承包模式，出租车经营收益分为四部分，分别为驾驶员工资、车辆维修费用、驾驶员福利和向公司提交的任务款；二是定额经营模式，这种模式以金达州公司为主，即由公司提供承担驾驶员工资、车辆维修费及福利，驾驶员需要按日提交任务额度的款项；三是挂靠经营，这是长春市出租车最普遍的经营模式，由出租车公司根据车辆价值和相关费用确定承包者向公司缴纳任务款的额度和缴纳期限，待合同到期后，车辆产权转移给承包人，按日缴纳挂靠费。

2. 挂靠经营

这种模式之下的出租车辆由个人购置，出租车公司定期收取经营权租赁费、代扣代缴费用和其他费用。另外，该种模式下的承包者，即车辆所有者会将车辆转包给具有资质的驾驶员，收取驾驶员的"份子钱"即承包费，司机负责维修车辆费用，剩余部分收益归驾驶员所有。

**3. 个体经营**

这种模式中，个人拥有出租车的经营权，购车车辆、负责车辆各种费用支出，自负盈亏。出租车拥有者可以选择自主经营，也可选择将出租车转包给驾驶员。

（三）汽车租赁业发展情况

吉林省汽车租赁业处于发展初期，租赁企业和从业人员较少，但已成立了汽车租赁行业协会。

吉林省汽车租赁行业协会（Jilin Car Rental Industry Association）由吉林省大有通和汽车服务有限公司、吉林省明宇汽车服务有限公司、长春市鑫鑫汽车租赁有限公司、长春市宫威汽车服务有限公司、长春市启达汽车租赁有限公司等几家汽车租赁企业联合申请，于2012年2月21日得到省民政厅社会组织管理机关核准注册登记，具有独立法人资格，属非营利性社会团体。目前，协会是由汽车金融单位、银联中心、汽车保险公司、汽车经销商、二手车经销商、车辆检车线、驾驶员培训学校、汽车救援公司、汽车美容、汽车装饰、汽车维修厂、GPS卫星定位中心、律师事务所、汽车租赁企业等人员组成。会员单位组成多元化、协会服务周到细致化。协会全体人员坚持以服务为根本，贯彻"三个一"工作方针（一网、一刊、一平台）开展工作。[①]

2013年4月，该协会制定了《吉林省汽车租赁行业管理办法（初稿）》，规范汽车租赁经营行为，维护汽车租赁市场秩序，保护租赁各方当事人合法权益，促进汽车租赁业健康发展。协会立足于吉林省汽车租赁行业，服务于各汽车租赁行业相关企业及租车客户，积极反映企业的愿望和要求，传达政府的政策、意图。协会本着"为会员服务、为行业服务、为政府服务"的宗旨，积极发挥政府与企业、企业与企业、企业与客户之间的桥梁作用。吉林省汽车租赁行业协会服务范围包括汽车租赁行业的调查研究、行业协调、信息交流及咨询服务。协会工作人员调研发现，吉林省汽车租赁行业发展速度快、企业多、规模小、风险大等。对此，协会组

---

① 吉林省汽车租赁行业协会网站（http://www.qichezulin.co/）。

建了吉林省汽车租赁客户黑名单数据库。数据库共有11个模块，7个功能模块。在防止客户假证骗租、一证多租、拖欠租金、租车抵押等违规、违法行为方面取得了显著效果，不但降低了理事单位的经营风险，而且为租车行业提供了一个宽松、良好的外部环境，从而推动了吉林省汽车租赁产业的健康发展。

（四）实施"畅通工程"，推动公共交通服务体系发展

城市拥堵问题随着吉林省经济的发展变得日渐严峻，吉林省政府不断地推进公共交通服务体系，加强道路基础设施建设，提升路网承载能力，引入智能交通管理体系，提供更多的停车设施等手段，使拥堵问题得到有效缓解。

一是公交优先策略提升了城市内客运能力。按照省政府的规划，2015年之前要进一步完善公交基础设施建设，新建城市交通700平方米，轨道交通新增40公里，达到人均道路拥有面积13平方米。公交停车场24万平方米，候车厅与候车牌4540个。提高城区万人拥有城市公交车标台标准，达到中心城区500米站点覆盖率提高4%，中心城区公共交通机动化出行分担率提高2%。

二是提升道路交通运行顺畅度。2015年省内主要城市，交通高峰时段主干道平均车速达到20公里/小时、25公里/小时、27公里/小时以上，交叉路口堵塞率应达到分别低于8%、5%、3%。

三是完善智能交通体系。吉林省将在交通管理中引入更多的信息与计算机技术，使用图像采集、大数据采集、计算机处理等先进技术，完善交通信息发布与沟通，提升交通与运输管理能力。

另外，吉林省也积极地推进交通安全管理工作，通过制度和技术手段降低交通事故率和死亡率。

## 第三节　吉林省道路货运业发展

### 一　货运量及密度发展

货运量反映的是道路运输工具实际运送的货物数量，其货物指标均按实际

重量计算统计。2012 年，吉林省货运量为 4.7 亿吨，同比增长 19.9%；2009—2012 年间，吉林省货运量由 2.7 亿吨增加至 4.7 亿吨，年平均增长率为 20.29%。吉林省 2012 年货运量密度为 0.25 万吨/平方公里，同比增长 19.9%。

从全国层面的横向比较来看（见图 4—6），吉林省货运量及密度在全国居于中等偏下地位，其中货运量排名第 22 位，为货运量最多山东省的 15.88%；货运量密度排名第 24 位，为货运量密度最大上海市的 4.7%。

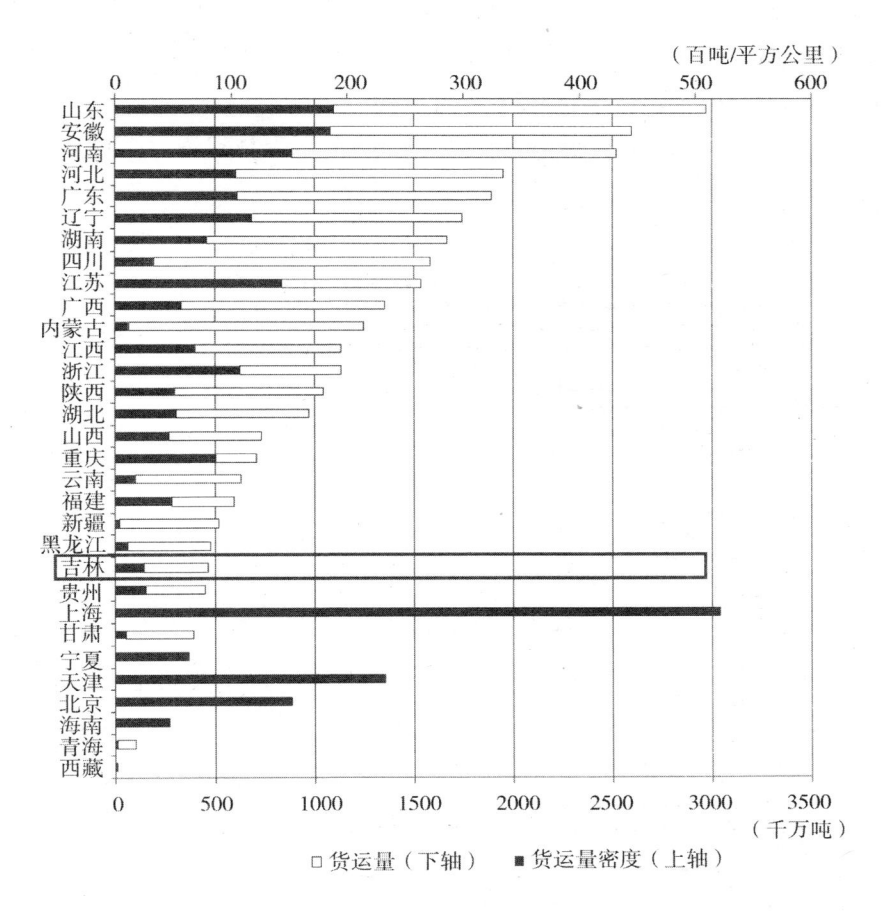

图 4—6　全国货运量及密度的横向比较

在东北三省中，辽宁省货运量和密度居于首位，吉林省居中，黑龙江省居末位。

## 二 货运周转量及密度发展

货物周转量反映的是道路运输工具在一定时期内运送货物数量与其相应运输距离的乘积，即货物周转量＝∑货物运输量×运输距离。2012年，吉林省货运周转量为974.06亿吨公里，同比增长19.37%；2009—2012年间，吉林省货运周转量由596.21亿吨公里增加至974.06亿吨公里，年平均增长率为17.78%。需要注意的是，吉林省货运周转量平均增速较货运量增速存在一定幅度的下降，直接表现为货物运输距离的缩短，其深层次问题在于市场外延的丢失和缩小。

从全国层面的横向比较来看（见图4—7），吉林省货运周转量及密度

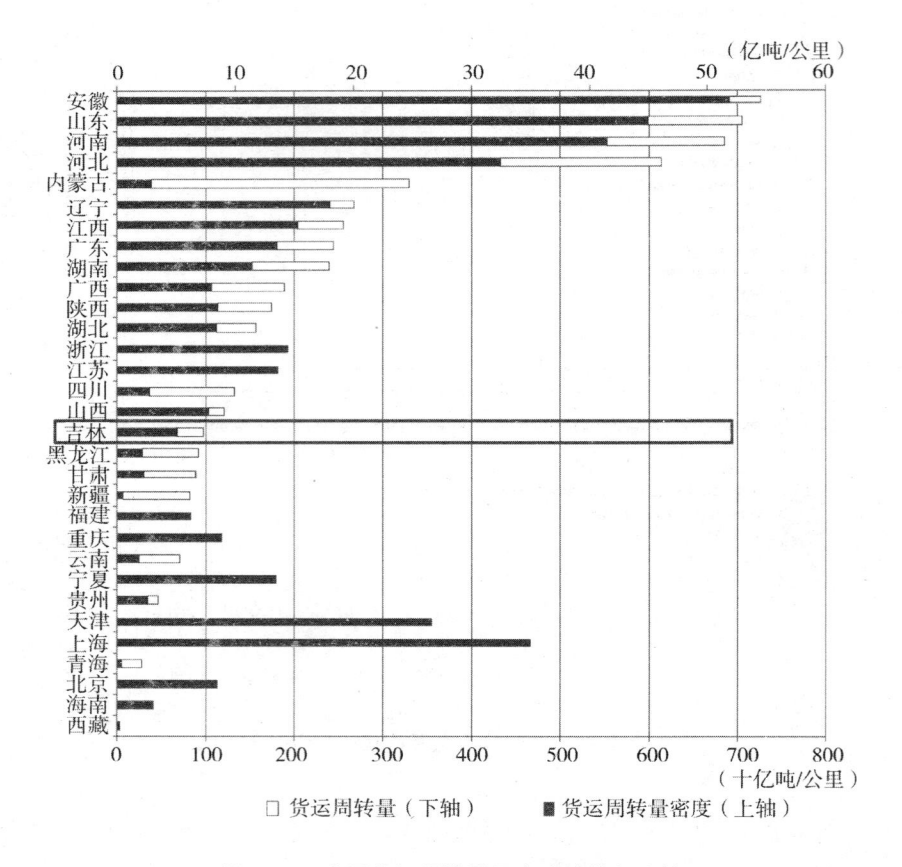

图4—7 全国货运周转量及密度的横向比较

在全国居于中等偏下地位,其中货运周转量排名第 17 位,为货运周转量最多安徽省的 13.4%;货运量密度排名第 21 位,为货运量密度最大安徽省的 9.5%。

在东北三省中,辽宁省货运量和密度居于首位,吉林省居中,黑龙江省居末位。

## 第四节 吉林省道路运输辅业发展: 驾驶员培训业发展

对从业人员的培训是提升其素质的重要途径,为此,吉林省道路运输体系积极利用各种途径持续加强从业人员的培训工作。2008 年,吉林省驾驶员培训从业人员 11603 人,各类培训车辆 4878 辆,教学场地 412056 平方米。2009—2011 年机动车驾驶员增速平稳,2011—2012 年增幅较大,其原因可能是民众对私家车需求的增加。图 4—8 为 2009—2012 年吉林省机动车驾驶员数量。机动车驾驶员数量的激增导致近几年来驾驶员培训工作的发展十分迅速,截至 2012 年末,吉林省驾驶员培训人员达到 439887 人,各类教学车辆合计 7734 辆,汽车驾驶模拟器 734 台,教学场地 6365462 平方米。详见表 4—1。

表 4—1 2008—2012 年吉林省驾驶员培训情况

| 指标 \ 年份 | 2008 | 2009 | 2010 | 2011 | 2012 |
|---|---|---|---|---|---|
| 驾驶员培训业户(户) | 248 | 273 | 316 | 344 | 399 |
| 教练员人数(人) | 6905 | 6787 | 7825 | 8707 | 9609 |
| 管理人员人数(人) | 2616 | 2721 | 2896 | 3079 | 3478 |
| 培训人次(人) | 267925 | 284024 | 441420 | 407828 | 439887 |
| 培训合格人次(人) | 259928 | 272107 | 365046 | 362751 | 402524 |
| 教学车辆合计(辆) | 4878 | 5064 | 6135 | 6996 | 7734 |

资料来源:根据吉林省交通厅 2008—2012 年驾驶员培训情况报表整理。

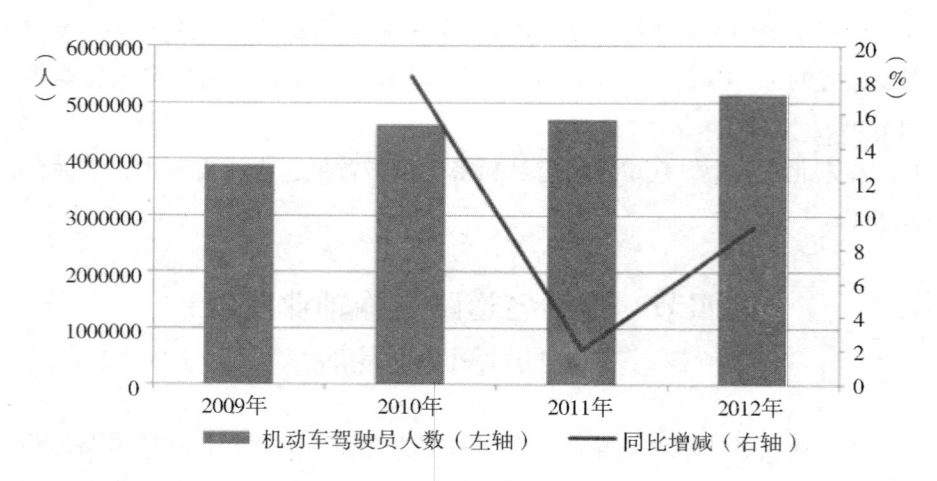

图4—8 吉林省历年机动车驾驶员数量（2009—2012）

## 第五章
# 吉林省道路运输业对经济社会发展的贡献：比较分析

## 第一节 吉林省道路运输业的经济贡献：基于行业生产总值的分析

  道路运输业作为一个国家或地区重要的基础设施和生产性服务行业，是国民经济的生产、消费、分配、交换等各环节的纽带，对于促进经济社会发展，提高、保障和改善民生质量具有重要作用。马克思在《资本论》中系统地阐述了运输业的性质，指出其是生产过程在流通过程的继续，不仅具有物质生产的共性，而且具有区别于一般物质生产的特性，与工业、农业、建筑业等一并归属于物质生产领域。"在这里，劳动对象发生某种物质的变化——空间的、位置的变化。"① 商品生产和消费在地域上的隔离，使得商品从生产领域向消费领域空间上的流通，即商品运输成为必要，从而使承担商品运输职能的运输业追加生产过程成为必要。② 对于一个国民经济行业而言，行业生产总值是该行业所生产全部最终产品和劳务价值的总和，也是衡量此行业经济贡献最直接、最有效的指标，道路运输业同样如此。

  利用吉林省道路运输行业生产总值及相关指标的分析，我们可以考证

---

① 《马克思恩格斯全集》第26卷，人民出版社1972年版。
② 徐剑华：《运输经济学》，北京大学出版社2009年版。

其对吉林省经济社会发展做出的重要贡献。

## 一 吉林省道路运输业生产总值连年攀高

(一) 吉林省道路运输业生产总值连年攀高

2012年,吉林省道路运输业生产总值为261.97亿元,同比增长18.6%。其中道路运输业劳动者报酬40.89亿元,生产税净额43.15亿元,固定资产折旧42.18亿元,营业盈余135.75亿元。

2003—2012年,吉林省道路运输业生产总值由不足70亿元增长至261.97亿元,年平均增长率15.69%(见表5—1)。

表5—1　　吉林省地区生产总值和道路运输业生产总值

| 指标<br>年份 | 地区生产总值<br>(亿元) | 同比增长<br>(%) | 道路运输业生产总值<br>(亿元) | 同比增长<br>(%) |
|---|---|---|---|---|
| 2003 | 2522 |  | 68.9 |  |
| 2004 | 2958 | 17.3 | 83.5 | 21.2 |
| 2005 | 3620 | 22.4 | 98.6 | 18.1 |
| 2006 | 4275 | 18.1 | 114.7 | 16.3 |
| 2007 | 5284 | 23.6 | 139.9 | 22.0 |
| 2008 | 6426 | 21.6 | 161.6 | 15.5 |
| 2009 | 7278 | 13.3 | 175.1 | 8.4 |
| 2010 | 8667 | 19.1 | 196.4 | 12.2 |
| 2011 | 10568 | 21.9 | 220.9 | 12.5 |
| 2012 | 11939 | 13.0 | 261.97 | 18.6 |

资料来源:历年《吉林省统计年鉴》。

值得关注的是,吉林省道路运输业生产总值增速明显稍缓。与同时期吉林省地区生产总值增速相比,除2004年和2012年外,吉林省道路运输业生产总值增速均低于吉林省地区生产总值增速。吉林省2003—2012年地区生产总值年平均增长率为18.25%,比吉林省道路运输业生产总值增速年均高2.56个百分点(见图5—1)。吉林省道路运输业生产总值总量规模低,行业发展速度落后于地区总体发展水平。由于国民生产产出分配于道路运输投入水平不够，也导致从总量规模上考察的吉林省道路运输业发展水平一般。

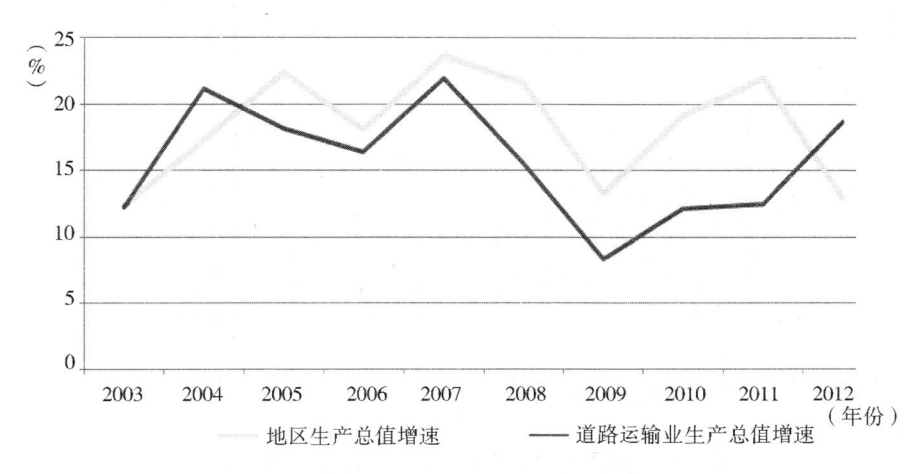

图 5—1 吉林省地区生产总值与道路运输业发展增速的比较

受各种因素的影响，从全国横向比较进行考察，与区域国民生产总值的全国排序地位相似，吉林省道路运输业生产总值处于较低地位。2012年，吉林省道路运输业生产总值在全国31个省（市、自治区）中排名第24位，处于中等偏下位置（见图5—2）。从图5—2可以看出，山东、广东、江苏、河北等省份，道路运输业生产总值超过1000亿元，占据领先的有利位置。与山东省相比，吉林省道路运输业生产总值仅相当于其1/5；基本与新疆、甘肃、云南、西藏等欠发达省区处于同一行列。在东北三省中，吉林省居于末位；辽宁省全国排名第5位，处于领先地位，道路运输业生产总值是吉林省的2.8倍；黑龙江省排名第22位，道路运输业生产总值也高出吉林省29.66个百分点。

（二）对地区生产总值的结构性影响不稳定

考察中笔者发现，吉林省道路运输生产总值对地区生产总值的结构性影响具有不稳定性。

道路运输业的功能发挥与实体经济的状态和结构密切相关，具体表现为：随着工业化进程的推进和经济结构的优化升级，道路运输业在国民经济中的比重表现为先上升后下降的倒U形过程。

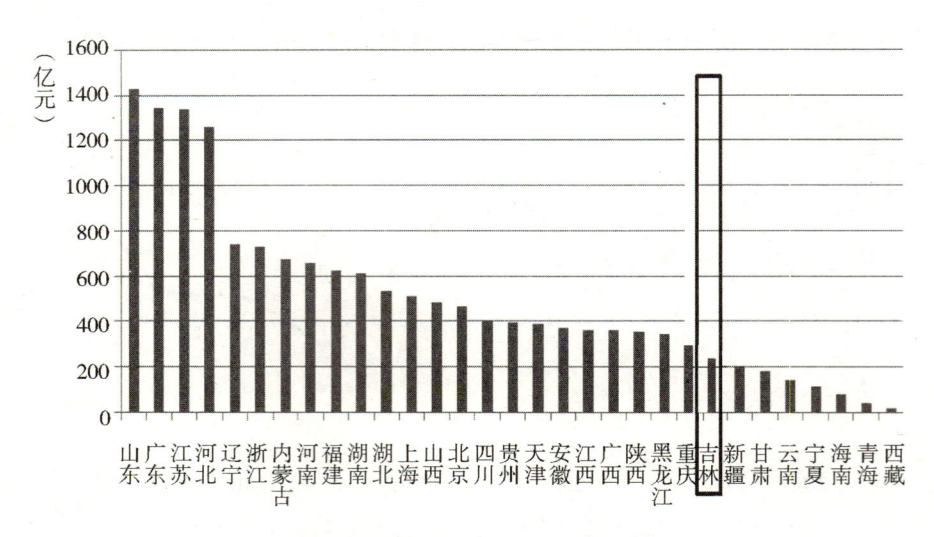

图5—2 全国道路运输业生产总值排序（2012年）

诺贝尔经济学奖获得者西蒙·库兹涅茨（1971）①通过对57个国家1958年人均国内生产总值的截面数据进行分组经济结构的分析表明，包括运输通信业在内的工业比重与人均产值水平呈正比例关系，但这种关系在最高产值的两组国家之间则不明显。其中运输通信业国民经济的比重在人均产值第二高组（864美元）达到最高，为9.3%，但在产值最高组（1382美元）则回降为7.8%。荣朝和（1993）②在梳理美国、英国等11个国家历史数据的基础上将国民经济的比例结构变化归纳为：在工业化、经济发展水平以及人均产值都比较低的初级阶段，运输业在国民经济中所占的比重也相对较低；随着工业化和人均产值的提高，运输业的比重相应增加，到运输业初步阶段向完善阶段转变时期达到最高值；此后，该比例随着经济增长和人均产值的进一步提高而缓慢下降。同时，由于基础设施的规模经济效益，较大国家的运输业比例可能会略低于较小国家。

上述经济学家论述的直接对象虽然为运输业，但作为一般性规律而言，对于运输业重要组成部分的道路运输业同样适用。

---

① ［美］西蒙·库兹涅茨：《各国的经济增长——总产值和生产结构》，常勋等译，商务印书馆1985年版。

② 荣朝和：《论运输化》，中国社会科学出版社1993年版。

2012年，吉林省道路运输业占吉林省地区GDP的结构比率为2.19%，较上年下降0.1个百分点。为了便于清晰地看出吉林省道路运输业结构比率的变化趋势，笔者将包括道路运输、仓储和邮政在内的吉林省广义交通运输结构比率一并给出。受限于数据可得性，道路运输业结构比率趋势覆盖的时间区间为1993—2012年（见图5—3）。由图5—3可以看出，无论是吉林省道路运输业还是吉林省广义交通运输业，两者结构比率总体变化规律趋于一致，均呈先升后降的倒U形过程。吉林省道路运输业结构比率的变化过程相对平缓，自1993年不足2%的水平开始逐年上升；1997—1999年前后达到最高值；自1999年开始下降，但下降趋势平缓而稳定；2001—2005年进入相对稳定期；随着经济结构的进一步调整，2006年又进入缓慢下降通道，整体过程呈现明显的先升后降倒U形。与吉林省道路运输业平缓下降不同，吉林省广义交通运输业结构比率变化更为直接，变化过程更类似于倒V形。自1981年改革开放后，结构比率不断攀升，由不足4%升至7.6%；在1997年达到最高值，此后结构比率转为下降，2012年重新回落至4%以下水平。两者变化趋势不同的原因在于，广义交通运

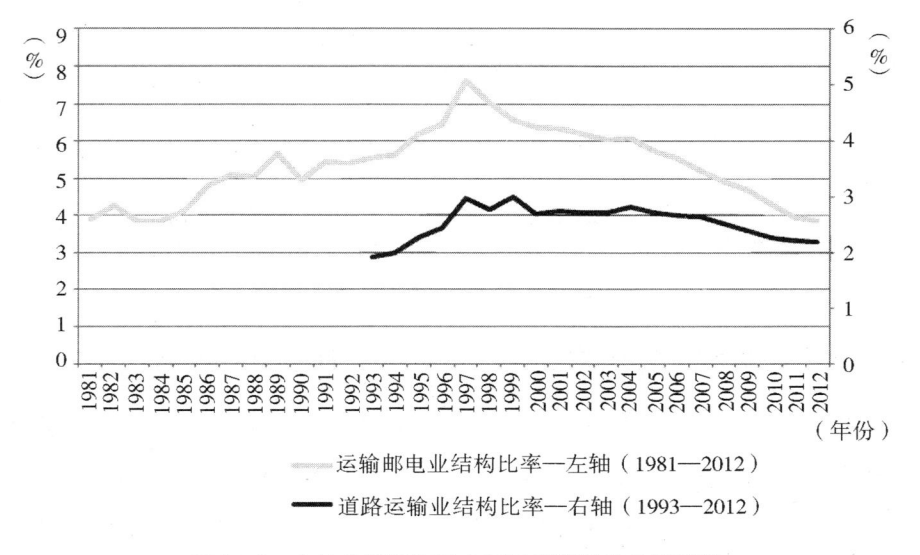

图5—3 吉林省道路运输业国民经济结构比重变化

输业涵盖更多的子行业，各子行业对经济结构调整的敏感度不同，尤其在网络信息化背景下，邮政业的调整幅度和力度要更为敏感和强烈。需要说明的是，即使两者在变化趋势方面存在细微不同，但并不影响两者总体变化规律趋同的基本论断。吉林省道路运输业结构比重先升后降，对吉林省地区 GDP 具有同向影响。

从全国横向比较来看，绝大多数省份结构比率在 1993—2012 年间呈现先升后降的倒 U 形过程。本章具体选取东北三省以及北京、江苏等 8 个代表性省（市、自治区）进行横向比较，以更清晰地看出各省份结构比率变动的趋同性（见图 5—4）。

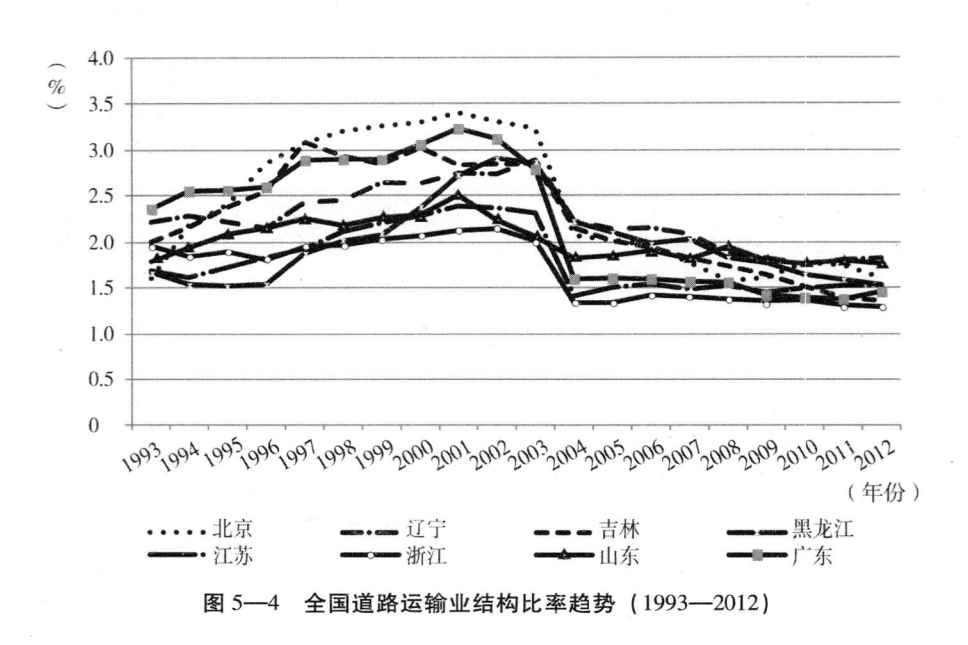

图 5—4 全国道路运输业结构比率趋势（1993—2012）

## 二 吉林省道路运输业人均贡献度一直呈上升趋势

除总量指标外，我们还应重视人均结构指标的分析。这是因为总量指标更多地受到地理位置、人口条件以及初始资源禀赋等外部因素的影响，而结构性比率指标则可以很好地克服这一问题，相对公平、全面和有效地衡量和评价道路运输业直接经济贡献度。

2012 年，吉林省道路运输业人均生产总值为 969.7 元，同比增长

20.7%，高于吉林省道路运输业生产总值的增幅，说明该领域的劳动生产率较高。2003—2012 年，吉林省道路运输业人均产值呈上升趋势，由每人254.9 元增长至 969.7 元，年平均增长率为 15.85%，也高于该期间吉林省道路运输业生产总值的增幅，说明该领域的劳动生产率一直处于较高水平（见表 5—2）。

表 5—2　　　　吉林省道路运输业人均产值及同比增长

| 指标<br>年份 | 地区生产总值<br>（亿元） | 同比增长<br>（%） | 道路运输业人均产值<br>（元） | 同比增长<br>（%） |
|---|---|---|---|---|
| 2003 | 2522 |  | 254.9 |  |
| 2004 | 2958 | 17.3 | 308.2 | 20.9 |
| 2005 | 3620 | 22.4 | 363.1 | 17.8 |
| 2006 | 4275 | 18.1 | 421.4 | 16.1 |
| 2007 | 5284 | 23.6 | 512.3 | 21.6 |
| 2008 | 6426 | 21.6 | 591.2 | 15.4 |
| 2009 | 7278 | 13.3 | 639.2 | 8.1 |
| 2010 | 8667 | 19.1 | 714.8 | 11.8 |
| 2011 | 10568 | 21.9 | 803.6 | 12.4 |
| 2012 | 11939 | 13.0 | 969.7 | 20.7 |

资料来源：历年《吉林省统计年鉴》。

从较长期的趋势图（见图 5—5）也可以看出，2003 年吉林省道路运输业人均产值增速是呈逐年回落的态势，至 2009 年时降至最低点，仅实现个位数增幅，这与宏观经济形势、政策以及行业发展规律都有直接关系。2009 年后，受益于国家宏观刺激政策，人均产值增速开始逐年提高，实现正向加速发展。

从全国横向比较来看，与从总量上考察的吉林省道路运输业生产总值在全国处于较低地位不同，吉林省道路运输业人均生产总值在全国是处于中游地位的。2012 年，在全国 31 个省（市、自治区）中排名第 16 位，较总量规模指标排名第 24 位有明显提高（见图 5—6）。但与天津、内蒙古、北京等领先地区相比,吉林省的水平还仅相当于它们的1/3,差距仍较为明显。在东北三省中,辽宁省全国排名第8位,处于领先地位;黑龙江省排名第21位,落后于吉林省。吉林省与黑龙江省差距相对较小,与辽宁省差距则较大,吉林省仅相当于辽宁省的56.9%。

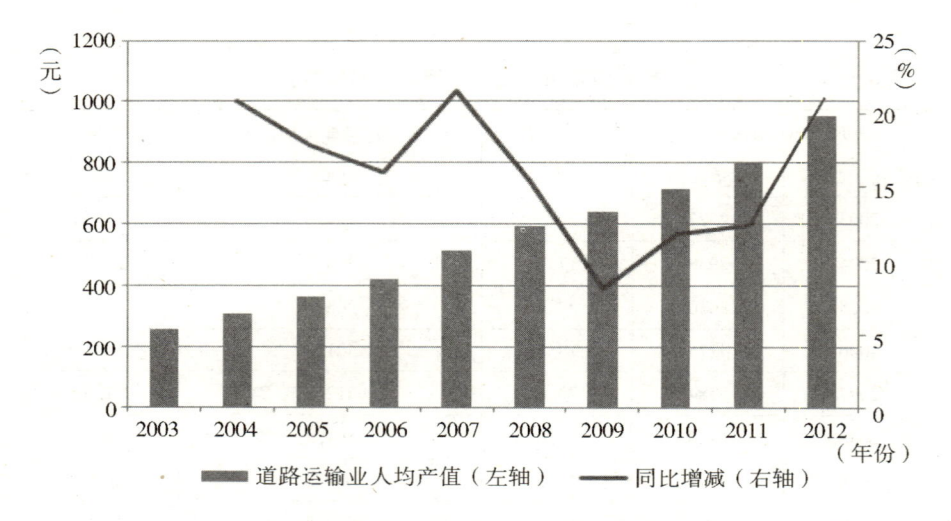

图5—5 吉林省道路运输业人均产值及同比增速(2012)

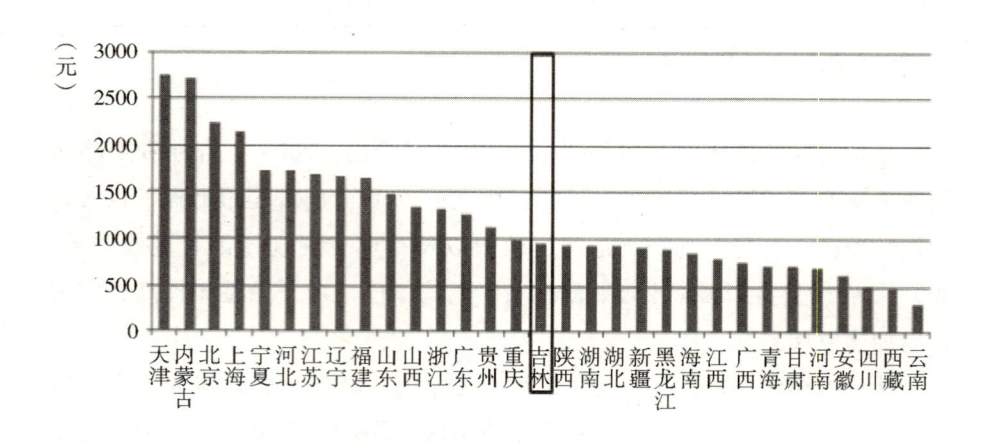

图5—6 全国道路运输业人均生产总值排名

## 第二节 吉林省道路运输业的社会贡献：基于就业和税收分析

吉林省道路运输业在自身的发展过程中，吸纳了剩余劳动力，不断为社会增加就业机会，减轻劳动者就业压力。同时，通过利税上缴等途径，将行业所创造的价值和盈利转化为中央财政和吉林省地方政府的财政收入，支持国家和吉林省的社会经济建设。

### 一 对吸纳大量劳动力就业的贡献

根据《吉林省统计年鉴》相关数据，2012年吉林省道路运输业在岗职工人数4.48万人，同比增长76.5%[①]，占吉林省总就业人数的1.57%。从自身纵向发展来看，2003—2012年间，吉林省道路运输业从业人员由3.98万人增加至4.48万人，年平均增长1.33%，较全省同时期平均就业增速高出近1个百分点，见表5—3和图5—7。

表5—3　　吉林省道路运输业就业人数及同比增减情况

| 指标<br>年份 | 道路运输就业人数（人） | 同比增减（%） |
| --- | --- | --- |
| 2003 | 39824 | |
| 2004 | 38312 | -3.8 |
| 2005 | 35491 | -7.4 |
| 2006 | 29905 | -15.7 |
| 2007 | 28578 | -4.4 |
| 2008 | 27285 | -4.5 |
| 2009 | 28106 | 3.0 |
| 2010 | 26025 | -7.4 |
| 2011 | 25405 | -2.4 |
| 2012 | 44849 | 76.5 |

资料来源：历年《吉林省统计年鉴》。

---

① 数据来源于国家统计局和《吉林省统计年鉴（2013）》表4—4分细行业从业人员人数。道路运输统计资料汇编与统计年鉴存在统计口径不一致问题，为保持数据连贯性，本节采用国家统计局数据。

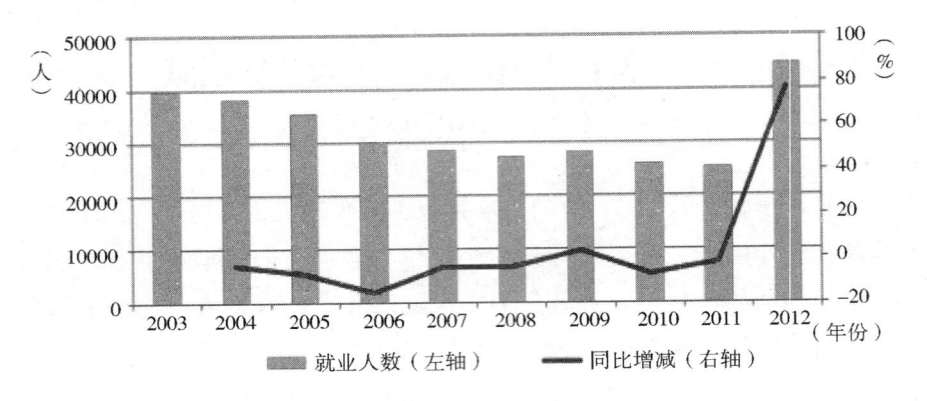

图 5—7 吉林省道路运输业就业趋势（2003—2012）

同时期，吉林省道路运输业就业吸纳能力由降转升，贡献力度渐次提升。比如，2003—2006 年，吉林省道路运输业就业人数由 3.98 万人降至 2.99 万人，降幅达 24.9%；此后，降幅逐渐收窄，增速曲线由降转升，就业吸纳能力开始显现，其占全省就业总人数的比例也提升至 1.57%，超过以前年度（见图 5—8）。吉林省道路运输业吸纳就业的能力与行业发展快慢密切相关，两者存在显著的正相关关系。经测算，吉林省道路运输业产值每增加 1 亿元，可拉动就业 72.5 人。

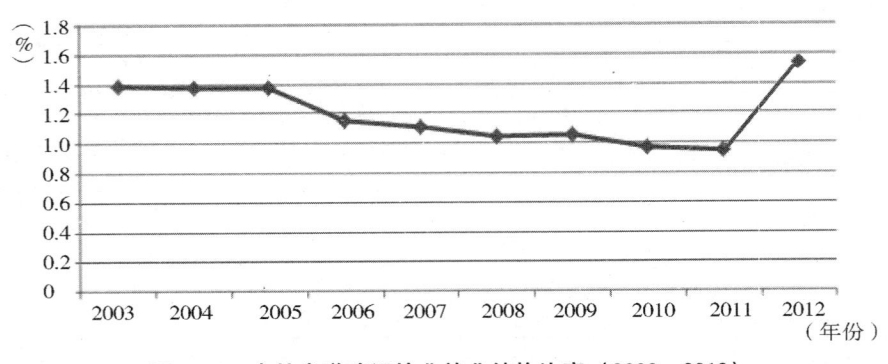

图 5—8 吉林省道路运输业就业结构比率（2003—2012）

从全国横向比较来看，吉林省道路运输业对就业的吸纳能力处于弱势。其中，2012 年在全国 31 个省（市、自治区）中排名第 23 位，与其生产总值规模排名第 24 位基本吻合，这也从侧面印证了就业吸纳与行业发展存在正相关关系的论断（见图 5—9）。广东省道路运输业从业人员超过 30 万人，吉林省道路运输业从业人员仅为 4.48 万人，是其 14.9%；北京等 10 余个省（市、自治区）从业人员接近或超过 10 万人。在东北三省中，吉林省处于末位，辽宁省从业人员接近 10 万人，是吉林省的 2.16 倍；黑龙江省为 7.7 万人，是吉林省的 1.71 倍。吉林省与两省差距较大，未来需要在大力发展本省道路运输业的前提下改善和提升道路运输行业通过吸纳就业对社会的贡献度。

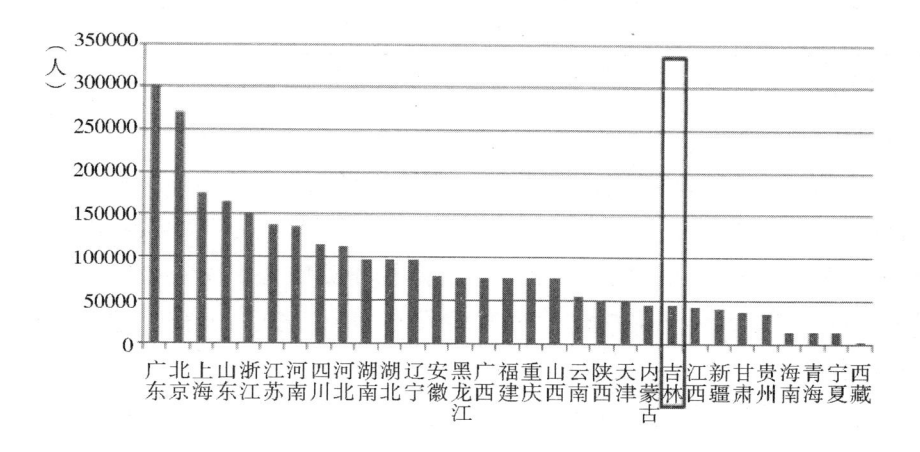

图 5—9　全国道路运输业就业人员排名（2012）

## 二　对增加财政收入的贡献

除创造工作岗位、吸纳剩余劳动力外，税收贡献也是吉林省道路运输业重要的社会贡献之一。

道路运输业通常以生产税净额指标衡量其税收贡献。生产税净额是指道路运输业生产单位因从事生产、销售等经营活动而向政府缴纳的税、附加费以及规费的合计，其中扣除政府对企业转移支付的生产补贴。2012 年，吉林省道路运输业生产税净额为 43.2 亿元，同比增长 18.7%。2003—2012 年，吉林省道路运输业生产税净额由不足 5 亿元增加至 43.2 亿元，年平均增长 28.76%（见表 5—4）。

表 5—4　　　吉林省道路运输业生产税净额及同比增速情况

| 年份 指标 | 道路运输业生产税净额（亿元） | 同比增速（%） |
| --- | --- | --- |
| 2003 | 4.4 | |
| 2004 | 5.7 | 29.5 |
| 2005 | 12.4 | 118 |
| 2006 | 16.1 | 29.8 |
| 2007 | 20.6 | 28.0 |
| 2008 | 23.2 | 12.6 |
| 2009 | 28.9 | 24.6 |
| 2010 | 32.3 | 11.8 |
| 2011 | 36.4 | 12.7 |
| 2012 | 43.2 | 18.7 |

资料来源：历年《吉林省统计年鉴》。

从纵向自身发展变迁的比较而言，道路运输业生产税净额实现了快速增长，比行业平均增速水平15.69%高13.07个百分点。但是，受吉林省道路运输业自身总量规模偏低的影响，生产税净额仍处于较低水平（见图5—10）。2012年，吉林省全口径财政收入1910.07亿元，道路运输业生产税净额占比为2.26%，与行业贡献比率基本持平。

吉林省道路运输业的发展状况，决定了其社会贡献，无论是吸纳就业的贡献还是税收贡献都是如此。

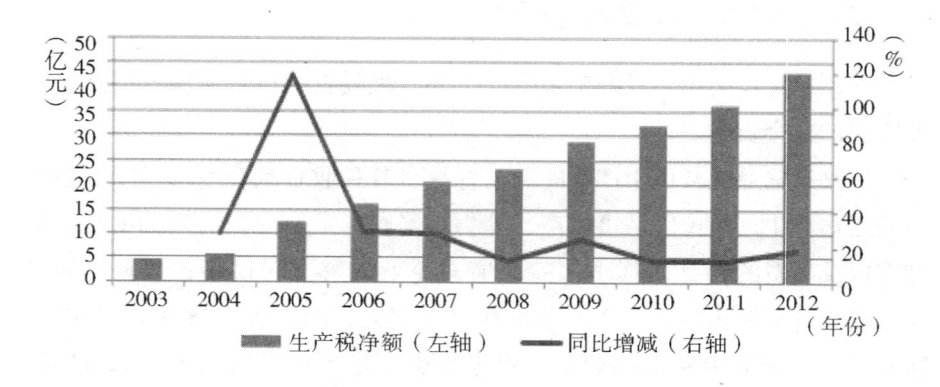

图 5—10　吉林省道路运输生产税净额及同比增减（2003—2012）

## 第三节　吉林省道路运输业对相关产业的贡献：基于承运货物分析

### 一　产生了对相关产业发展的引致效应

道路运输业不仅是物质生产部门，直接创造物质产品，增加产品价值，而且作为重要的基础设施和生产性服务行业，通过将生产性服务等中间投入转化为产业关联和波及效应，拉动其他相关产业的发展。

在现代经济社会中，通过产业之间相互联结的波及机制，某一产业的生产活动必然对其他产业的生产活动产生影响或受之影响，具体可由影响力系数和感应度系数衡量。其中，影响力系数被定义为某一部门或行业增加一个单位最终产品或需求时，对国民经济其他部门所产生的需求拉动程度，即某一主导产业生产后，其产品或直接进入消费部门，或成为其他产业的原料、燃料，而产生的部门关联效应，也称之为"带动度"。影响力系数越大，表明该部门对其他部门的拉动作用越大。

笔者运用投入产出技术和理论，依据《吉林省投入产出表（2007）》相关数据，构建4×4部门投入产出表，计算并分析了吉林省道路运输业影响力系数。吉林省道路运输业影响力系数见表5—5。

表5—5　　　　吉林省各产业部门的影响力系数

| 部门 | 农业 | 工业 | 道路运输业 | 除运输业以外的第三产业 |
| --- | --- | --- | --- | --- |
| 完全需要系数（列） | 2.0990 | 2.8908 | 2.2925 | 2.1094 |
| 影响力系数 | 0.8940 | 1.2312 | 0.9764 | 0.8984 |
| 拉动倍数（以道路运输业为基准） | 109.2 | 79.3 | 100 | 108.58 |

由表5—5可知，吉林省工业部门的完全需要系数最大，道路运输业次之，为2.2925，意味着工业部门增加1单位最终产品时，对国民经济各部

门可累计产生 2.2925 单位的需求拉动；吉林省道路运输业的影响力系数为 0.9764，略低于全社会平均影响水平，表明吉林省道路运输业的拉动作用仍有待进一步完善和提高。

## 二 拉动了货运量的增加

2012 年，吉林省道路运输货运总量 47130 万吨，同比增长 19.9%；货运周转量达 974 亿吨公里，同比增长 19.4%。按货物类别划分，主要集中于农产品、矿产品、机械设备等三大类。

（一）带动了吉林省农产品价值的实现

2012 年，吉林省农产品货运量 8798 万吨，同比增长 20.65%，占吉林省当年货运总量的 18.67%。其中，粮食占较大比重，2012 年运输粮食 6381 万吨，同比增长 18.1%，占货运总量的 13.54%；其他农产品 2417 万吨，同比增长 27.9%，占货运总量的 5.13%。

2008—2012 年间，吉林省运输农产品由 4392 万吨增加至 8798 万吨，年平均增长 18.97%。其中，粮食运输量由 3400 万吨增加至 6381 万吨，年平均增长 17.04%；其他农产品由 992 万吨增加至 2417 万吨，年平均增长 24.93%（见图 5—11）。

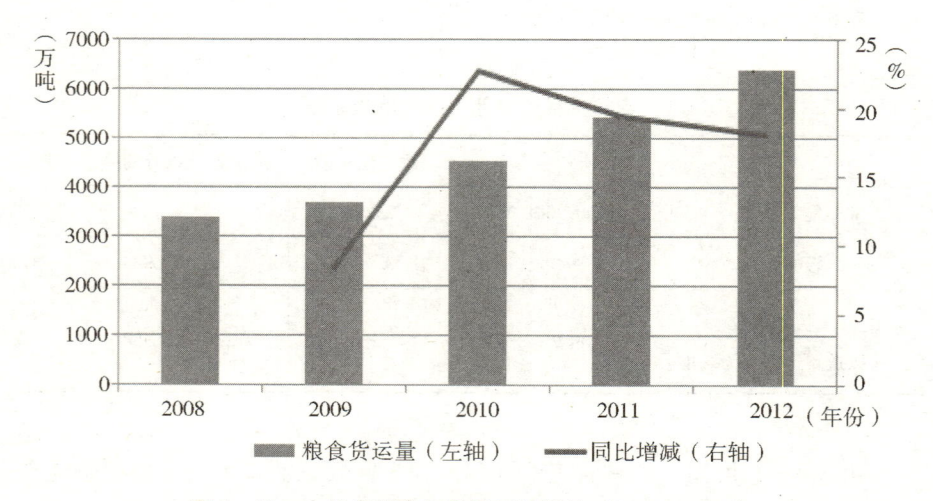

图 5—11 吉林省粮食运量及同比增速（2009—2012）

## (二) 带动了吉林省矿产品价值的实现

吉林省矿产资源丰富。据统计，已发现的矿藏136种，探明储量矿产101种，开发利用75种，有22种矿产保有储量在全国位居前五位。其中，油母页岩、硅藻土、硅灰石等10种矿产保有储量在全国居于首位；蚀面用辉长岩、二氧化碳气保有储量居全国第二位；钼、锗保有量列全国第三位；石油剩余可采储量居全国第六位。吉林省矿产品货运量指标即可见一斑。

2012年，吉林省矿产品货运量23445万吨，同比增长18.96%，占当年货运总量的50.39%（见表5—6）。其中，煤炭及制品8177万吨，同比增长19.2%，占比17.35%；水泥及矿建材料9337万吨，同比增长19.7%，占比19.81%；金属矿石及石油天然气制品3616万吨，同比增长16.9%，占比7.67%；钢铁2315万吨，同比增长18.1%，占比4.91%（见图5—12）。

## (三) 带动了吉林省机械设备制品价值的实现

除农产品和矿产品外，吉林省作为国家重要的工业基地，机械设备等制品也是其主要构成。2012年，吉林省机械设备制品货运量2677万吨，同比增长26.2%，占当年货运总量的2.64%（见表5—7）。

表5—6　　　　　吉林省矿产品运量及同比增速情况

| 指标<br>年份 | 煤炭及制品（万吨） | 同比增减（%） | 水泥及矿建材料（万吨） | 同比增减（%） | 金属矿石及石油制品（万吨） | 同比增减（%） | 钢铁（万吨） | 同比增减（%） |
|---|---|---|---|---|---|---|---|---|
| 2008 | 4000 |  | 4622 |  | 1912 |  | 1115 |  |
| 2009 | 4693 | 17.3 | 5610 | 21.4 | 2454 | 28.3 | 1214 | 8.9 |
| 2010 | 5780 | 23.2 | 6542 | 16.6 | 2596 | 5.8 | 1652 | 36.1 |
| 2011 | 6858 | 18.7 | 7799 | 19.2 | 3092 | 19.1 | 1960 | 18.6 |
| 2012 | 8177 | 19.2 | 9337 | 19.7 | 3616 | 16.9 | 2315 | 18.1 |

资料来源：历年《吉林省统计年鉴》。

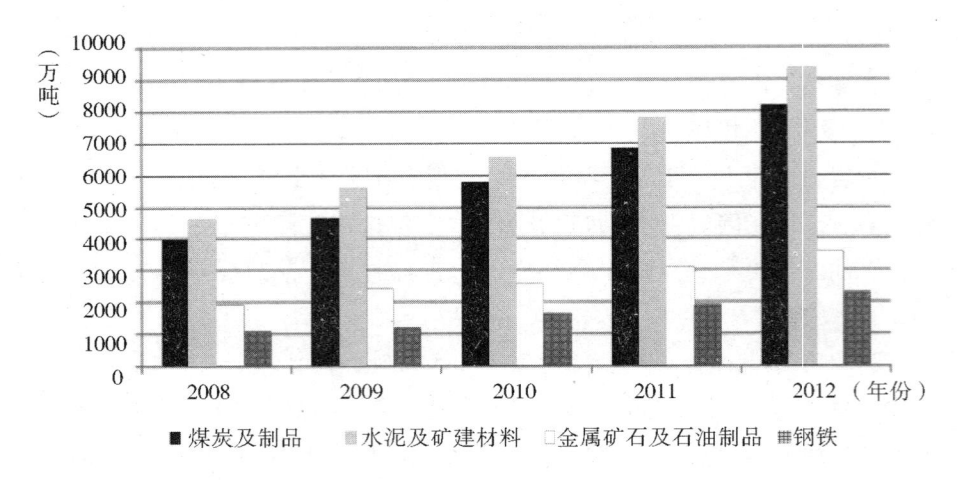

图 5—12  吉林省历年矿产品运量（2008—2012）

表 5—7　　　　　　　吉林省机械设备运量及同比增速情况

| 年份 \ 指标 | 机械设备制品货运量（万吨） | 同比增减（%） |
| --- | --- | --- |
| 2008 | 1258 | |
| 2009 | 1542 | 22.6 |
| 2010 | 1786 | 15.8 |
| 2011 | 2121 | 18.8 |
| 2012 | 2677 | 26.2 |

资料来源：历年《吉林省统计年鉴》。

2009—2012年间，吉林省机械设备制品货运量一直保持增长态势，由1542万吨增加至2677万吨，年平均增长20.78%（见图5—13）。机械设备制品货运量的快速增长，与国家振兴东北老工业基地战略密不可分，这是因为机械设备已被视为工业基地最具代表性的贡献和产出。

综上，就吉林省道路运输业的贡献而言，区域经济发展水平与道路运输业的发展及其贡献是相互促进的关系。一方面，区域经济发展较快，则道路运输客运、货运量及周转量都会呈快速发展趋势；另一方面，道路运输业作为支柱产业，保证国民经济不断增长对道路运输的需求，为国民经济的发展提供有效的保障。

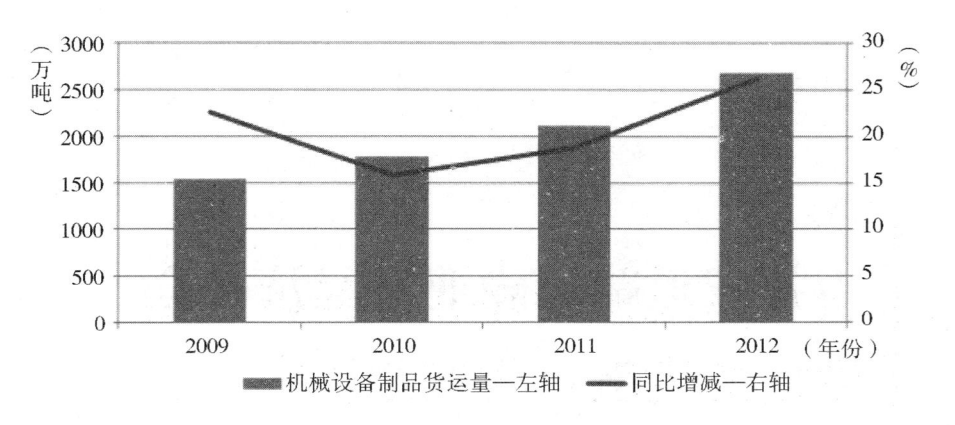

图 5—13　吉林省机械设备运量及同比增速（2009—2012）

考察吉林省道路运输业的经济社会贡献，笔者可以做出如下客观的评价：道路运输业的发展除却本身所产生的直接经济社会效益，还为经济社会发展带来诸多的间接效益，其溢出效应是显著的。这些溢出效应还具体表现在：一是通过提高交通便利性和货物流通速度，带动道路沿线和运输终端的经济发展；二是加快了城乡之间人员、物资的流通，提高市场经济必需生产要素交换频率，推进城镇化进程和经济市场化程度；三是高等级公路的建设一方面实现了国土资源的集约利用，另一方面极大地推动了能源节省，减少环境污染，支持可持续发展；四是道路运输业的健康发展保障了公民出行的交通安全，降低了交通事故发生率，减少了运输伤害。

第六章

# 吉林省道路运输业对经济社会发展的贡献：实证分析

随着吉林省经济的高速发展，道路运输业也进入快速发展的战略机遇期，在满足城乡客货运输需求、方便人民群众安全便捷出行、保障经济和社会稳定发展等方面发挥了重要作用。因此，研究吉林省道路运输业对吉林省经济社会发展的贡献是十分必要的，它不仅有利于我们正确评价吉林省道路运输业的发展，还有利于吉林省道路运输业效率和效益的提升。

评价吉林省道路运输业的贡献，是一项十分复杂的工作，不仅应关注于某一个或某一类统计指标，而且要全面考虑，建立一套科学、完整的评价方法体系。

本章建立了吉林省道路运输业对经济社会贡献的定量评价体系，从定性、定量等多维度全面、客观地评价吉林省道路运输业对经济社会发展的贡献。

## 第一节 吉林省道路运输业对经济社会发展贡献的总体评价

### 一 评价指标体系构建的基本原则

（一）全面性与典型代表性相结合的原则

吉林省道路运输业对经济社会贡献的评价指标体系是一个系统化指

标，涉及道路运输业的经济效益、社会效益以及管理效益等诸多方面。单纯从任何一个方面评价吉林省道路运输业对经济社会的贡献，是不科学也不合理的。因此，需要综合地考虑吉林省道路运输业相关的各个层面，设计全面的综合评价指标体系，保证评价结果的公正性和说服力。同时，由于评价指标具有相互转化的特征，如道路运输的绿色低碳发展，在长期中将有利于转变经济发展方式，直接提高经济效益，由社会效益指标转为经济效益指标。因此，通过综合比较，在指标体系的子系统中选择具有典型代表性的指标，防止"共线性"问题的出现，兼顾全面无真空、避免重复考虑。

（二）经济科学性与统计恰当性相结合的原则

吉林省道路运输对经济社会贡献的评价指标体系，需要经济原理和统计理论的有机结合，所选择的指标除了必须具备经济学价值外，还要满足统计学理论的基本要求。在统计学中，统计指标是统计分析决策的基础，在经济分析和管理决策中占据重要位置。统计指标需要具备两个特点：一是可计量性，即指标的现象特征必须是可以用数量来表现的；二是总体性，即指标是由个体数量特征汇总或整理加工后得到的数值。根据研究对象和研究目的的不同，将一系列相互联系的统计指标有机地结合起来所组成的整体，即形成指标体系，用以对研究对象的总体现状、发展变化、内部结构以及与外部数量关系进行计量描述，综合全面地反映研究对象的整体特征。[①]

（三）系统可操作性与未来拓展性相结合的原则

我国区域经济社会发展差异较大，各省份道路运输对经济社会贡献具有较强的区域性特征。在保证评价指标体系全面性和典型性要求的同时，评价指标的选择还需要兼顾统计数据的可获得性，以及指标的可采集、可量化等特征，使评价指标体系在实践中具备可操作性和可复制性。此外，保持指标体系的动态性和开放性也是需要遵循的重要原则，可根据吉林省道路运输业发展的新情况和新特征，及时对指标体系进行补充、完善和修订；可应用于国家范围内的省域评价，还可应用于省、市范围内的地区评

---

[①] 李心愉：《应用经济统计学》，北京大学出版社1999年版。

价。在指标体系构建中，本章主要参考了《交通运输"十二五"发展规划》、《道路运输业"十二五"发展规划纲要》等规划纲要，与其中部分规划指标相互衔接，增强指标体系的政策导向与未来拓展空间。

## 二 评价指标体系的指标选择

根据上述评价指标体系构建的基本原则，同时结合吉林省道路运输业运行发展的实际情况和特点，笔者所构建的吉林省道路运输业的评价指标体系具体包括经济效益贡献、社会效益贡献和管理效益贡献等三个子体系22项指标，涵盖经济、便利出行、低碳发展、行业安全以及管理辅助等领域，体现了道路运输业为吉林省经济社会提供更安全、更高效、更便捷、更可靠、更绿色的发展目标。

（一）经济效益贡献指标子体系（$S_1$）

**1. 经济效益直接贡献指标（$S_{1-1}$）**

吉林省道路运输业作为国民经济的重要生产部门，其本身在运行过程中产生直接经济效益，是构成地区生产总值的重要部分。按照收入法核算原则，道路运输业一定时期内生产活动创造出的生产总值可以分解为支付给行业劳动者的报酬、向国家上缴的税收以及净结余的行业利润。考虑到全国各省（自治区、直辖市）土地、人口等资源禀赋的不同，笔者具体选择道路运输业人均生产总值（$E_1$）、就业人数（$E_2$）、财政支出乘数（$E_3$）、固定资产投资乘数（$E_4$）等评价指标（见表6—1）。其中，人均生产总值是指一个省或地区核算期内道路运输业实现的生产总值与常住人口的比值，是衡量一个行业经济发展状况最直接和有效的指标；就业人数是指在道路运输业中从事社会劳动并取得劳动报酬或经营收入的人员，反映了道路运输业对促进和发展我国就业市场的直接贡献；财政支出乘数和固定资产投资乘数，是根据凯恩斯经济学乘数理论构建的评价指标，当地方政府公共财政支出或固定资产投资扩大时，对国民收入有加倍扩大的作用，从而产生对宏观经济的扩张效应，即道路运输业财政支出和投资规模的增加不仅可以直接提高道路运输业运营资产规模，增强服务国民经济发展的物质载体,而且可以通过乘数效应拉动和扩大经济增长速度。①

表 6—1　　　　　经济效益直接贡献指标子体系（$S_{1-1}$）

| 指标名称 | 计算公式 | 数据来源 |
|---|---|---|
| 行业人均生产总值（$E_1$） | 道路运输业生产总值/区域常住人口数 | 国家统计年鉴,各省份统计年鉴 |
| 就业人数（$E_2$） | 道路运输业就业人数 | 国家统计年鉴,各省份统计年鉴 |
| 财政支出乘数（$E_3$） | 地区生产总值/道路运输业财政支出额 | 国家统计年鉴,各省份统计年鉴 |
| 固定资产投资乘数（$E_4$） | 地区生产总值/道路运输业固定资产投资额 | 国家统计年鉴,各省份统计年鉴 |

**2. 经济效益间接贡献指标（$S_{1-2}$）**

吉林省道路运输业除了经济效益直接贡献外,对经济社会还将产生间接贡献和诱发贡献,即由道路运输业的产业关联性而产生的前向推动和后向拉动的贡献值。安德鲁·扎尔茨贝格、理查德·布勒克、金鹰、方琬丽（2013）对中国部分高铁建设项目的研究发现,间接经济发展效益与传统评估的直接运输效益同等重要,而且是对后者的有利补充。② 在道路运输经济效益间接贡献指标中,笔者具体选择道路运输业的客运量密度（$Y_1$）、货运量密度（$Y_2$）、旅客周转量密度（$Y_3$）、货物周转量密度（$Y_4$）等评价指标（见表6—2）。这是因为较绝对数量指标而言,密度指标可以更准确地平衡投入产出关系。其中,客运量和货运量是指道路运输工具实际运送的旅客或货物数量,旅客均按一人一次客运量统计,货物均按实际重量统计;旅客周转量和货物周转量是指一定时期内道路运输工具运送的旅客或货物数量与其相应运输距离的乘积,即旅客（货物）周转量 = ∑旅客（货物）运输量×运输距离。

---

① 郭建国、陈正伟:《重庆市交通运输投资乘数的测算与分析》,《重庆工商大学学报》2012年第4期。

② 安德鲁·扎尔茨贝格、理查德·布勒克、金鹰、方琬丽:《中国的高速铁路、区域经济与城市发展》,世界银行中国交通运输专题,2013年。

表 6—2　　　　　　经济效益间接贡献指标子体系（$S_{1-2}$）

| 指标名称 | 计算公式 | 数据来源 |
| --- | --- | --- |
| 客运量密度（$Y_1$） | 道路运输业客运量/区域土地面积 | 国家统计年鉴，各省份统计年鉴 |
| 货运量密度（$Y_2$） | 道路运输业货运量/区域土地面积 | 国家统计年鉴，各省份统计年鉴 |
| 旅客周转量密度（$Y_3$） | 道路运输业旅客周转量/区域土地面积 | 国家统计年鉴，各省份统计年鉴 |
| 货物周转量密度（$Y_4$） | 道路运输业货物周转量/区域土地面积 | 国家统计年鉴，各省份统计年鉴 |

（二）社会效益贡献指标子体系（$S_2$）

**1. 便捷出行贡献指标（$S_{2-w}$）**

道路运输的初始目的就是便利出行，方便不同区域间人与物的沟通和联系。在现代经济社会中，道路运输作为百姓出行、联系城乡的重要工具，其发展程度对于加快我国新型城镇化建设、推进城乡一体化发展等具有重要社会意义。笔者具体选择公路密度（$W_1$）、高等级公路结构比率（$W_2$）、出租车覆盖率（$W_3$）、城市公交车覆盖率（$W_4$）等评价指标（见表6—3）。其中，公路密度（$W_1$）是指每百平方公里所拥有的公路里程数，之所以选用公路密度而非公路里程作为评价指标，是因为土地是公路建设和存在的重要载体，脱离区域面积比较公路里程是不公平的；高等级公路结构比率（$W_2$）使用二级及以上等级公路占公路里程的比例进行衡量，以反映出行效率和舒适程度；出租车覆盖率（$W_3$）和城市公交车覆盖率（$W_4$）用于衡量居民一般出行所选乘交通工具的发展情况，涵盖道路运输业"客、货、维、驾"等相关方面，体现了道路运输行业的整体发展性。

表 6—3　　　　　　便利出行社会效益贡献指标子体系（$S_{2-w}$）

| 指标名称 | 计算公式 | 数据来源 |
| --- | --- | --- |
| 公路密度（$W_1$） | 公路里程/区域土地面积 | 国家统计年鉴，各省份统计年鉴 |

续表

| 指标名称 | 计算公式 | 数据来源 |
| --- | --- | --- |
| 高等级公路结构比率（$W_2$） | 高速、一级、二级公路里程合计/公路里程 | 国家统计年鉴，各省份统计年鉴 |
| 出租车覆盖率（$W_3$） | 出租车数量/区域常住人口数 | 国家统计年鉴，各省份统计年鉴 |
| 城市公交车覆盖率（$W_4$） | 城市公交车数量/区域常住人口数 | 国家统计年鉴，各省份统计年鉴 |

**2. 绿色低碳发展贡献指标（$S_{2-G}$）**

国家"十二五"规划纲要明确指出，应大力发展节能环保的运输工具和运输方式。这是因为，道路运输业所消耗的成品油量占全国成品油消耗总量的30%左右①，在低碳交通运输体系建设中肩负着重要的使命，所以构建道路运输业绿色低碳发展贡献指标不仅是应对我国气候变化、深化节能减排的客观现实，而且是推动转型升级、实现新型发展方式的必然要求。在道路运输绿色低碳发展贡献指标中，笔者具体选择甩挂运输拖挂比率（$G_1$）、高级客车结构比率（$G_2$）、重型货车结构比率（$G_3$）等评价指标（见表6—4）。其中，甩挂运输拖挂比率（$G_1$）是指在甩挂运输方式中牵引车与挂车的比值。公路甩挂运输是国家"十二五"规划明确提出积极发展的运输方式，其对于推动现代物流和综合运输发展、促进节能减排以及提升经济运行整体质量具有重要意义。②吉林省作为我国公路甩挂运输试点省份之一，将拖挂比（$G_1$）纳入社会发展贡献评价指标体系有利于推动引导示范作用的发挥。高级客车结构比率（$G_2$）是指高级客车在营运载客汽车中的比值。重型货车结构比率（$G_3$）是指重型货车在营运载货汽车中的比值。

---

① 交通运输部：《关于印发道路运输业"十二五"发展规划纲要的通知》（http://www.gov.cn/gongbao/content/2012/content_ 2137647. htm）。

② 交通运输部：《关于促进甩挂运输发展的通知》（http://www.moc.gov.cn/zizhan/siju/daoluyunshusi/guanlipindao/guanliwenjian/201001/t20100115_ 652051. html）。

表6—4　　　绿色低碳发展社会效益贡献指标子体系（$S_{2-G}$）

| 指标名称 | 计算公式 | 数据来源 |
| --- | --- | --- |
| 甩挂运输拖挂比率（$G_1$） | 牵引车/挂车 | 道路运输统计资料汇编 |
| 高级客车结构比率（$G_2$） | 高级客车数量/营运载客汽车数量 | 道路运输统计资料汇编 |
| 重型货车结构比率（$G_3$） | 重型车数量/营运载货汽车数量 | 道路运输统计资料汇编 |

### 3. 行业安全贡献指标（$S_{2-H}$）

行业安全的重要性是不言而喻的，吉林省道路运输业也不例外。道路运输业的安全运行不仅是行业健康发展的根本保障，更关系到社会和谐与稳定发展。如果道路运输业不能在安全可控的前提下发展，那么不仅会造成直接经济损失，而且会浪费大量的社会资源和财富，造成二次损失。笔者具体选择公路里程事故率（$H_1$）、公路里程死亡率（$H_2$）、直接经济损失比率（$H_3$）等评价指标（见表6—5）。其中，公路里程事故率（$H_1$）是指一定时期内平均公路里程所发生的事故次数；公路里程死亡率（$H_2$）是指一定时期内平均公路里程因交通事故死亡人数的比率；直接经济损失比率（$H_3$）是指因事故造成人身伤亡及善后处理支出的费用和毁坏财产的价值。

表6—5　　　行业安全效益贡献指标子体系（$S_{2-H}$）

| 指标名称 | 计算公式 | 数据来源 |
| --- | --- | --- |
| 公路里程事故率（$H_1$） | 交通事故次数/公路里程 | 国家统计年鉴，各省份统计年鉴 |
| 公路里程死亡率（$H_2$） | 交通事故死亡人数/公路里程 | 国家统计年鉴，各省份统计年鉴 |
| 直接经济损失比率（$H_3$） | 交通事故直接经济损失额/地区生产总值 | 国家统计年鉴，各省份统计年鉴 |

### （三）管理效益贡献指标子体系（$S_3$）

道路运输业除产生经济效益和社会效益贡献外，道路运输业的管理部门在规范市场秩序、调节市场结构、促进行业健康发展等管理辅助方面也发挥了积极的作用，即道路运输业的管理效益贡献。道路运输业的健康发展，离不开道路运输行政管理部门的有效调控和科学管理。只有不断提高道路运输业的监管水平，使之与市场规模和发展阶段相匹配，才能更好地发挥市场主体的积极性和创造性。按照"客、运、维、驾"管理职权范围，笔者具体选择等级客运站覆盖率（$M_1$）、等级货运站覆盖率（$M_2$）、机动车维修保障率（$M_3$）、驾驶员普及率（$M_4$）等评价指标（见表6—6）。其中，等级客运站覆盖率（$M_1$）、等级货运站覆盖率（$M_2$）分别是指每百万公里公路所拥有等级客运站和等级货运站的比例，即客运站、货运站作为旅客、物资中继站的覆盖程度；机动车维修保障率（$M_3$）是指机动车维修经营户数与公路里程的比值；驾驶员普及率（$M_4$）是指每百万常住人口所拥有机动车驾驶员的数量，直接反映所辖地区驾驶员培训以及行业管理部门的工作水平。

表6—6　　　　　管理效益贡献指标子体系（$S_3$）

| 指标名称 | 计算公式 | 数据来源 |
| --- | --- | --- |
| 等级客运站覆盖率（$M_1$） | 等级客运站合计/公路里程 | 道路运输统计资料汇编 |
| 等级货运站覆盖率（$M_2$） | 等级货运站合计/公路里程 | 道路运输统计资料汇编 |
| 机动车维修保障率（$M_3$） | 机动车维修经营户数/公路里程 | 道路运输统计资料汇编 |
| 驾驶员普及率（$M_4$） | 机动车驾驶员数量/常住人口数 | |

## 三　评价方法的选择和基本原理

### （一）因子分析法（Factor Analysis）

在统计经济学中，因子分析法是针对多因素综合评价比较主流和系统的方法。因子分析法是从研究变量矩阵内部的相关关系出发，把具有错综复杂关系的变量归结为少数几个综合因子的统计分析方法。其基本思想是将被评价变量进行分类，将相关性高、联系紧密的分在同一类别中，且不同类别变量间的相关性需要保持较低水平，即每一类别的变量转化为一个公共因子表示，达到降低数据维数，但却尽量不损伤数据信息的目的。因子分析法的一般模型为：

$$X_i = \alpha_{i1}F_1 + \alpha_{i2}F_2 + \cdots + \alpha_{ij}F_j + \cdots + \varepsilon_i \qquad (6—1)$$

其中，式（6—1）中的 $X_i$ 为样本实际观测值；$\alpha_{ij}$ 为因子载荷，代表第 $i$ 个变量在第 $j$ 个公共因子上的系数，即第 $i$ 个变量在第 $j$ 个公共因子上的相对重要性；$F_i$ 为公共因子，是各个指标的共同因子，各公共因子间彼此独立。

通过估计因子载荷矩阵，并进行适当的因子旋转后，可以对公共因子加以解释，赋予其实际意义。同时，可以将每个公共因子表示成原有变量的线性组合，即因子得分函数方程：

$$F_i = \beta_{i1}X_1 + \beta_{i2}X_2 + \cdots + \beta_{ij}X_j + \cdots + \varepsilon_i \qquad (6—2)$$

通过因子得分函数方程，计算单个样本的因子得分，并进行比较分析。

### （二）数据标准化处理及来源

#### 1. 评价指标的同趋势化处理

根据本章构建的道路运输业对经济社会贡献评价指标体系，确定经济效益贡献、社会效益贡献和管理效益贡献等三个子体系22项指标（见表6—7）。然而，这些评价指标的趋势性却并不一致，一类是正向指标，比如行业人均生产总值（$E_1$）、高等级公路结构比率（$W_2$）等，这类指标越大越有利于经济社会发展；另一类是负向指标，如公路里程事故率（$H_1$）、直接经济损失比率（$H_3$）等，这类指标越大越不利于经济社会发展。评价指标的同趋势化处理方法：

$$X' = \frac{x_{ij} - \min(x_j)}{\max(x_j) - \min(x_j)} \quad （X_j \text{ 指标为正向指标时）} \qquad (6—3)$$

$$X' = \frac{\max(x_j) - x_{ij}}{\max(x_j) - \min(x_j)} \quad （X_j \text{ 指标为负向指标时）} \qquad (6—4)$$

其中，$\max(x_j)$ 是指样本中指标原始数据的最大值，$\min(x_j)$ 是指样本中指标原始数据的最小值。

#### 2. 评价指标的标准化处理

对于同趋势化处理后的评价指标，为进一步消除指标量纲的差异影响，继续进行标准化处理，具体方法：

$$Z_{ij} = \frac{(X' - \overline{X'_j})}{S_j} \qquad (6—5)$$

式（6—5）中，$S_j$ 为 $X'$ 的标准差，$\overline{X'_j}$ 为 $X'$ 的期望均值。

#### 3. 数据来源

本章数据除特殊说明外，均来源于《中国统计年鉴（2013）》、各省份统计年鉴以及交通运输部《道路运输统计资料汇编》。样本对象为全国 31 个省（市、自治区），分析时间为 2012 年。

表 6—7　吉林省道路运输业对经济社会贡献的评价指标体系

| 一级指标 | 二级指标 | 三级指标 |
|---|---|---|
| 经济效益贡献指标子体系（$S_1$） | 1. 经济效益直接贡献指标（$S_{1-1}$） | 行业人均生产总值（$E_1$） |
| | | 就业人数（$E_2$） |
| | | 财政支出乘数（$E_3$） |
| | | 固定资产投资乘数（$E_4$） |
| | 2. 经济效益间接贡献指标（$S_{1-2}$） | 客运量密度（$Y_1$） |
| | | 货运量密度（$Y_2$） |
| | | 旅客周转量密度（$Y_3$） |
| | | 货物周转量密度（$Y_4$） |
| 社会效益贡献指标子体系（$S_2$） | 1. 便捷出行贡献指标（$S_{2-W}$） | 公路密度（$W_1$） |
| | | 高等级公路结构比率（$W_2$） |
| | | 出租车覆盖率（$W_3$） |
| | | 城市公交车覆盖率（$W_4$） |
| | 2. 绿色低碳发展贡献指标（$S_{2-G}$） | 甩挂运输拖挂比率（$G_1$） |
| | | 高级客车结构比率（$G_2$） |
| | | 重型货车结构比率（$G_3$） |
| | 3. 行业安全贡献指标（$S_{2-H}$） | 公路里程事故率（$H_1$） |
| | | 公路里程死亡率（$H_2$） |
| | | 直接经济损失比率（$H_3$） |
| 管理效益贡献指标子体系（$S_3$） | | 等级客运站覆盖率（$M_1$） |
| | | 等级货运站覆盖率（$M_2$） |
| | | 机动车维修保障率（$M_3$） |
| | | 驾驶员普及率（$M_4$） |

## 四　因子分析过程和结果评价

（一）分析过程

利用 SPSS 软件对标准化处理后的数据进行因子分析，通过 KMO 检验和 Bartlett 球形检验。其中，KMO 统计量取值 0.604，处于可接受区间；Bartlett 球形检验统计量在 5% 的置信水平上否定原假设，即认为各变量间存在显著的相关性。同时，按特征值大于 1 的标准确定旋转前后的公共因子和累计贡献率（见表 6—8）。

表 6—8　　　　　　　　　因子提取及其贡献率

| 因子 | 未旋转平方和载入 | | | 旋转平方和载入 | | |
|---|---|---|---|---|---|---|
| | 特征根 | 方差的百分比（%） | 累计百分比（%） | 特征根 | 方差的百分比（%） | 累计百分比（%） |
| $F_1$ | 10.398 | 47.263 | | 5.501 | 25.006 | |
| $F_2$ | 2.591 | 11.776 | 59.039 | 4.872 | 22.145 | 47.151 |
| $F_3$ | 2.127 | 9.666 | 68.705 | 2.535 | 11.521 | 58.672 |
| $F_4$ | 1.665 | 7.569 | 76.274 | 2.224 | 10.107 | 68.779 |
| $F_5$ | 1.144 | 5.202 | 81.476 | 1.991 | 9.052 | 77.831 |
| $F_6$ | 0.871 | 3.958 | 85.434 | 1.672 | 7.602 | 85.433 |

由表 6—8 可以看出，特征根大于 1 的因子共有六个，其中旋转后第一因子 $F_1$ 的特征根为 5.501，方差贡献率是 25.006%，前三个因子的方差累计贡献率是 58.672%，前六个因子的方差累计贡献率达到 85.433%，说明这六个因子具有较好的显著性，信息丢失量不大，处于可以接受的合理区间。

旋转后的因子载荷矩阵见表 6—9，其主要反映了各因子解释指标变量的程度。其中，第一因子 $F_1$ 的贡献率为 25.006%，是最重要的影响因子，较多变量指标在该因子上的载荷值很大，如财政支出乘数（$E_3$）、固定资产投资乘数（$E_4$）、货运量密度（$Y_3$）、等级货运站覆盖率（$M_2$）等，均可视为道路运输业对经济效益的贡献值，这是因为指标体系中的各子系统不是互不牵连、静止无关的，而是一个循环作用的动态系统，社会效益、管理效益等指标均将通过行业生产总值表现出来。综合考虑经济效益直接贡献（$S_{1-1}$）与经济效益间接贡献（$S_{1-2}$）各指标在载荷矩阵中的权重，同时也为便于比较分析，将第一因子 $F_1$ 认定为经济效益直接贡献因子，第二因子 $F_2$ 为经济效益间接贡献因子，第二因子 $F_2$ 的贡献率为 22.145%，

与第一因子 $F_1$ 仅相差 2.861 个百分点,同为重要的影响因子。第三因子 $F_3$ 的贡献率为 11.521%,与 $F_1$、$F_2$ 两个因子相差较多,是次要影响因子,出租车覆盖率($W_3$)、城市公交车覆盖率($W_4$)和行业人均生产总值($E_1$)等指标在该因子的载荷较大,认定第三因子 $F_3$ 为便捷出行社会效益贡献因子。第四因子 $F_4$ 的贡献率为 10.107%,重型货车结构比率($G_3$)、甩挂运输拖挂比率($G_1$)等指标在该因子的载荷较大,认定第四因子 $F_4$ 为绿色低碳社会效益贡献因子。第五因子 $F_5$ 的贡献率为 9.052%,公路里程事故率($H_1$)、公路里程死亡率($H_2$)等指标在该因子的载荷较大,认定第五因子 $F_5$ 为行业安全社会效益贡献因子。第六因子 $F_6$ 的贡献率为 7.602%,并认定第六因子 $F_6$ 为管理效益贡献因子。

表 6—9　　　　　　　　　　　旋转后的因子载荷矩阵

| | 成分 | | | | | |
|---|---|---|---|---|---|---|
| | $F_1$ | $F_2$ | $F_3$ | $F_4$ | $F_5$ | $F_6$ |
| 行业人均生产总值($E_1$) | 0.329 | 0.163 | 0.507 | −0.051 | 0.662 | 0.281 |
| 就业人数($E_2$) | 0.292 | 0.745 | 0.003 | 0.194 | 0.031 | 0.259 |
| 财政支出乘数($E_3$) | 0.623 | 0.096 | 0.061 | 0.23 | 0.587 | 0.33 |
| 固定资产投资乘数($E_4$) | 0.625 | 0.072 | 0.232 | 0.371 | 0.163 | 0.359 |
| 客运量密度($Y_1$) | −0.004 | 0.902 | 0.258 | 0.105 | 0.092 | 0.028 |
| 货运量密度($Y_2$) | 0.891 | 0.307 | 0.064 | 0.139 | 0.151 | 0.007 |
| 旅客周转量密度($Y_3$) | 0.51 | 0.795 | 0.07 | 0.132 | 0.172 | 0.028 |
| 货物周转量密度($Y_4$) | 0.609 | 0.137 | −0.179 | 0.606 | 0.217 | −0.043 |
| 公路密度($W_1$) | 0.489 | 0.548 | −0.311 | 0.369 | 0.225 | 0.175 |
| 高等级公路结构比率($W_2$) | 0.649 | 0.303 | 0.445 | −0.024 | 0.409 | 0.216 |
| 出租车覆盖率($W_3$) | 0.186 | 0.221 | 0.881 | −0.064 | 0.157 | 0.02 |
| 城市公交车覆盖率($W_4$) | 0.328 | 0.639 | 0.632 | −0.125 | 0.084 | 0.089 |
| 甩挂运输拖挂比率($G_1$) | −0.049 | 0.081 | −0.174 | 0.721 | −0.017 | 0.032 |
| 高级客车结构比率($G_2$) | 0.157 | 0.518 | 0.172 | −0.077 | 0.68 | −0.106 |
| 重型货车结构比率($G_3$) | 0.155 | −0.497 | 0.413 | 0.618 | −0.006 | −0.176 |
| 公路里程事故率($H_1$) | −0.58 | −0.62 | −0.162 | 0.199 | −0.283 | 0.02 |

续表

|  | 成分 | | | | | |
|---|---|---|---|---|---|---|
|  | $F_1$ | $F_2$ | $F_3$ | $F_4$ | $F_5$ | $F_6$ |
| 公路里程死亡率（$H_2$） | -0.717 | -0.479 | -0.267 | 0.254 | -0.232 | -0.045 |
| 直接经济损失比率（$H_3$） | 0.189 | 0.166 | 0.03 | 0.041 | 0.054 | 0.925 |
| 等级客运站覆盖率（$M_1$） | -0.252 | 0.181 | 0.173 | 0.588 | -0.413 | 0.336 |
| 等级货运站覆盖率（$M_2$） | 0.893 | 0.033 | 0.182 | -0.09 | 0.022 | 0.119 |
| 机动车维修保障率（$M_3$） | 0.682 | 0.483 | 0.256 | -0.216 | 0.148 | 0.11 |
| 驾驶员普及率（$M_4$） | 0.196 | 0.661 | 0.428 | -0.073 | 0.176 | 0.399 |

根据因子得分系数矩阵，对六个公共因子得分进行加权求和，即可获得全国各省（市、自治区）的综合得分和排名（见表6—10），其中权数就是各个因子的方差贡献率。

综合得分 $F = (25.006F_1 + 22.145F_2 + 11.521F_3 + 10.107F_4 + 9.052F_5 + 7.602F_6)/85.431$。

表6—10　　　全国各省（市、自治区）道路运输评价

|  | 因子得分 | | | | | | 综合得分F | 排名 |
|---|---|---|---|---|---|---|---|---|
|  | $F_1$ | $F_2$ | $F_3$ | $F_4$ | $F_5$ | $F_6$ |  |  |
| 上海 | 4.356 | -0.007 | 0.706 | -0.833 | -0.558 | -0.051 | 1.206 | 1 |
| 北京 | -0.961 | 3.754 | 2.820 | 0.378 | -0.357 | -0.091 | 1.071 | 2 |
| 天津 | 1.106 | 0.567 | 0.590 | -0.914 | 2.623 | -0.665 | 0.661 | 3 |
| 江苏 | 1.189 | 0.190 | 0.131 | 0.460 | -0.079 | 0.645 | 0.519 | 4 |
| 山东 | 0.491 | 0.183 | -0.887 | 1.441 | 1.431 | 0.625 | 0.449 | 5 |
| 河南 | -0.178 | 0.615 | -0.882 | 3.846 | -0.251 | 0.131 | 0.428 | 6 |
| 广东 | 0.191 | 1.916 | -1.083 | -0.700 | 0.478 | 0.377 | 0.408 | 7 |
| 浙江 | 0.377 | 1.401 | -0.681 | -0.865 | -0.077 | 0.265 | 0.295 | 8 |
| 辽宁 | 0.105 | -0.558 | 1.008 | 0.171 | 0.598 | 0.629 | 0.162 | 9 |
| 安徽 | 1.050 | 0.194 | -0.768 | 1.321 | -0.905 | -2.089 | 0.129 | 10 |
| 河北 | 0.693 | -1.223 | -0.212 | 0.802 | 1.097 | 0.641 | 0.125 | 11 |

续表

| | 因子得分 | | | | | | 综合得分 F | 排名 |
|---|---|---|---|---|---|---|---|---|
| | $F_1$ | $F_2$ | $F_3$ | $F_4$ | $F_5$ | $F_6$ | | |
| 宁夏 | 0.118 | −0.904 | 1.635 | 0.278 | −0.247 | 0.419 | 0.065 | 12 |
| 福建 | −0.801 | 0.322 | −0.632 | −0.756 | 1.368 | 0.563 | −0.130 | 13 |
| 吉林 | −0.748 | −0.349 | 1.280 | 0.187 | 0.257 | −0.513 | −0.133 | 14 |
| 山西 | −0.206 | −0.880 | 0.098 | 0.402 | 0.933 | −0.260 | −0.152 | 15 |
| 江西 | −0.055 | −0.527 | −0.265 | 0.618 | −0.555 | 0.238 | −0.153 | 16 |
| 重庆 | −0.349 | 0.386 | −1.066 | −0.134 | −0.135 | 0.101 | −0.167 | 17 |
| 广西 | −0.215 | −0.077 | −0.311 | −0.461 | −0.686 | 0.715 | −0.188 | 18 |
| 内蒙古 | −1.083 | −1.353 | 1.435 | 0.081 | 1.747 | 0.973 | −0.193 | 19 |
| 湖北 | −0.463 | 0.076 | −0.900 | −0.114 | 0.183 | 0.425 | −0.193 | 20 |
| 陕西 | −0.383 | −0.264 | 0.108 | 0.260 | −0.821 | 0.158 | −0.208 | 21 |
| 黑龙江 | −0.407 | −0.786 | 1.196 | 0.352 | −1.031 | 0.163 | −0.214 | 22 |
| 湖南 | −0.282 | 0.063 | −1.185 | 0.011 | −0.099 | 0.223 | −0.215 | 23 |
| 海南 | −0.420 | 0.387 | −0.753 | −1.231 | 0.440 | −0.315 | −0.251 | 24 |
| 新疆 | 0.165 | −1.098 | 0.940 | −0.702 | −1.543 | 0.386 | −0.322 | 25 |
| 四川 | −0.570 | 0.321 | −0.445 | −0.262 | −1.779 | 0.363 | −0.331 | 26 |
| 甘肃 | −0.257 | −0.746 | 0.061 | −0.112 | −1.322 | 0.339 | −0.384 | 27 |
| 贵州 | −0.600 | −0.360 | −1.354 | −0.833 | 0.440 | 0.290 | −0.477 | 28 |
| 云南 | −0.379 | −0.028 | −0.995 | −1.276 | −1.253 | 0.104 | −0.527 | 29 |
| 青海 | −0.815 | −0.586 | 0.340 | −1.214 | −0.262 | −0.314 | −0.544 | 30 |
| 西藏 | −0.669 | −0.631 | 0.070 | −0.201 | 0.363 | −4.475 | −0.733 | 31 |

(二) 结果评价

**1. 综合得分及排名评价**

从综合得分与排名可以看出,在全国 31 个省(市、自治区)中,吉林省道路运输业对经济社会的综合贡献值排名第 14 位,处于中游。在东北地区排名中,辽宁居于全国前列,排名第 9 位;黑龙江省排名第 22 位,与吉林省同处中游位置,吉林省在整体表现上略好于黑龙江省,这与李秋霞、王占中、韩秀华(2009)等基于 2003 年道路运输数据构建的绩效评价结果基本一致。①

## 2. 因子得分及排名评价

吉林省道路运输业综合绩效得分在全国处于中游位置,但是通过分析因子得分和排名可以看出(见表6—10、表6—11),各因子间的得分和排名存在较大差距,部分因子得分较好,排名靠前,然而部分因子得分情况较差,仍存在较大的改善空间。

(1)社会效益贡献表现较好。便捷出行、绿色低碳、行业安全等社会效益贡献因子均好于全国平均水平,其中便捷出行社会效益贡献因子得分1.280,全国排名第4位;绿色低碳发展社会效益贡献因子得分0.257,全国排名第12位;行业安全社会效益贡献因子得分0.187,全国排名第12位。具体到社会效益贡献因子的各评价指标,吉林省在出租车覆盖率、交通事故安全控制等方面表现突出,与全国各省(市、自治区)横向比较占据较大优势。2012年吉林省出租汽车5.55万辆,每万人常住人口拥有出租汽车约20.17辆,是全国平均水平的2.64倍;2012年吉林省发生交通事故2820起,同比下降22.51%,每万公里事故次数302.6次,较全国平均水平低37.2%。需要强调的是,社会效益贡献指标虽不如GDP等经济效益指标那样直接醒目,然而道路运输的特殊行业性质决定了社会效益贡献在整体贡献中的重要地位。所以,吉林省应继续保持社会效益贡献方面所取得的成绩,不断强化道路运输社会效益贡献,为经济社会发展提供更安全、更高效、更绿色的道路运输服务。

(2)经济效益贡献表现一般。直接贡献因子得分-0.748,全国排名第27位;间接贡献因子得分-0.349,全国排名第19位,均低于全国平均水平。其中,吉林省2012年道路运输业就业人员4.48万人,仅占全国比重的1.61%,远低于吉林省GDP在全国的比重;同时,吉林省2012年道路运输业生产总值为462.13亿元,全国排名第24位,在东北三省中居于末位,仅好于新疆、甘肃、西藏等七省区。需要指出的是,在道路运输评价指标体系中,经济效益直接贡献和间接贡献均占据重要地位,其得分情况将直接反映在最终的综合排名结果上。道路运输业作为基础设施,对经济

---

① 李秋霞、王占中、韩秀华:《基于因子分析法的公路运输绩效评价研究》,《公路交通技术》2009年第2期。

的贡献更多地通过其外溢效应来实现，吉林省在经济效益贡献因子中间接贡献优于直接贡献，一定程度上表明吉林省道路运输业外溢效应间接贡献转化为经济效益直接贡献的渠道和效率存在滞后、不匹配问题，有待进一步提高和改善。

（3）管理效益贡献表现较差。管理效益贡献因子得分-0.513，全国排名第28位，处于全国落后地位。管理效益贡献更多地体现在为道路运输业提供基本服务的基础设施方面，在"客、货、维、驾"道路运输管理体系中占据重要地位，是道路运输管理部门发挥市场管理、市场指导职能的有效载体，如机动车维修服务管理工作无法满足道路运输业发展的实际需要，将导致机动车辆运行中安全事故的高发生率，即对社会效益中的道路运输行业安全贡献因子产生负面冲击，进而产生经济损失并影响经济效益因子。道路运输管理效益是道路运输综合效益有效发挥的隐形设施，比道路建设等显性设施发挥着更重要的作用。通过道路运输评价指标体系，可以清晰地看到吉林省在管理效益贡献方面的不足和差距，具体到该因子的细化指标，2012年吉林省共有货运站55个，货运站覆盖率为每万公里5.9家，较全国平均水平低30.6%；机动车维修户数7043家，机动车维修保障率为每万公里755.69户，较全国平均水平低27.3%；机动车驾驶员514.7万人，驾驶员普及率为每百人18.71人，较全国平均水平低0.2%。

表6—11　　　吉林省道路运输评价：各因子得分及排名

| | 经济效益直接贡献 $F_1$ | | 经济效益间接贡献 $F_2$ | | 便捷出行社会效益贡献 $F_3$ | | 行业安全社会效益贡献 $F_4$ | | 绿色低碳发展社会效益贡献 $F_5$ | | 管理效益贡献 $F_6$ | | 综合得分 $F$ | |
|---|---|---|---|---|---|---|---|---|---|---|---|---|---|---|
| | 得分 | 排名 | 得分 | 排名 | 得分 | 排名 | 得分 | 排名 | 得分 | 排名 | 得分 | 排名 | 得分 | 排名 |
| 吉林 | -0.748 | 27 | -0.349 | 19 | 1.280 | 4 | 0.187 | 12 | 0.257 | 12 | -0.513 | 28 | -0.133 | 14 |
| 上海 | 4.356 | 1 | | | | | | | | | | | 1.206 | 1 |
| 北京 | | | 3.754 | 1 | 2.820 | 1 | | | | | | | 1.071 | 2 |
| 河南 | | | | | | | 3.846 | 1 | | | | | 0.428 | 6 |
| 天津 | | | | | | | | | 2.623 | 1 | | | 0.661 | 3 |
| 内蒙古 | | | | | | | | | | | 0.973 | 1 | -0.193 | 19 |

注：为方便比较，表中仅列示各因子得分最高的省（市、自治区）。

## 第二节　吉林省道路运输业对经济社会特定
## 　　　　领域发展的贡献程度评价

在研究道路运输业对经济增长一般性总量指标的基础上，为进一步深入研究吉林省道路运输业对经济社会特定领域发展的定量贡献，笔者在柯布—道格拉斯生产函数中，加入道路运输条件，并据此进行实证分析。

本节利用协同学理论检验了吉林省道路运输系统与经济社会发展的协调水平的同时，还重点研究了道路运输业对中国特色新型工业化、信息化、城镇化、农业现代化，即"新四化"建设结构性指标间的关系。这是因为，一方面，"四化同步"是新时期我国经济社会发展的重要战略性方针。党的十八大报告指出，要坚持走中国特色新型工业化、信息化、城镇化、农业现代化道路，推动信息化和工业化深度融合、工业化和城镇化良性互动、城镇化和农业现代化相互协调，促进工业化、信息化、城镇化、农业现代化同步发展。另一方面，道路运输业作为国民经济重要的基础设施，应在"四化同步"中发挥基础设施的辅助和支撑性作用，找准定位，发挥实效，推动"新四化"建设健康有序发展。

此外，"新四化"各项指标是经济社会总量发展的重要推动因素，只有更好地理解道路运输业对经济发展背后的深层次结构性指标，才能更好地控制总量指标的发展速度和质量，保证国民经济的可持续健康发展。

### 一　基于协同学理论的适应度检验

道路运输业与经济社会发展的适应度是双向多维度的，不仅体现为道路运输业对经济社会发展的贡献和支持，而且体现为经济社会发展对道路运输业的贡献和支持，两者互为输入输出系统，而非简单的单向传导。对于经济社会发展系统，本节借鉴中国统计学会和国家统计局统计科学研究所有关我国各地区发展与民生指数（Development and Life Index，DLI）的研究成果，[①] 不再另行构建评价指标体系。地区发展与民生指数（DLI）包

---

① 中国统计学会"地区发展与民生指数研究"课题组：《2011年地区发展与民生指数报告》，《调研世界》2013年第3期。

括经济发展、民生改善、社会发展、生态建设、科技创新和公众评价等六大方面，共42项指标，与传统的、单纯以经济增长指标相比更具包容性，与十八届三中全会《中共中央关于全面深化改革若干重大问题的决定》中"完善发展成果考核评价体系，纠正单纯以经济增长速度评定政绩的偏向，加大资源消耗、环境损害、生态效益、产能过剩、科技创新、安全生产、新增债务等指标的权重"[①]的要求相吻合，更能体现科学发展的内涵。

（一）理论基础和评价模型

协同学（Synergetics）是20世纪70年代由德国物理学教授赫尔曼·哈肯（Hermann Haken）提出并创立的新兴学科，其主要研究复杂开放系统内各子系统如何协同运动、如何从无序到有序转变的规律和特征。[②] 目前，协同学理论不仅应用于自然科学领域，而且被广泛应用于经济、管理等社会科学领域，哈肯在《协同学：大自然构成的奥秘》中指出，至少在一定范围内，经济现象可以借助数学规律来描述，未来的经济理论研究将采用协同学的方法，以便更好地理解经济现象，甚至改善经济的运行。[③] 王占中、任园园（2011）利用协同学理论对我国2001—2007年间公路运输与国民经济适应性进行检验，[④] 魏遥对我国产融集团内产业资本、金融资本、人力资本和无形资本等子系统的协同特征进行检验，[⑤] 李建军等（2011）运用协调度模型对我国金融业子系统与经济发展进行协调性研究。[⑥]

运用协同学理论，依托前文构建的道路运输业评价体系和地区发展与民生指数[⑦]，对吉林省2000—2012年道路运输业与经济社会发展的适应度

---

① 《中共中央关于全面深化改革若干重大问题的决定》，人民出版社2013年版。
② ［德］赫尔曼·哈肯：《协同学（引论）：物理学、化学和生物学中的非平衡相变和自组织》，徐锡申等译，原子能出版社1984年版。
③ ［德］赫尔曼·哈肯：《协同学：大自然构成的奥秘》，凌复华译，上海译文出版社1995年版。
④ 王占中、任园园：《基于协同理论的公路运输与国民经济适应性》，《吉林大学学报（工学版）》2011年第7期。
⑤ 魏遥：《产融集团系统发展的协同问题研究》，合肥工业大学出版社2012年版。
⑥ 李建军等：《金融业与经济发展的协调性研究》，中国金融出版社2011年版。
⑦ 中国统计学会、国家统计局统计科学研究所：《2012年地区发展与民生指数（DLI）统计监测结果》，《中国信息报》2014年1月2日。

进行检验分析，其中静态协调度和动态协调度计算公式如下。

静态协调度：$C_s(i,j) = \dfrac{\min\{U(i,j), U(j,i)\}}{\max\{U(i,j), U(j,i)\}}, 0 < C_s \leq 1$

其中，$U(i,j) = \exp\left\{-\dfrac{(x-x')^2}{S^2}\right\}$ 为系统状态协调度，用以系统内综合评价实际值 $x$ 与协调值 $x'$ 间的协调度。$x$ 为系统实际值，$x'$ 为系统协调值，$S^2$ 为方差。借鉴李艳等（2003）[①] 的定义，$C_s(i,j) < 0.5$ 时为不协调，$0.5 \leq C_s(i,j) \leq 0.8$ 为基本不协调，$0.8 \leq C_s(i,j) \leq 0.9$ 为基本协调，$0.9 \leq C_s(i,j) \leq 1$ 为协调。

动态协调度：$C_d(i,j) = \dfrac{1}{T}\sum\limits_{i=0}^{T-1} C_s(t-i)$，用以反映系统协调适应度的趋势。

其中，$C_s(t-i)$ 为系统在相应时间点的静态协调度。对于 $t_2 > t_1$，若 $C_d(t_2) > C_d(t_1)$，则表示系统处于协调发展的合理区间，反之则表示系统正在偏离协调发展的合理区间。

（二）实证过程和结果

首先，依托道路运输业评价指标体系，运用因子分析方法计算吉林省2000—2012年道路运输系统的综合评价值。数据来源于《中国统计年鉴（2001—2013）》、《吉林省统计年鉴（2001—2013）》以及交通运输部《道路运输统计资料汇编》，对于甩挂比率和等级客、货运站覆盖率等缺损指标，为保持评价体系的一致性和完整性，采用拟合方法进行追溯调整。表6—12第一、第二行分别给出了吉林省道路运输业以及经济社会发展的综合评价值 $X_1$、$X_2$。其次，计算道路运输与经济社会发展系统状态协调度 $U_1$、$U_2$，具体结果见表6—12第三、第四行。最后，计算吉林省道路运输系统与经济社会发展系统两者间的静态协调度 $C_s$ 和动态协调度 $C_d$，具体结果见表6—12第五、第六行。

（三）分析与结论

从总体上看（见表6—12和图6—1），2000—2012年吉林省道路运输

---

[①] 李艳、曾珍香、武优西、李艳双：《经济—环境系统协调发展评价方法研究及应用》，《系统工程理论与实践》2003年第5期。

表 6—12　吉林省道路运输与经济社会发展系统的综合评价值、
状态协调度以及静态、动态协调度

| 年份<br>项目 | 2000 | 2001 | 2002 | 2003 | 2004 | 2005 | 2006 | 2007 | 2008 | 2009 | 2010 | 2011 | 2012 |
|---|---|---|---|---|---|---|---|---|---|---|---|---|---|
| 道路运输系统 $X_1$ | -0.978 | -0.839 | -0.856 | -0.356 | -0.176 | -0.130 | -0.112 | 0.066 | 0.236 | 0.427 | 0.696 | 0.816 | 1.207 |
| 经济社会发展系统 $X_2$ | 0.402 | 0.418 | 0.432 | 0.445 | 0.458 | 0.459 | 0.477 | 0.507 | 0.526 | 0.550 | 0.572 | 0.588 | 0.603 |
| 道路运输系统 $U_1$ | 0.9899 | 0.9842 | 0.8811 | 0.9601 | 0.9296 | 0.8929 | 0.9899 | 0.9948 | 0.9904 | 0.9731 | 0.9928 | 0.9822 | 0.9493 |
| 经济社会发展系统 $U_2$ | 0.9984 | 0.9944 | 0.9093 | 0.9489 | 0.9206 | 0.8832 | 0.9879 | 0.9939 | 0.9867 | 0.9622 | 0.9827 | 0.9647 | 0.9762 |
| 静态协调度 $C_s$ | 0.9915 | 0.9897 | 0.9690 | 0.9883 | 0.9904 | 0.9892 | 0.9980 | 0.9991 | 0.9963 | 0.9888 | 0.9899 | 0.9822 | 0.9725 |
| 动态协调度 $C_d$ | 0.9915 | 0.9906 | 0.9834 | 0.9846 | 0.9858 | 0.9863 | 0.9880 | 0.9894 | 0.9902 | 0.9900 | 0.9900 | 0.9894 | 0.9881 |

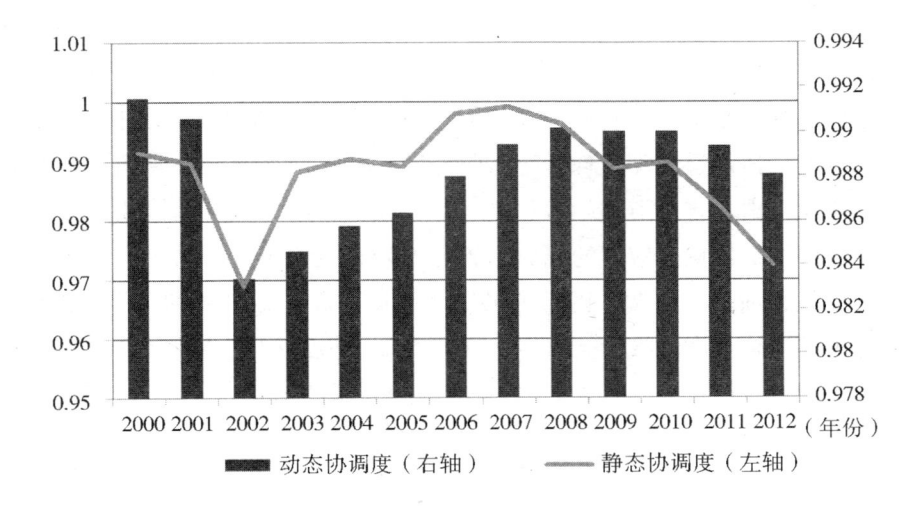

图6—1　吉林省道路运输业与经济社会发展静态、动态协调度

业与经济社会发展处于协调状态。其中，根据协调区间 $0.9 \leq C_s(i,j) \leq 1$ 为协调的定义，静态协调度处于0.95—1之间，最低值为2002年0.9690，最高值为2007年0.9991，即此轮国际金融危机的前一年；动态协调度也

处于 0.95—1 之间，在时间变量的润滑作用下，其变动趋势较静态协调度相对平缓，最低值同样出现在 2002 年，为 0.9834。

分阶段看，吉林省道路运输与经济社会发展的协调适应性并非静止不变的，而是在保持总体协调下不断发生变化的，具体可分为三个阶段：第一阶段是 2000—2002 年，协调适应性处于下降趋势，2002 年到达最低点。这一阶段，我国正处于通货紧缩时期，2002 年尤为明显，自 2001 年 9 月起 CPI 连续数月下滑，影响企业生产积极性，企业停工和失业问题凸显，导致道路运输业尤其是货运业与社会经济发展间的协调适应性降至低点。第二阶段是 2003—2007 年，协调适应性稳步提高。这一阶段，我国全面摆脱通货紧缩的阴影，进入国民经济高速发展的黄金时期，道路运输业与经济社会的适应度随之提高，两系统互相促进、共同进步，不断达到最优协调状态。第三阶段是 2008 年至今，协调适应性偏离最优协调状态，且偏离值逐步扩大。在这一阶段中，又可以细分为三个阶段，分别是 2008 年的突然失衡、2009—2010 年的平稳回调以及 2011 年至今的失衡加速。2008 年国际金融危机的爆发，一定程度上打破此前道路运输业与经济社会协调发展的均势，使得适应度突然下降，偏离最优协调状态；2009—2010 年，受益于国家加大基础设施特别是道路运输相关方面建设和财政支持的影响，两系统间的协调适应度呈现平稳回调态势；但自 2011 年始，两者的协调适应度再次下滑，且下滑的趋势和幅度呈扩大状，如果道路运输业与经济社会发展间最优协调适应度的偏离趋势得不到有效纠正，两系统间的协调适应度将从目前的"协调"降至未来的"基本协调"或"不协调"，更重要的是道路运输业和经济社会整体将同时受损，拖累国民经济和道路运输业的正常发展，所以应及时采取措施控制此种失衡状态。

## 二 基于协整方程的长期均衡检验

（一）模型假设

假设存在两个相互独立的经济体 i、j，每个经济体的生产函数均满足柯布—道格拉斯生产函数形式：

$$Y_i = A(t)_i L_i^\alpha K_i^\beta \mu_i \qquad (6\text{—}6)$$

$$Y_j = A(t)_j L_j^\alpha K_j^\beta \mu_j \qquad (6\text{—}7)$$

其中，$Y$ 为经济体的产出水平，$A(t)$ 是综合技术水平，$L$ 是投入的劳动力，$K$ 是投入的资本数量，$\alpha$ 是劳动力产出的弹性系数，$\beta$ 是资本产出的弹性系数，$\mu$ 表示随机干扰的影响。在道路运输业缺失或不发达的情况下，两经济体 i、j 之间相互独立，不具备进行直接经济交换的基础性条件，劳动力和资本亦无法互相流动，各自只能按照现存条件下生产技术条件允许的劳动力 $\bar{L}_{i,j}$ 和资本存量 $\bar{K}_{i,j}$ 进行生产。随着道路运输业的出现和产生，以及发展水平的不断提高，经济体 i、j 之间的经济关系逐步增加，劳动力和资本开始互相流动，进行优化配置，实现更高的最优生产力水平，生产函数变化为：

$$\tilde{Y}_i = A(t)_i^{\sim}(\bar{L}_i + \Delta L_j - \Delta L_i)^{\alpha'}(\bar{K}_i + \Delta K_j - \Delta K_i)^{\beta'}\mu_i \quad (6\text{—}8)$$

$$\tilde{Y}_j = A(t)_j^{\sim}(\bar{L}_j + \Delta L_i - \Delta L_j)^{\alpha'}(\bar{K}_j + \Delta K_i - \Delta K_j)^{\beta'}\mu_j \quad (6\text{—}9)$$

其中，$\tilde{Y}$ 为加入道路运输条件后产出水平，$(\bar{L}_{i,j}+\Delta L_{j,i}-\Delta L_{i,j})$ 为道路运输业推动劳动力流动后的劳动力投入，简化表示为 $(\bar{L}+\Delta L)$，$(\bar{K}_{i,j}+\Delta K_{j,i}-\Delta K_{i,j})$ 为道路运输业推动资本流动后的资本投入数量，简化表示为 $(\bar{K}+\Delta K)$。对式（6—8）、式（6—9）两边同时取对数，则经济体 i、j 生产函数的对数线性方程为：

$$\mathrm{Ln}\tilde{Y}=\mathrm{Ln}A(\tilde{t})+\alpha'\mathrm{Ln}(\bar{L}+\Delta L)+\beta'\mathrm{Ln}(\bar{K}+\Delta K)+\mathrm{Ln}\eta_i \quad (6\text{—}10)$$

通过式（6—10）可以看出，在劳动力、资本的初始值 $\bar{L}$ 和 $\bar{K}$ 保持一定的情况下，经济体的产出水平主要由劳动力流动量 $\Delta L$、资本流动量 $\Delta K$ 以及技术水平 $A(\tilde{t})$ 所决定。其中，劳动力流动量 $\Delta L$ 用道路运输客运量的一定比例表示；资本流动量 $\Delta K$ 表现为物化形式的资本流动，用道路运输货运量和固定资产投资额表示。因此，本节估计的基本模型如下：

$$\mathrm{Ln}\tilde{Y}_t = c_0 + c_1\mathrm{Ln}PKM_t + c_2\mathrm{Ln}TKM_t + c_3\mathrm{Ln}INV_t + \varepsilon_t \quad (6\text{—}11)$$

式中，$\tilde{Y}_t = Y_t(GDP, INDUS, INFOR, URBAN, MAGRI)'$，为经济发展变量指标，包括经济发展一般性总量指标地区生产总值（GDP），以及"新四化"结构性指标工业化（INDUS）、信息化（INFOR）、城镇化（URBAN）和农业现代化（MAGRI）。同时，选择道路运输业发展的代表性变量——道路运输业客运周转量 $PKM_t$[①]、道路运输业货物周转量 $TKM_t$ 以及道路运输业固定资产投资额 $INV_t$，$\varepsilon_t$ 为回归方程中的随机扰动项。

(二) 变量选择及数据来源

**1. 经济发展一般性总量指标**

地区生产总值（GDP），是指一个国家或地区所有常住单位在一定时期内按市场价格计算的生产活动的最终成果，是国民经济核算体系中最重要的核心总量指标之一，也是衡量一个国家或地区经济状况和发展水平最直接和最普遍的变量指标。

**2. 经济发展"新四化"结构性指标**

（1）工业化指标（INDUS）。杨杰、罗志恒、张春元（2005）所构建的工业化评价指标体系中，工业制造业增加值占总商品生产增加值的比重占据较高权重，[②] 黄安胜、许佳贤（2013）和郭丽娟（2013）等也认为工业增加值占 GDP 比重所代表的工业化率是工业化发展指数中重要的衡量指标，[③][④] 而袁晓玲、景行军、杨万平、班斓（2013）则使用非农产业增加值占 GDP 比重作为评价指标。[⑤] 综合上述经验，本节选择吉林省工业增加值比重作为衡量指标。

（2）信息化指标（INFOR）。本节借鉴俞立平（2012）[⑥] 的经验，信息化是指充分利用信息技术、开发利用信息资源、促进信息交流和知识共享、提高经济增长质量、推动经济社会发展转型的历史进程，具体选择吉林省邮电业务量作为衡量指标。

（3）城镇化指标（URBAN）。城镇化是指在经济发展过程中人口不断

---

[①] 通过调研相关道路运输业专家的意见，客运周转量中60%左右为简单出访、探亲、旅游等目的，为更切合模型假设条件，取客运周转量的40%作为劳动力流动衡量指标。

[②] 杨杰、罗志恒、张春元：《新型工业化评价指标体系研究》，《吉林大学社会科学学报》2005年第5期。

[③] 黄安胜、许佳贤：《工业化、信息化、城镇化、农业现代化发展水平评价研究》，《福州大学学报》2013年第6期。

[④] 郭丽娟：《新型工业化与新型城镇化协调发展评价》，《统计与决策》2013年第11期。

[⑤] 袁晓玲、景行军、杨万平、班斓：《"新四化"的互动机理及其发展水平测度》，《城市问题》2013年第11期。

[⑥] 俞立平：《中国省际信息化与金融发展互动关系研究：基于PVAR模型的估计》，《中南大学学报》2012年第3期。

由农村向城镇地区集中的过程。辜胜阻（1991）认为衡量一个国家或地区城镇化水平的指标是城镇人口占总人口的比重；①郭丽娟（2013）也认为人口城镇化率是衡量城镇化进程的重要指标。②本节借鉴上述方法，具体选择吉林省城镇人口比率作为衡量指标。

（4）农业现代化指标（MAGRI）。农业现代化是指由传统农业向现代农业转化的历史过程。蒋和平、黄德林（2006）和袁晓玲、景行军、杨万平、班斓（2013）在构建农业现代化评价指标时，均将机械总动力作为重要内容；③④胡红梅（2013）在介绍湖北省农业现代化成果时，将机械总动力作为农业生产条件重要指标之一。⑤本节借鉴上述方法，具体选择吉林省农业机械总动力作为衡量指标。

### 3. 数据来源与描述性统计量

本节数据来源于各年《中国统计年鉴》、《吉林统计年鉴》以及交通运输部官方网站（http://www.moc.gov.cn）上定期公布的统计数据信息等。时间区间为1978—2012年，共计35期。同时，为避免异方差问题以及量纲不同所产生的问题，本节对所选择的变量指标进行对数化处理，各变量的描述性统计结果如表6—13所示。

表6—13　　　　　　　　　变量的描述性统计

| 变量 | 样本数 | 均值 | 标准差 | 最小值 | 最大值 |
| --- | --- | --- | --- | --- | --- |
| LGDP | 35 | 2.9680 | 0.6579 | 1.9137 | 4.0770 |
| LINDUS | 35 | 0.4568 | 0.0479 | 0.3714 | 0.5402 |
| LINFOR | 35 | 1.5772 | 0.1746 | 1.0978 | 1.7300 |

---

① 辜胜阻：《非农化与城镇化研究》，浙江人民出版社1991年版。
② 郭丽娟：《新型工业化与新型城镇化协调发展评价》，《统计与决策》2013年第11期。
③ 蒋和平、黄德林：《中国农业现代化发展水平的定量综合评价》，《农业现代化研究》2006年第3期。
④ 袁晓玲、景行军、杨万军、班斓：《"新四化"的互动机理及其发展水平测度》，《城市问题》2013年第11期。
⑤ 胡红梅：《在"新四化"四轮驱动中给力农业现代化》，《中国统计》2013年第8期。

续表

| 变量 | 样本数 | 均值 | 标准差 | 最小值 | 最大值 |
|---|---|---|---|---|---|
| LURBAN | 35 | 5.2003 | 1.1270 | 3.5858 | 6.8147 |
| LMAGRI | 35 | 2.9007 | 0.2658 | 2.4535 | 3.4073 |
| LPKM | 35 | 3.7612 | 0.3722 | 3.1093 | 4.4868 |
| LTKM | 35 | 3.7949 | 0.6121 | 2.7499 | 4.9886 |
| LINV | 35 | 4.9379 | 1.0499 | 3.3802 | 6.6253 |

（三）实证结果和分析结论

**1. 道路运输对经济发展一般性总量指标的作用机制**

（1）变量单位根检验。协整检验的先决条件就是变量必须为同阶单整，对于非同阶单整的变量，则不能进行协整检验，判断时间序列变量平稳性的重要方法就是单位根检验。本节对 LGDP、LINDUS、LINFOR、LURBAN、LMAGRI、LPKM、LTKM、LINV 等变量进行 ADF 单位根检验，详细结果见表 6—14。根据单位根检验结果可知，LGDP、LINDUS、LINFOR、LURBAN、LMAGRI、LPKM、LTKM、LINV 等变量都是一阶单整序列 I（1），即均为同阶单整序列，可以进行协整关系检验。

表 6—14 各变量单位根检验结果

| 变量 | (c, t, k) | ADF 检验值 | 5%临界值 | P 值 |
|---|---|---|---|---|
| LGDP | (c, t, 1) | −2.9540 | −0.0517 | 0.9467 |
| ΔLGDP | (c, t, 1) | −2.9571 | −3.8086 | 0.0068* |
| LINDUS | (c, t, 0) | −2.9511 | −1.2899 | 0.6229 |
| ΔLINDUS | (c, t, 0) | −2.9540 | −5.4505 | 0.0001* |
| LINFOR | (c, 0, 0) | −1.9521 | 1.1834 | 0.9356 |
| ΔLINFOR | (c, 0, 0) | −1.9521 | −7.4351 | 0.0000* |
| LURBAN | (c, t, 1) | −2.9511 | −1.0463 | 0.7251 |
| ΔLURBAN | (c, t, 0) | −2.9540 | −4.9733 | 0.0003* |
| LMAGRI | (c, t, 1) | −2.9511 | 0.8042 | 0.9927 |

续表

| 变量 | (c, t, k) | ADF 检验值 | 5%临界值 | P 值 |
|---|---|---|---|---|
| ΔLMAGRI | (c, t, 0) | −2.9540 | −4.4650 | 0.0012* |
| LPKM | (c, t, 0) | −2.9511 | −0.0032 | 0.9518 |
| ΔLPKM | (c, t, 0) | −2.9540 | −5.2240 | 0.0001* |
| LTKM | (c, t, 0) | −2.9511 | −0.2146 | 0.9272 |
| ΔLTKM | (c, t, 0) | −2.9540 | −5.3089 | 0.0001* |
| LINV | (c, t, 0) | −2.9511 | −0.4632 | 0.8864 |
| ΔLINV | (c, t, 0) | −2.9540 | −6.2878 | 0.0000* |

注：(1)(c, t, k)中的c、t、k分别表示截距项、时间趋势项和滞后阶数。(2) *、* *、* * *分别表示在1%、5%和10%水平条件下统计量是显著的。

（2）协整检验。本部分对经济发展一般性总量LGDP与道路运输指标LPKM、LTKM、LINV进行Johansen协整检验，检验结果见表6—15。Johansen协整检验结果表明，LGDP和LPKM、LTKM、LINV在5%的显著性水平条件下，至少存在一个协整向量方程，这意味着经济发展一般性总量与道路运输业发展间具有长期的均衡关系。

表6—15　经济发展一般性总量指标Johansen协整检验结果

| 原假设 | 特征值 | 迹检验统计量（Prob.） | 5%临界值 | 最大特征值统计量（Prob.） | 5%临界值 |
|---|---|---|---|---|---|
| 0个协整向量 | 0.9030 | 109.4219*<br>(0.0000) | 54.0790 | 79.3286*<br>(0.0000) | 28.5881 |
| 至多一个协整向量 | 0.3803 | 30.0933<br>(0.1600) | 35.1928 | 16.2715<br>(0.2794) | 22.2996 |
| 至多两个协整向量 | 0.2374 | 13.8219<br>(0.3018) | 20.2618 | 9.2152<br>(0.4111) | 15.8921 |
| 至多三个协整向量 | 0.1267 | 4.6066<br>(0.3293) | 9.1645 | 4.6066<br>(0.3293) | 9.1645 |

注：*表示在5%的显著性水平条件下拒绝原假设。

在协整关系的基础之上,本章建立 VEC 向量误差修正模型。该模型是带协整约束的向量自回归模型,主要优势体现在能够将变量的水平值和差分值结合在一起,充分利用二者包含的信息。从短期看,因变量的变动是长期均衡关系和短期波动共同作用的结果;从长期看,误差修正项 $ecm_t$ 会将变量由短期偏离修正到长期的均衡状态。吉林省经济发展一般性总量 LGDP 与道路运输指标 LPKM、LTKM、LINV 的 VEC 方程为:

$$LGDP_t = 0.091 LPKM_t + 0.1237 LTKM_t + 0.4944 LINV_t - 0.5045 + ecm_t \qquad (6-12)$$

$$\begin{pmatrix} \Delta LGDP_t \\ \Delta LPKM_t \\ \Delta LTKM_t \\ \Delta INV_t \end{pmatrix} = \begin{pmatrix} 0.2132 \\ 0.1318 \\ 0.2125 \\ 0.2580 \end{pmatrix} ecm_{t-1} + \varepsilon_t \qquad (6-13)$$

通过协整检验和 VEC 方程可知,道路运输业客运周转量(PKM)、货物周转量(TKM)、固定资产投资额(INV)不仅与经济发展一般性总量指标吉林省地区生产总值(GDP)间表现为稳定的长期均衡关系,而且对于地区生产总值(GDP)产生正向的促进作用。其中固定资产投资(INV)作用最大,货物周转量(TKM)次之。根据式(6—13),在其他条件保持不变的情况下,道路运输业客运周转量(PKM)、货物周转量(TKM)或者固定资产投资额(INV)每增加 1 个百分点,吉林省地区生产总值将分别增加 0.091 个百分点、0.1237 个百分点和 0.4944 个百分点,即吉林省地区生产总值对客运周转量(PKM)、货物周转量(TKM)或者固定资产投资额(INV)的弹性分别为 9.1%、12.37%和 49.44%。

(3)脉冲响应分析。为了准确刻画经济发展一般性总量 GDP 与 PKM、TKM、INV 之间的关系,在 VEC 模型的基础之上,利用脉冲响应函数分析道路运输业变量指标的变动对地区生产总值 GDP 的冲击路径,结果如图 6—2 所示。

从图 6—2 中可以看出,在当期给客运周转量(PKM)、货物周转量(TKM)以及固定资产投资额(INV)一个正向的冲击后,地区生产总值(GDP)在期初均呈现上升趋势。其中,对于 INV 的冲击,GDP 加速上升,第 4 期达到最高值,然后趋于稳态;对于 PKM 的冲击,GDP 稳步上升,第 8 期达到最高值,然后趋于稳态;对于 TKM 的冲击,在 1—2 期时表现为同向上升,然而自第 3 期始,GDP 的响应效果开始下降。同时,对于道路运输业的正向冲击,地区生产总值的响应效果在第 1 期时表现平淡,第 2 期效果明显优于第 1 期,这表明道路运输业具有滞后效应,其投资和建设应坚持规划先行、适度超前的原则。任蓉等(2012)也认为道路基础设施投资前两年对经济增长是没有太大作用的,需体现超前建设的本质。[①]

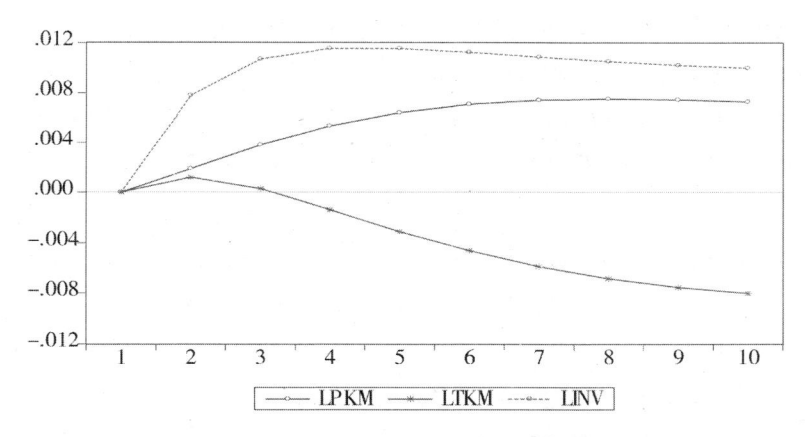

图 6—2　LGDP 对道路运输业变量(LPKM、LTKM、LINV)冲击的响应

对于货物周转量(TKM),在短期内与 GDP 同步上升,但中长期内效应减弱,究其原因,主要是吉林省产业结构不高的问题。吉林省作为传统的农业大省和老工业基地,初级产品多,终端产品少,终端产品不足 50%,在省内消费品市场中比重不足 6%。[②] 吉林省 2012 年货运量中,煤炭、石油、金属矿石等占比 25.02%,粮食、木材等占比 19.05%,而机械设备、电器产品、医药等占比不足 10%。吉林省的产业结构处于低端,在社会分工价值链中处于不利地位,货运量越大意味着向外输送的资源和劳动力越多,对于吉林省中长期的经济发展越不利。

---

① 任蓉、程连元、谢卓然、宗刚:《交通基础设施投资与经济增长的动态效应分析——基于 VAR 模型的实证分析》,《科技管理研究》2012 年第 4 期。
② 崔忠文:《在危机中调整　在调整中跃升——从"倒逼机制"看我省优化产业结构》,《吉林日报》2009 年 7 月 6 日。

## 2. 道路运输对"新四化"结构性变量指标的作用机制

在检验道路运输对经济发展一般性总量指标 GDP 长期均衡关系的基础上，笔者进一步给出其与"新四化"结构性指标间的关系，表 6—16 给出了客运周转量（PKM）、货物周转量（TKM）、固定资产投资额（INV）与新型工业化（INDUS）、信息化（INFOR）、城镇化（URBAN）以及农业现代化（MAGRI）等"新四化"结构性变量指标间的协整检验。由检验结果可知，上述各组变量间至少存在一个协整方程，道路运输变量与 GDP 间的长期均衡关系，在"新四化"结构性变量中同样存在。式（6—14）—（6—16）分别给出了"新四化"结构性变量的 VEC 方程：

$$LPKM = 13.0652LINDUS + 60.5028LINFOR + 1.1673LURBAN + 16.8274LMAGRI - 1.468@trend - 126.234 + ecm_t$$

$$(6\text{—}14)$$

$$LTKM = 25.1654LINDUS + 115.171LINFOR + 2.4714LURBAN + 33.1259LMAGRI - 2.863@trend - 247.062 + ecm_t$$

$$(6\text{—}15)$$

$$LINV = 35.8703LINDUS + 156.9193LINFOR + 5.153LURBAN + 47.5746LMAGRI - 4.128@trend - 349.845 + ecm_t$$

$$(6\text{—}16)$$

从式（6—14）—（6—16）可以看出，道路运输业变量与"新四化"结构变量均呈正向相互促进作用。其中固定资产投资（INV）与"新四化"结构变量间的关系系数最大，表明固定资产投资在推动"新四化"建设过程中的作用较客运周转量和货物周转量更为明显，这也与式（6—12）的经济含义基本一致，即应突出道路运输固定资产投资的重要作用。

表 6—16 "新四化"结构性变量的 Johansen 协整检验结果

| 协整方程数量假设 | 特征值 | 迹检验统计量<br>（Prob.） | 5%临界值 | 最大特征值统计量<br>（Prob.） | 5%临界值 |
| --- | --- | --- | --- | --- | --- |
| （1）LPKM 与 LINDUS、LINFOR、LURBAN、LMAGRI 的协整检验 | | | | | |
| 0 个协整向量 | 0.9569 | 144.7548*<br>（0.0000） | 79.3415 | 106.8716*<br>（0.0000） | 37.1636 |

续表

| 协整方程数量假设 | 特征值 | 迹检验统计量（Prob.） | 5%临界值 | 最大特征值统计量（Prob.） | 5%临界值 |
|---|---|---|---|---|---|
| | | （1）LPKM 与 LINDUS、LINFOR、LURBAN、LMAGRI 的协整检验 | | | |
| 至多1个协整向量 | 0.3809 | 37.8832（0.6263） | 55.2458 | 16.3001（0.8297） | 30.8151 |
| 至多2个协整向量 | 0.324 | 21.5831（0.6030） | 35.0109 | 13.3154（0.6497） | 24.252 |
| 至多3个协整向量 | 0.2054 | 8.2677（0.6554） | 18.3977 | 7.8168（0.6231） | 17.1477 |
| | | （2）LTKM 与 LINDUS、LINFOR、LURBAN、LMAGRI 的协整检验 | | | |
| 0个协整向量 | 0.9546 | 142.9077*（0.0000） | 79.3415 | 105.1626*（0.0000） | 37.1636 |
| 至多1个协整向量 | 0.4221 | 37.7451（0.6332） | 55.2458 | 18.6463（0.6593） | 30.8151 |
| 至多2个协整向量 | 0.296 | 19.0988（0.7621） | 35.0109 | 11.9341（0.7700） | 24.252 |
| 至多3个协整向量 | 0.1816 | 7.1647（0.7663） | 18.3977 | 6.8127（0.7332） | 17.1477 |
| | | （3）LINV 与 LINDUS、LINFOR、LURBAN、LMAGRI 的协整检验 | | | |
| 0个协整向量 | 0.9544 | 151.1484*（0.0000） | 79.3415 | 104.9978*（0.0000） | 37.1636 |
| 至多1个协整向量 | 0.5015 | 46.1507（0.2460） | 55.2458 | 23.6690（0.2889） | 30.8151 |
| 至多2个协整向量 | 0.3692 | 22.4817（0.5430） | 35.0109 | 15.6670（0.4407） | 24.252 |
| 至多3个协整向量 | 0.1743 | 6.8147（0.7993） | 18.3977 | 6.5105（0.7653） | 17.1477 |

# 第七章
# 吉林省道路运输业发展的相关政策及其实施效果

涉及激励和规制吉林省道路运输业发展的相关政策可以分为两类：一类是国家及国家相关部门发布的政策，另一类是吉林省政府、吉林省人大、吉林省交通运输厅和吉林省运输管理局发布的政策。

吉林省道路运输业发展政策首先受吉林省高速公路和公路发展政策的影响和制约。因此，笔者首先分析吉林省高速公路和公路发展政策，然后再分析吉林省道路运输业发展政策。

## 第一节 吉林省高速公路和公路发展政策

为了加快吉林省高等级公路发展，依据国家及国家相关部门的政策，吉林省政府、吉林省人大、吉林省交通运输厅、吉林省高等级公路建设局、吉林省高速公路管理局和吉林省公路局等部门出台了一系列相关政策。

### 一 全国性的相关高速公路和公路管理的政策和规则

吉林省高速公路管理局和吉林省公路局等部门出台的一系列相关政策所依据国家层面的政策和规则主要包括：《中华人民共和国公路法》、《中华人民共和国公路管理条例》、《中华人民共和国公路管理条例实施细则》、《中华人民共和国道路交通安全法》、《中华人民共和国道路交通安全法实施条例》、《中华人民共和国招标投标法》、《国务院公路安全保护条例》等。

## 二 部委颁发的相关高速公路和公路管理的政策和规则

吉林省高速公路管理局和吉林省公路局等部门出台的一系列相关政策所依据的部委颁发的政策和规则主要包括：《国务院办公厅转发发展改革委、财政部、交通运输部关于进一步完善投融资政策 促进普通公路持续健康发展若干意见的通知》、《交通部关于印发交通建设项目审计实施办法的通知》、《交通部交通运输安全生产挂牌督办办法》、《交通部路政管理规定》、《交通部交通行政处罚程序规定》、《交通部公路工程基本建设项目概算、预算编制办法》、《交通部公路工程概算定额》、《交通部公路工程预算定额》、《交通部公路工程机械台班费用定额》、《交通部公路建设四项制度实施办法》、《交通部县际及农村公路改造工程实施意见》、《交通部农村公路建设管理办法》、《交通部交通行政许可实施程序规定》、《交通部关于开展交通行政许可监督检查的通知》、《交通部建设工程监理规范》、《交通部建设工程安全生产管理条例》、《交通部公路建设监督管理办法》、《交通部公路工程质量管理办法》、《交通部交通法规程序规定》、《交通部公路建设监督管理办法》、《交通部行政处罚程序规定》、《交通部公路路政管理规定》、《交通部关于进一步完善投融资政策促进普通公路持续健康发展的实施意见》、《交通部关于印发更好地为公众服务——"十一五"公路养护管理事业发展纲要》、《交通部关于印发"十二五"公路养护管理发展纲要的通知》、《交通部关于印发公路养护工程管理办法的通知》、《交通部超限运输车辆行驶公路管理规定》等。

## 三 吉林省政府和管理部门颁发的相关高速公路和公路管理的政策和规则

为了激励和约束吉林省道路运输业的发展，吉林省政府、吉林省人大、吉林省交通运输厅、吉林省高等级公路建设局、吉林省高速公路管理局和吉林省公路局等部门依据全国性政策规定和交通部等部委的相关政策规定，制定了比较完善的制度体系，如《吉林省公路条例》、《吉林省农村公路养护和路政管理若干规定（试行）》、《吉林省公路管理条例》、《吉林省集资贷款修建公路桥梁办法》、《隧道收取车辆通行费管理办法》、《吉林省公路管理体制和养护运行机制改革方案》、《吉林省公路工程竣交工验收管理实施细则（试行）》、《吉林省公路建设项目施工招标代理机构招标办法》、《吉林省道路交通管理条例》、《吉林省取消政府还贷二级公路收费工作实施方案》、《吉林省超限运输检测站管理办法》、《吉林省人民政府办公厅关于加强车辆超限超载治理工作的通知》、《吉林省道路运输管理条例》、《吉林省土地管理条例》、《吉林省乡道管理办法》、《吉林省农村公路管理办法（试行）》、《吉林省公路建设管理的有关规定》、《吉林省国省干线公路养护工程管理办法（试行）》、《吉林省交通运输行业安全生产监督管理办法》、《吉林省交通运输行业深入开展安全生产责任落实年活动方案》、《吉林省交通运输行业集中开展严厉打击非法违法生产经营建设行为专项行动实施方案》、《吉林省公路基本建设工程概算、预算编制办法补充规定》、《关于调整取费等级划分的通知》、《关于在估、概、预算中增加安全施工措施费的通知》、《吉林省交通行政处罚裁量规则（试行）》、《吉林省〈公路工程基本建设项目概算、预算编制办法〉补充规定》、《吉林省交通行政处罚裁量基准（试行）》、《吉林省复合固结土路面基层、底基层设计施工技术指南》、《吉林省高速公路管理办法》、《吉林省高速公路计重收费实施方案（试行）》、《吉林省高速公路路政管理条例》、《吉林省建设工程勘察设计管理条例》、《吉林省公路超限运输管理办法（试行）》、《吉林省交通厅关于开展全省公路建设质量联合检查的通知》、《吉林省高速公路路政车辆管理办法（试行）》、《吉林省高速公路生产作业安全管理办法》、《吉林省高速公路养护施工作业管理规定》、《吉林省高速公路管理局安全管理办法（试行）》、《吉林省高速公路行政管理责任制度（试行）》、《吉林省高速公路管理局安全生产责任制度》、《吉林省高速公路路政管理条例》、《吉林省高速公路行政管理工作细则（试行）》、《吉林省高速公路施工标准化管理指南（试行）》、《吉林省交通运输厅关于实行省市共建有关问题的意见》、《吉林省高等级公路建设局工程建设管理办法》、《吉林省高速公路建设项目工程质量管理考评奖惩实施细则》、《吉林省高等级公路建设局督查工作实施办法（试行）》、《吉林省高速公路建设项目监理考评奖惩实施细则》，等等。

## 四 政策的支持与激励效果

国家及国家相关部门、吉林省政府、吉林省人大、吉林省交通运输厅、吉林省高等级公路建设局、吉林省高速公路管理局和吉林省公路局等部门出台的一系列完善的、配套的、积极的政策，发挥了积极的作用，产生积极的效应，促进了省高速公路和公路的快速发展。

### （一）促进了吉林省高速公路发展

吉林省道路运输目前已形成以长春为中心，连接省内其他市（州）的基本交通体系。同时也将连接周边省份和国家的重要城市和经济区，作为构建高速公路骨架的目标，构建了相关高速路段，如北京—哈尔滨、珲春—乌兰浩特、大庆—广州等国家高速公路通道吉林省段已建成，中蒙公路运输通道吉林省段已经通车。

吉林省现开通运营的高速公路网总里程达2252公里，包括长春绕城高速（G0102）、大广高速（G45）风华—双辽段、长深高速（G25）双辽段、京哈高速（G1）五里坡—拉林河段、珲乌高速（G12）珲春—石头井子段、营东高速（S2611）营城子—东丰段、集双高速（G1112）梅河—东丰段、沈吉高速（G1212）永吉县—梅河口市段、抚长高速（S26）靖宇县—长春段、鹤大高速（G11）通化市二密镇—大川乡段、伊辽高速（S2612）伊通—辽源段、通南高速（S10）通化—英额布—下排段。

吉林省省内高速均设有收费监控系统、IC卡微机联网收费系统、ETC收费系统。省内高速收费站共96个，分别隶属于吉林省高速公路管理局（77个）、吉林省高速公路集团有限公司（10个）、吉林高速公路股份有限公司收费管理分公司（6个）、长春高速公路有限责任公司（3个）。吉林省高速公路范围内有服务区40对、停车场3个，可以为高速公路通行司乘人员提供相关配套服务。另外，还有隧道管理站8个、超限检测站10个。

### （二）促进了吉林省公路的快速发展

近年来吉林省公路已经成为本省经济发展的重要支撑，并为社会和民生的发展与改善提供了巨大的支持。截止到2012年，吉林省国省干线普通公路和农村公路总里程近91754万公里，公路密度达到48.96公里/百平方公里。每年吉林省新建农村公路里程达到全省国省干线普通公路二级以上公路的70.9%，公路养护MQI指数达到88.4%。全省农村公路总里程已达到74297公里，全省乡（镇）通畅率达到100%，行政村通畅率达到97.3%，优良路率达到63.2%。

为了推动长吉图战略开发，吉林省交通运输管理部门提出了"长吉图影响区干线公路骨架网"、"长吉一体化干线公路网"布局方案。这些方案的提出不仅能够推动吉林省基础设施的完善，也可以完善安全边界的干线普通公路的建设和农村公路的建设。吉林省交通运输管理部门积极地争取资金支持，科学规划并加快和推进附属配套工作的进行。"长吉图影响区干线公路骨架网"和"长吉一体化干线公路网"布局方案，围绕区域经济发展的特征，考虑了长吉图几十年来经济发展、道路运输发展、基础设施状况等因素，意在形成和长吉北线城市经济产业带、长吉南线现代农业产业带、长吉南部生态休闲旅游产业带、图乌产业轴带和东部边境生态发展带布局。该方案可以实现中蒙通道、对俄对朝通道、黑辽通道等大通道畅通的目标。同时实现省内公路网提升，提高国省干线普通公路技术等级、优化路网结构、提高通行能力和服务能力等目标，为推进我国东北亚区域经济合作、参与图们江合作开发创造有利条件。

## 第二节 吉林省道路运输业发展政策

为了加快吉林省运输业发展，依据国家及国家相关部门的政策，吉林省政府、吉林省交通运输厅、吉林省公路管理局、吉林省高等级公路建设局、吉林省高速公路管理局和吉林省公路局等部门出台了一系列相关政策。

### 一 全国性的相关道路运输业发展的政策和规则

吉林省政府和管理部门出台的一系列相关政策所依据国家层面的政策和规则主要包括：《中华人民共和国道路运输条例》、《中华人民共和国收费公路管理条例》、《中华人民共和国发票管理办法》、《中华人民共和国发票管理办法实施细则》、《中华人民共和国行政许可法》、《国务院收费公路管理条例》等。

## 二 部委颁发的相关道路运输业发展的政策和规则

吉林省政府和管理部门出台的一系列相关政策所依据的部委相关政策和规则包括：《国务院办公厅关于转发发展改革委交通运输部财政部逐步有序取消政府还贷二级公路收费实施方案的通知》、《财政部关于印发中央对地方成品油价格和税费改革转移支付办法的通知》、《交通部运输车辆行驶公路管理规定》、《交通部、发展与改革委、财政部收费公路权益转让办法》、《交通部、公安部、国家安全生产监督管理总局道路运输车辆动态监督管理办法》、《全国汽车维修行业行为规范公约》、《交通部机动车维修管理规定》、《交通部等四部局关于加强道路运输车辆动态监管工作的通知》、《交通部道路运输车辆卫星定位系统平台技术要求》、《交通部关于推进交通产品认证工作的意见》、《交通部机动车维修管理规定》、《交通部汽车维修企业开业条件》、《交通部关于推进交通产品认证工作的意见》、《交通运输部〈道路运输车辆卫星定位系统平台技术要求〉》，等等。

## 三 吉林省政府和管理部门颁发的相关道路运输业发展的政策和规则

吉林省政府、吉林省高速公路管理局、吉林省交通运输厅、吉林省高等级公路建设局、吉林省高速公路管理局和吉林省公路局等部门出台的相关道路运输业发展的政策主要有：《吉林省道路运输条例》、《吉林省道路运输管理条例》、《吉林省关于"城市畅通工程"的实施意见》、《吉林省汽车运价及客运站收费实施细则》、《吉林省信息化促进条例》、《吉林省道路运输安全管理GPS监控系统使用管理规定》、《吉林省道路运输卫星定位系统使用管理规定》、《吉林省交通运输厅、吉林省公安厅、吉林省安全生产监督管理局关于加强道路运输车辆卫星定位建设和动态监管工作的通知》、《吉林省落实交通运输部等四部局〈关于加强道路运输车辆动态监管工作的通知〉》、《关于对客运班车GPS服务费予以补贴事宜的通知》、《吉林省城市公共客运管理工作规范（试行）》、《吉林省交通运输厅关于加强汽车维修和检测设备产品质量管理工作的通知》、《吉林省交通运输厅贯彻实施〈吉林省信息化促进条例〉工作方案》、《吉林省交通运输厅关于加强交通运输行政执法形象建设工作方案》、《吉林省运输管理局关于公布第一批符合备案要求的道路运输车辆动态监控社会化服务企业的公告》、《吉林省城市公共客运管理条例》、《吉林省汽车客运站联网售票协议书》、《吉林省道路运输经营者及从业人员考核办法（试行）》、《吉林省交通运输厅行政许可工作规则》、《吉林省城市公共客运服务规范（试行）》、《吉林省道路旅客运输班线经营权招投标办法》、《吉林省公路旅客身体伤害赔偿责任保障金管理办法》、《吉林省道路运输经营者及从业人员考核办法》、《二〇〇八年道路货运场站整治方案》、《吉林省道路旅客运输企业安全生产考核奖励办法（试行）》，等等。

### 四 政策的及时性和有效性

国家及国家相关部门、吉林省政府、吉林省人大、吉林省交通运输厅、吉林省高等级公路建设局、吉林省高速公路管理局和吉林省公路局等部门根据吉林省道路运输业发展的实际需要，及时出台了一系列完善的、配套的、积极的政策，而且这些政策又发挥了积极的作用，产生积极的效应，促进了吉林省公路运输的快速发展。

截止到2012年底，公路客、货运量在综合运输体系中的比重分别达到90.6%和78.9%，100%的建制村、80%的自然屯开通班线客车。道路运输业拉动就业约2万个岗位，年增加值293亿元，占GDP比重约为2.5%，在服务经济社会发展和保障民生等方面发挥着越来越重要的作用。2012年，吉林省旅客运量为6.6亿人，同比增长7.02%；吉林省货运量为4.7亿吨，同比增长19.9%；吉林省货运周转量为974.06亿吨公里，同比增长19.37%；吉林省城市（县城）出租汽车总运营车辆68838辆，万人出租车占有率20.2辆，居全国中上等水平；载客总次数为11.06亿次，客运量236854.9万人，出租车吸纳的就业人数为141205人。

吉林省将"公交优先"作为城市公交发展战略，将绿色低碳的新能源公交车引入中心城市运行，并延长了公交服务距离，改善公交车乘坐环境，对工作从业者进行培训。使得市民更加体面、更有尊严地乘坐公交车，同时也提高了公交公司员工的福利待遇。另外，吉林省道路运输管理部门面对其他出行方式对公交的挑战，进行了相关的顶层设计，建立了五级客运网络体系，强化与其他出行方式的衔接，同时加大枢纽城市基础设施的投入，强化公交体系的重要性，让便捷公交、绿色公交、服务公交的理念融入百姓的生活中。

在吉林省"三化"和"三动"战略实施过程中，道路运输发挥了带动作用，引领了经济的发展。2011年至今全省90%以上的乡镇已经建成客运站点、客运候车亭，形成以枢纽城市为中心的网状道路运输结构。基础设施投资达到9亿元，已建成6个国家级客运枢纽站点和10个一级公路客运场站。

# 第八章
# 吉林省道路运输业发展中的问题及其阻滞因素

吉林省道路运输业近十年来在国家和地方政策的有效激励和约束下实现了快速发展,对经济社会发展做出了应有贡献。但是通过比较分析和实证分析均可发现,吉林省的道路运输业发展无论与全国先进水平比较还是纵向自身发展速度比较均存在较大提升空间,发展中还存在较多问题。剖析问题及其根源并采取对应的措施推动发展,吉林省的道路运输业才能超越自己,赶上全国先进水平。

## 第一节 吉林省道路运输业发展中的问题

### 一 吉林省道路运输业发展水平不高

综合关于吉林省道路运输发展现状的分析论证,笔者得出的结论是:

(一) 吉林省道路运输业发展水平不高

首先,从道路客运业发展水平看,一是吉林省旅客运量及密度发展在全国居于中等偏下地位,其中旅客运量排名第19位,为旅客运量最多广东省的11.89%;旅客运量密度排名第22位,为旅客运量密度最大北京市的4.29%。从东北三省旅客运量及密度发展情况看,辽宁省旅客运量和密度居于首位,吉林省居中,黑龙江省居末位。二是吉林省旅客周转量及密度在全国居于中等偏下地位,其中旅客周转量排名第20位,为旅客运量最多广东省的 12.07%；旅客周转量密度排名第 22 位，为旅客运量密度最大北京市的 11.17%。在东北三省中，辽宁省旅客周转量和密度居于首位，吉林省居中，黑龙江省居末位。三是吉林省的万人公交车拥有量低、分布不均，公交车运营总里程远远低于辽宁省。城市交通难以满足需求。

其次，从道路货运发展水平看，一是吉林省货运量及密度在全国居于中等偏下地位，其中货运量排名第 22 位，为货运量最多山东省的 15.88%；货运量密度排名第 24 位，为货运量密度最大上海市的 4.7%。在东北三省中，辽宁省货运量和密度居于首位，吉林省居中，黑龙江省居末位。二是吉林省货运周转量及密度在全国居于中等偏下地位，其中货运周转量排名第 17 位，为货运周转量最多安徽省的 13.4%；货运量密度排名第 21 位，为货运量密度最大安徽省的 9.5%。在东北三省中，辽宁省货运量和密度居首位，吉林省居中，黑龙江省居末位。

（二）吉林省道路运输业贡献能力提升有较大空间

首先，从 2012 年的数据考察，吉林省道路运输业生产总值在全国 31 个省（市、自治区）中排名第 24 位，处于中等偏下位置，与发达水平最高的山东省相比，吉林省道路运输业生产总值仅相当于其 1/5；基本与新疆、甘肃、云南、西藏等欠发达省份处于同一行列。在东北三省中，辽宁省全国排名第 5 位，道路运输业生产总值是吉林省的 2.8 倍；黑龙江省排名第 22 位，道路运输业生产总值也高出吉林省 29.66 个百分点；吉林省居于末位。

其次，吉林省道路运输业人均生产总值在全国处于中游地位。2012 年，在全国 31 个省（市、自治区）中排名第 16 位，但与天津、内蒙古、北京等领先地区相比，吉林省的水平仅相当于它们的 1/3，差距仍较为明显。在东北三省中，辽宁省全国排名第 8 位，处于领先地位，吉林省仅相当于辽宁省的 56.9%。黑龙江省排名第 21 位，落后于吉林省，但吉林省与黑龙江省差距相对较小。

再次，吉林省道路运输业对就业的吸纳能力处于弱势。其中，2012 年在全国 31 个省（市、自治区）中排名第 23 位，与其生产总值规模排名第 24 位基本吻合，这也从侧面印证了就业吸纳与行业发展存在正相关关系的论断。吉林省道路运输从业人员仅为 4.48 万人，与广东省道路运输从业人员超过30万人、北京等10余个省份从业人员接近或超过10万人相去甚远。在东北三省中，辽宁省从业人员接近10万人，是吉林省的2.16倍；黑龙江省为7.7万人，是吉林省的1.71倍；吉林省处于末位。

最后，受吉林省道路运输业自身总量规模偏低的影响，生产税净额仍处于较低水平。吉林省道路运输业发展对相关产业发展的引致效应并不高。道路运输业的影响力系数为0.9764，尚低于全社会平均影响水平，表明吉林省道路运输业的拉动作用仍有待进一步完善和提高。

实证分析的结果也证明了上述结论。

首先，综合而言，在全国31个省（市、自治区）中，吉林省道路运输业对经济社会的综合贡献值排名第14位，处于中游地位。在东北地区排名中，辽宁居于全国前列，排名第9位；黑龙江省排名第22位，与吉林省同处中游位置，尽管吉林省在整体表现上略好于黑龙江省，但差距不大。

其次，就具体因子而言，其一，经济效益贡献表现一般。直接贡献在全国排名第27位，间接贡献在全国排名第19位，均低于全国平均水平。显然间接贡献优于直接贡献，其中部分原因在于道路运输业作为基础设施，对经济的贡献更多地通过基础设施的外溢效应来实现。2012年，吉林省道路运输业生产总值为462.13亿元，全国排名第24位，在东北三省中居于末位，仅好于新疆、甘肃、西藏等七省区。其二，管理效益贡献表现较差，在全国排名第28位，处于全国落后地位。其三，绿色低碳、行业安全等社会效益贡献仍有较大提升空间。

综上所述，吉林省道路运输业对经济社会发展的贡献能力尚有较大的提升空间。

## 二 吉林省道路运输业发展政策导引不力

吉林省道路运输业在整个国民经济中的作用和贡献逐渐增大，对其他部门及行业的影响力也逐渐增大。吉林省的经济发展离不开道路运输业为其提供的优质、高效的运输服务。但从吉林省道路运输业发展的效率和经济效益等方面来考量，近年来吉林省道路运输的运力利用效率和公路里程利用效率有较大波动，而且整体上有下降的趋势。这说明吉林省的经济发展和道路运输业发展水平不高，在一定程度上落后于国内经济发达省市。

通过对投入产出的分析，吉林省道路运输产业对其他产业部门的影响力和感应程度尚未达到社会平均影响水平，道路运输业的发展与国民经济其他部门之间的适应性有待进一步提高。从当前道路运输业尤其是道路货运业的现状来看，需要在发展中逐步解决市场主体分散、粗放式经营的问题，走集约化、规模化经营的道路，重视技术进步的作用，提高资源配置效率，在为社会各部门、各产业提供优质、高效的运输服务的同时，发展和壮大道路运输业本身。

就吉林省道路运输业的政策而言，还存在着一些问题和不足。在公路旅客运输方面，因道路运输区域所属的性质，形成了区域对开对等的共同经营方式。在这种模式之下，互利共赢的局面可以为旅客提供相对较好的服务，但如果发生区域间的利益冲突，尤其是涉及企业间利益冲突的时候，如开辟新的运营线路问题，会产生严重的市场壁垒和地方保护主义，出现市场被行政干涉的状况，导致资源配置效率极端低下。

### 三　吉林省道路运输业感应度系数偏低

感应度系数是指国民经济各部门每增加一个单位最终使用或需求时，某个部门需求感应程度的相应变化，也就是需要该部门为其他部门生产而在产出量上的改变。感应度系数越大说明该部门对经济发展的需求感应程度较强；反之，则表示感应程度较弱。

表8—1表明，吉林省各产业部门中，工业部门的感应度系数最高，道路运输业最低，仅为0.4907，远低于社会平均水平。这一结论意味吉林省道路运输业对国民经济发展的敏感度不够，行业发展与国民经济结构存在较大偏差，两者不协调、不适应度增加，在前项关联效应中，道路运输业成为瓶颈行业，一定程度上对国民经济产生阻滞效应。

表8—1　　　　　　吉林省各产业部门的感应度系数

| 部门 | 农业 | 工业 | 道路运输业 | 除运输业以外的第三产业 |
| --- | --- | --- | --- | --- |
| 完全需要系数（行） | 1.782 | 4.971 | 1.152 | 1.485 |
| 感应度系数 | 0.7593 | 2.117 | 0.4907 | 0.6325 |
| 拉动倍数（以道路运输业为基准） | 154.74 | 431.42 | 100 | 129 |

## 四 高速公路布局和公路客运体制等亟待完善

### （一）高速公路布局欠合理

吉林省高速公路的布局欠缺区域间的连通，目前已经形成由长春向外辐射的高速公路布局，不仅推动了长春道路运输业的发展，也助力长春经济的聚集和快速发展。但各个地区之间缺少高速公路的连通，只能通过长春中转，导致其他城市和地区间经济合作受到限制。

### （二）公路客运体制结构需要完善

在公路旅客运输方面，道路运输企业的竞争力偏弱，资源分散，缺少规模和集约化经营，个体运输车辆占主导地位；沿途服务区建设标准、建设布局和管理能力较经济发达省市差距较大，部分国道、省道甚至没有设置服务区，无法进一步满足旅客舒适出行的需要。

### （三）出租车管理模式亟待改善

作为公共交通的重要补充部分，出租汽车行业发展十分迅速，也对道路客运做出了一定的贡献。但目前依然存在许多问题，其中最主要的问题就是管理模式的链条过长，从政府开始，到经营公司，再到车主，再到承包人，再到司机，每一层次所牵扯的利益关系复杂。经营权是出租车经营的关键，它不仅是一种稀缺资源，也是利润获得的关键，经营权利益链条的不合理导致了一系列问题亟待解决：首先，出租车经营权作为公共资源，不应过度地进行有偿转让经营，这不仅导致了资源配置的畸形发展，更重要的是使整个出租车行业发展充满了隐患。这种问题的出现源自政府对出租车经营权的定位出现了偏差，不能将其作为一种普通的商品进行转让，忽视其公共物品性质，导致其成为一种投资甚至投资商品。经营权多次转包的交易现象普遍存在，经营权价格被多次抬高，这不仅加大了经营的风险和压力，也导致整个行业服务质量的下降，造成不稳定。其次，近年来出现高峰时段服务供给不足、服务差的问题。从行业车辆总量来说，存在供给不足的现象。这种供给不足不仅因为受到政府相关政策的管制，也受到在业公司和出租车司机反对的牵制。再次，非法营运问题突出。黑车泛滥的问题扰乱了整个出租车行业的生态，导致行业整体运营欠缺规范化，拉低了服务水平，对合法经营的出租车产生了不良的影响。近年来，对所谓"黑车"的打击力度不断加大，但只要存在利润的吸引，这种非法运营行为就很难消除。最后，松散的出租车管理与不规范的经营模式，导致驾驶员权益得不到保障。过高的经营权转包费用导致成本提升，承担的定额过高，压力巨大。并且很多时候，司机并不与雇主签订劳动合同，没有基本的医疗和社会保障。普遍存在过度劳动的现象，健康状况受到损害。间接导致出租车安全隐患与服务质量下降。

以上问题的出现并不是某一个部门的问题，需要系统地梳理并寻找原因，同时构建相关治理体系。政府在其中的作用不可忽视，需要起到引导和规制的作用。

### 五　道路运输辅业发展急需规范

吉林省汽车驾驶员培训行业发展迅速，推动了道路运输业需要。但在发展中也存在许多问题。首先，以赢利为目的的培训体系导致培训水平低下。在训练设施、训练场地以及培训师资方面投入不足，导致驾驶员受到的培训水平过低。其次，未按照相关要求招收学员，对于报名学员不按照规定进行甄别，导致一些身体不合格的学生被招收至学校。最后，管理水平低下，达不到相关培训标准。就培训人数来说，培训人数增加，而原有培训资源无法满足现有需求，导致培训水平有所下降，且培训方与驾驶学员间的纠纷日益增多。有些培训学校为了降低成本，减少练车次数，减少培训时间，减少车辆和必要的培训设备，导致学员无法得到必要的培训。

## 第二节　影响吉林省道路运输业发展的阻滞因素

通过与国内先进省（自治区、直辖市），邻近的辽宁省、黑龙江省对比研究发现，吉林省道路运输业的发展受制于地方经济发展水平、地方产业结构层次水平等因素，财政资金投入不足、固定资产投资增长缓慢、货物场站建设严重滞后和管理体制落后等都成为吉林省道路运输业快速发展的掣肘因素。

## 一 产业结构不合理

产业结构不合理，制约了吉林省道路运输经济效益的提升。

吉林省的产业结构问题表现在：

第一，产业结构比例不协调。一是第一产业高、第二产业低。吉林省产业结构长期以来呈现农业比重过大的状况。改革开放初工业比重占53%，到2003年降为41.3%，比全国平均水平低8.8个百分点。国家振兴东北老工业基地计划之后，工业占比也低于全国平均水平。二是工业总量偏小，在全国范围内欠缺竞争力。这与吉林省经济总量偏小有一定关系，直到2011年，吉林省GDP总量才超过10000亿元，成为"万亿元俱乐部"成员。但由于产业结构比例不协调，导致竞争力不强，影响吉林省经济的发展。

第二，高附加值工业产品欠缺。吉林省长期以重工业和初级资源产品的生产和加工为主，缺少高科技、绿色的新产品。并且产品中以资源开发和初级产品为主，造成高能耗、低附加值的现状。

第三，服务业发展缓慢且水平不高。吉林省服务业即第三产业对经济的拉动力低，且发展缓慢，经济增长过分依赖第二产业的带动。2006年以来，吉林省三次产业结构比由2006年的15.7∶44.8∶39.5变为2013年的11.6∶52.8∶35.6。可以看出服务业有所减少，拉动经济能力有限。

第四，第二产业结构失衡。吉林省第二产业中重工业比例占绝大部分。工业产品中，工业经济增长的拉动主要依靠重工业，并且这种情况有继续严重化的趋势。在重工业中，多数是能耗高的行业，如冶金、电力、建材等行业，一直处于主导地位。同时吉林省支柱产业中汽车、农产品加工和石化的比重占到了60%以上，这种产业结构的抗经济波动能力很差。

第五，吉林省欠缺高新技术产业。2005—2008年吉林省高新技术产业增加值占全部规模以上工业增加值的比重变化不大，维持在6%—7%之间。到2015年，预计这个比重能达到15%左右，远远低于全国的平均水平。尽管近年来创新能力有所提高，但总体来说依然处于落后状况。

这种产业结构使得吉林省作为传统的农业大省和老工业基地，货运一直以初级产品为主，终端产品较少。据统计，吉林省2012年货运量中，煤炭、石油、金属矿石等占比25.02%，粮食、木材等占比19.05%，而机械设备、电器产品、医药等占比不足10%。在此情境下，吉林省道路运输量尤其是货运量越高，则输出的初级产品即原材料越多，越不利于本省经济的长期持续发展。为打破不良循环，吉林省亟须优化升级产业结构，形成具有地区特色的战略性新兴行业。由于吉林省的区位劣势，难以吸引产业结构优化升级所需的高层次人才及人力资本，所以迫切需要国家政策与资金的大力支持。

## 二 财政资金投入不足

吉林省北接黑龙江省，南接辽宁省，西邻内蒙古自治区，交通战略位置非常重要。2006—2012年，辽宁省、黑龙江省财政投入在交通运输、仓储和邮政业累计分别5454亿元、3352亿元，分别是2006年当期财政投入的10.35倍、13.62倍；同期，辽宁省、黑龙江省在道路运输业累计财政投入分别为1942亿元、2404亿元，分别是2006年当期财政投入的10.07倍、13.45倍，即在道路运输业方面的财政投入同在交通运输、仓储和邮政业方面投入同比例增长。

2006—2012年，吉林省在交通运输、仓储和邮政业累计财政投入2679亿元，是2006年当期财政投入的15.25倍；吉林省在道路运输业的累计财政投入1539亿元，仅是期初的11.59倍。各省投入情况的比较见表8—2和表8—3。

表8—2　　　　2006—2012年东北三省交通运输、仓储和
邮政业累计财政投入比较　　　　（单位：亿元）

| 省份 | 辽宁省 | 吉林省 | 黑龙江省 |
| --- | --- | --- | --- |
| 2006—2012年累计财政投入 | 5454 | 2679 | 3352 |
| 2012年投入是2006年投入的倍数 | 10.35 | 15.25 | 13.62 |

表8—3  2006—2012年东北三省道路运输业累计财政投入比较　（单位：亿元）

| 省份 | 辽宁省 | 吉林省 | 黑龙江省 |
|---|---|---|---|
| 其中：道路运输业累计财政投入 | 1942 | 1539 | 2404 |
| 2012年投入是2006年投入的倍数 | 10.07 | 11.59 | 13.45 |

从表8—2可以看出，若按道路运输业的累计投入提高到期初的15.25倍计算，即财政对交通运输、仓储和邮政业累计财政投入与对道路运输业的累计财政投入实现同倍增长。2006—2012年期间，吉林省在道路运输业的财政投入就有缺口485亿元。该部分资金被分解投入到铁路运输业、水上运输业、航空运输业和管道运输业等细分行业中了。

就2012年的财政投入情况，在全国横向比较中，吉林省道路运输业财政资金投入较少，与投入最多的广东省相比，吉林省仅相当于其的1/4；在东北三省中，辽宁省财政资金投入是吉林省的近2倍，黑龙江财政资金投入是吉林省的1.77倍。总体上看，吉林省道路运输业财政资金投入总量规模偏低，且同比增速呈下降趋势。财政资金投入的不足，直接影响吉林省道路运输业的后续建设和发展。政府财政支持力度不足，难以发挥道路运输与经济发展相互促进的协同效应。政府财政支出具有乘数效应，在道路运输领域亦存在显著的正反馈特性。政府增加对道路运输业发展的财政支持，能够改善道路运输硬件设施、创新软件条件，扩大安全便利出行的社会效益，优化人力、物力资源的跨区域配置，提高经济运行效率，进而增加政府的财政收入。

受制于吉林省的经济发展水平，吉林省道路运输业所能获取的省内财政支持有限，无法充分利用其与财政支出的正反馈效应，难以发挥其经济效益。因此，亟须中央财政的转移支付和吉林省自身财政支持的组合，共同支持吉林省道路运输业的发展。

### 三　固定资产投资增长缓慢

吉林省道路运输业基础设施建设滞后于全国平均水平，在全国31个省（自治区、直辖市）中处于中等偏下地位。道路运输业作为生产性服务业，其基本职能和外部效应的发挥，均需依赖基础设施建设水平。

2009—2012年，吉林省道路运输业固定资产投资规模年平均增长4.36%，严重落后于行业生产总值年均14.37%的增长，也落后于吉林省生产总值年均13.3%的增长；从全省固定资产投资行业对比分析可以看出，2009—2012年，全省固定资产投资增幅年均为30.7%，高于同期道路运输业固定资产投资规模年均4.36%的增长。

吉林省道路运输业作为联系城乡的重要纽带，是城乡经济社会一体化发展的基础。因此，吉林省应加大道路运输业固定投资力度，加快完善物流体系，构建区域一体化、服务现代化的区域道路运输服务网络，实现物资、农副产品的便利高效运输，以道路运输发展支撑现代农业发展，实现道路运输资源在区域内的优化配置。

## 四 货物场站建设严重滞后

在"路、站、运"一体化道路运输业发展思路下，场站建设与道路建设应该同步规划、同步设计、同步建设、同步使用。但是，吉林省场站建设严重滞后，货运场站规模数量和密度均严重滞后，制约了道路运输业对经济和社会发展贡献度的提升。

2012年，吉林省有道路货运站55个，其中一级场站21个、二级场站16个、三级场站18个。货运站总数已经连续多年保持不变，没有增加建设。而同期辽宁省和黑龙江省分别有道路货运站84个和86个，吉林省道路货运站数量较辽宁省和黑龙江省分别少35%和36%。2012年，吉林省货运场站密度为5.90个/公里。同期，辽宁省和黑龙江省货运场站密度分别为11.17个/公里和7.79个/公里，是吉林省的1.89倍和1.32倍。

优化公路货运枢纽场站布局，完善公路货运枢纽场站服务功能，加大对甩挂运输等专业化作业场站的投资补助力度，鼓励公路货运场站经营主体积极拓展仓储，推广应用现代信息技术、运输组织及仓储管理技术，加快向现代综合物流园区转型，才能解决吉林省在"路、站、运"一体化发展中的短板。

## 五 管理体制落后

管理设施与制度相对落后，难以支持吉林省道路运输业的长期发展。

吉林省道路运输业在管理体制上还存在道路运输政策法规不健全、制度体系与管理水平低下的问题，并且服务水平和结构性问题矛盾突出。

（一）道路运输制度体系不健全

目前吉林省的道路运输相关制度体系存在不健全、不统一、落后等许多问题。已有制度中许多规章制度不符合管理的实际状况，存在许多的漏洞和不足。各地市关于道路运输的制度也存在一定的差异，无法进行规范化的管理。同时，目前实施的《吉林省道路运输管理条例》是1997年颁布实施的，亟须更新。

（二）管理体制改革滞后

吉林省道路运输管理体制改革缓慢，相关部门之间权责不清，且职能较差，多龙治水的现象广泛。无法从总体上进行协调和管理，使得行业内部的从业主体无所适从。并且在管理方式上，欠缺集中的信息发布和调度指挥体系，管理效率低下。人治的比例大于法治，并且道路运输市场中地方保护问题突出，市场配置资源的水平低下。

（三）管理欠规范

首先，是执法部门的监管不到位。执法部门对于道路运输违法行为的监管力度不够，导致违法行为频发，屡禁不止。其次，是行政手段使用过度。相关政府部门应更多地运用市场这只看不见的手进行调节，尽量减少行政干预。再次，是道路运输管理方式落后。目前依然采用传统的路检、路查等方式，欠缺数字化、信息化的管理方式，尽管近些年引进了许多先进的硬件和软件，但依旧没有发挥其作用，应用程度远远不够。

（四）道路运输服务水平差

吉林省交通运输的软环境相对较差，不能为道路运输提供有力的支持。具体表现在人员素质低、运输中转衔接协调能力差、数据信息传递慢、旅客运输服务差、旅客权益得不到保障。主要问题是因对道路运输认识不足导致的，多数的从业人员仍然保持着计划经济条件下的思想状态，服务意识欠缺，行业不正之风依然存在，信息管理意识不强。

（五）结构性矛盾突出

结构性矛盾突出表现在该领域经营主体多，缺少规模效应，并且运输管理和运营松散，抗风险能力低下，缺少竞争力，导致该行业的市场无序。另外，道路运输生产企业的科技化和信息化水平低，严重了影响服务的质量和能力。

## 六 自筹建设资金压力较大

国家财政对地方道路运输体系的投入有限，并且吉林省道路运输经济发展相对落后，交通规费收入相当有限，导致无论是在硬件还是软件上，投入相对不足，过分依赖于银行贷款。随着投入的不断加大、国家政策的不断收紧，资金压力进一步加大，并且债务风险逐年提升。随着农村公路建设和边缘地区公路建设的推进，建设资金进一步增加，资金更加捉襟见肘，成为道路运输各部门在工作中所面临的主要问题。

# 第九章
# 促进吉林省道路运输业发展的对策建议

受多种因素的影响和制约,吉林省道路运输业发展还存在一些问题,难以满足《"十二五"综合交通运输体系规划》对基础设施、技术装备、运输服务、安全保障以及节约环保等方面的要求。因此,亟须采取相应的对策,解决吉林省道路运输业存在的问题,加快吉林省道路运输业的发展,满足吉林省经济社会发展对吉林省道路运输的需求。

## 第一节 依托科学发展战略规划和政府增量投入推动道路运输业发展

### 一 科学制订并实施吉林省道路运输业发展战略规划

为了提高吉林省道路运输业发展的前瞻性,在充分考量吉林省区域产业结构布局及经济发展水平的基础之上,借鉴发达国家(或地区)和国内道路运输业发展先进省(自治区、直辖市)的经验,吉林省应从安全、智能、绿色、高效四个维度,提升本省道路运输的能力。安全、智能、绿色与高效是紧密联系、相互促进的战略目标。其中,安全是基础和保障,智能是方法与路径,绿色与高效是终极目标。要制订和实施吉林省道路运输业发展战略规划,争取在"十三五"规划阶段实现道路运输经济效益与社会效益的双重质变。

在安全层面,加强道路运输安全教育,采取定期与不定期、书面汇报与现场考察相结合的模式,排查道路运输风险,明确目标,严格降低交通事故的频次。同时,完善事故应急处理机制,增强道路运输部门适应性管理的能力。

在智能层面,加快普及 GPS 系统在道路运输企业的应用,提高信息反馈的及时性与准确性,并积极探索信息化技术在公共交通系统以及道路运输需求管理中的运用,缓解道路拥堵。同时,以吉林市通卡公司的"吉林通"为样本,开发道路运输与周边商场合作模式。

在绿色层面,加强节能减排与提高适应能力的协同性。针对客运车辆及需求,一方面,设定明确的减排目标,优先发展公共交通,提高公共交通在综合交通体系中的占比,对现存公交车辆进行节能改造升级,对新增车辆统一使用新能源或清洁能源。倡导个人购买节能环保型私家车,采取税费折扣的方式,对个人购车积极引导。构建慢行理念及慢行交通系统,在长春市试行智能自行车系统。另一方面,完善应急反应制度,研究智能信息化交通需求管理系统,提高道路运输对极端天气变化如暴雪、暴雨的适应能力。针对货运车辆及需求,积极推进甩挂运输试点工程,加快发展标准化程度高、自重轻、承载量大、安全性能好和能耗低的货运车辆;推进客运车辆高级化、安全化,货运车辆大型化、厢式化发展。

在高效层面,首先,加快由政府主导向市场主导的转变,发挥市场在道路交通资源分配中的决定性作用。其次,对现存道路运输企业的组织与管理模式进行改革,构建权责明晰的现代企业制度,推进投资与经济主体的多元化。再次,制定严格的市场准入、监管与退出制度,保障道路运输业的良性竞争。最后,完善吉林省运输协会的功能,通过明确的行业准则,严格细化资质等级的评级标准,增强道路运输企业的自律性,提高运行效率。

## 二 大力增加政府财政资金的投入

吉林省道路运输业由传统的、粗放的发展,向安全、智能、绿色、高效发展转变的过程中,亟须政府财政资金的大力支持。

充分发挥市场机制在资源优化配置中的比较优势,既是国家倡导的经济主导模式转变的方向,也是道路运输业实现长期可持续发展的必然要求。从短期来看,吉林省道路运输业发展为本省经济增长做出了重要贡献,且具有显著的溢出效应。但是,提升其贡献尚有很大空间,且道路运输企业的收益仍低于民间资本的预期,难以迅速实现市场化和投资主体多元化。因此,亟须政府推动。另外,公共交通具有公共物品属性,其非排他性、非竞争性与市场主体的逐利性相悖。为实现优先发展公共交通的目标,需要政府财政资金的投入,以突破资金瓶颈。

(一)增加道路运输业发展的财政预算

对道路运输业投入产出实证分析显示,2009—2012年间,吉林省道路运输业投入产出乘数逐步趋向平稳,基本处于10—15.45之间,平均值为13.41,位居全国第七位,略低于全国前列的天津、山东、江苏、辽宁、湖北、浙江的道路运输投入产出率。与全国其他省(自治区、直辖市)2012年道路运输业人均生产总值相比,吉林省相对较低,仅为辽宁省的56.9%。吉林省道路运输业吸纳就业能力偏弱,2004—2012年间,从业人员年平均增长1.99%,远远落后于行业发展增速14.37%。

鉴于政府财政在道路运输领域支出的正反馈效应,建议中央财政和吉林省财政增加吉林省道路运输业发展的财政预算,挖掘道路运输业的潜力,激发道路运输业在促进吉林省经济增长、增加就业等领域的功能与溢出效应。

道路运输领域投资的效应具有滞后性,一般在投资之后的第二年,其正向推动作用才逐步开始显现,因此,应坚持规划先行,保障投资决策的前瞻性。财政预算对道路运输业的投入增幅应保持与地方国民生产总值、财政收入的增幅大体一致。

(二)增加公共道路运输业的财政补贴

由于公交车具有公共物品的属性,随着通胀率的上升以及城镇人口的迅速增加,如果继续维持固定不变的票价,公交公司会大幅度亏损乃至近于破产。因此,应适度增加政府的专项财政补贴,用以增加公交线路与车辆,按照区域、功能对公交汽(电)车线网结构进行升级,建设短途和换乘公交线路,实现各种出行方式的无缝对接,满足新型城镇化以及农业现代化对公共交通的需求。

很多国家都有通过投资补贴支持公共交通的相关经验。如在德国轨道交通的一半以上都由财政支持,同时德国对公交企业的补贴是通过税费优惠的方式实现的。日本的公共交通投入的一半以上都由中央政府负责。其他许多发达国家也都采取类似的方式对公共交通进行支持。

吉林省可以借鉴国外先进经验对公共道路运输业予以补贴,使公共交通能承担更多的社会公益责任。同时,还可以设立专项清洁能源资金,辅助公交车辆的清洁化改造,避免形成公交领域的高碳锁定。

(三) 给予税收政策倾斜

调整税收政策,给予道路运输企业税收优惠,支持道路运输企业研发与更新信息化技术,保障道路运输安全。2013年7月,对辽源、柳河、吉林市等六家运输公司的调研结果显示,GPS系统的覆盖率及使用率低,难以对道路及运营状况进行实时监控,存在安全隐患。由于智能化、信息化设备的成本相对偏高,建议政府给予道路运输企业,尤其是业务范围涵盖公共交通的企业税收减免,并明确减免额度专项用于信息化技术的研发与更新。

政府应削减公交企业的运营成本,并提高公交基础设施的建设预算。在税收方面,应降低营业税、公交车辆购置税以及相关附加费用,以降低公交企业的运营成本。

## 第二节 创新道路运输企业多元化融资渠道

要彻底解决吉林省道路运输企业融资瓶颈问题,必须创新开辟多元化的融资渠道。

### 一 设立吉林省道路运输产业投资基金

设立吉林省道路运输产业投资基金,有利于吸引民营资本、私人资本进入,推动投资主体的多元化。目前,吉林省道路运输业发展所需资金主要来源于政府投入、政府补贴和银行贷款。现行的融资模式虽然可以在一定程度上缓解道路运输企业的融资难题,但其数量及灵活性难以满足道路运输企业发展的需求,亟须探索新的融资模式。建立政府主导型吉林省道路运输产业投资基金是可行方案之一。由吉林省政府出资，建立以吉林省道路运输业为投资对象的母投资基金，由交通运输厅下属的专业机构负责管理。在母投资基金基础之上，针对货运、客运等不同种类的项目设立专项子投资基金，吸纳民间资本、私人资本以及境外资本，交由专业的投资基金管理公司管理，充分发挥市场在资源配置中的决定性作用，提高道路运输业的运行效率。

已有经验证明，选择产业投资基金的方式来解决资金难题是可行的。一是产业投资基金可以促使被投资企业快速成长，促使企业上市从而获得更多的资金支持，有更多的选择；二是产业投资基金通过社会募集来的资金，可以有效地对企业的发展提供支持，切实地解决企业面临的实际问题；三是这种投资方式可以改善被投资企业的资产负债结构；四是产业基金有利于提高企业的资信水平，间接提升企业融资能力。产业投资基金的投资方式是股权投资，且投资额巨大，应有专家参与管理，正是这种人才优势和信息优势可以促使企业健康成长和发展。

结合吉林省经济和社会实际情况，设立吉林省道路运输产业投资基金应选择以下模式：

一是选择契约型投资基金。在组织形式上，投资基金分为公司型和契约型。其中公司型产业投资基金的主要投资者是股东，并且股东可以参与基金的管理和决策，而契约型基金中的投资者仅仅是受益者，基金的管理运作由基金管理人负责。在这两种形式中，吉林省更适合选择契约型。

二是选择封闭式基金。封闭式和开放式是产业投资基金的两种形式。其中开放式基金的特征是投资的总额不固定，投资者可以根据具体的状况，随时追加购买或者赎回；而封闭式基金的特征是发行总额固定，在发行后的规定年限内，投资人是不能赎回或者追加购买的，这个期限也叫封闭期，但是在封闭期内，投资者可以按照市场价格在基金市场上进行转售。因此，道路运输产业投资基金更适合使用封闭的模式，以保证投资的稳定性。

三是选择公募基金。公募和私募是投资基金的两种募集资金的方式。其中公募是在证券市场上向社会公众开放发行进行募集，而私募则是有针对性地对特定的机构和私人进行募集。产业投资基金选择公募的方式更加有利于缓解国家的资金压力，有利于把储蓄转化为投资。

四是选择二板市场或股权转让的退出方式。产业投资基金的退出方式是指在该基金实现了既定的盈利目标，或者时间到达封闭期末，该基金以何种方式把股权或股票转换成资金收回和兑现利润的方式。退出方式的选择，需要考虑投资收益、投资者意愿与利益等问题。在现实中，可以通过二板市场交易转让、产权市场及柜台交易市场协议转让的方式实现。

总之，吉林省道路运输产业投资基金的基本发展模式，应在契约型、封闭型、公开募集的方式下进行，并且建议选择二板市场以及协议转让退出的模式。

### 二　开拓直接融资渠道

除间接融资市场外，直接融资市场也是解决道路运输融资问题的另一个选择。需要通过对该产业的企业进行股份制改造以实现，股份制改造的目的是发展集资融资功能，将消费资金变为生产基金，将短期资金转变为长期资金功能。另外，还可以使企业产权明晰，增强职工对企业的认同，用制度的方式提高企业效率。培育优质的道路运输企业，推动其在新三板上市，利用直接融资的方式，缓解道路运输行业的资金难题。

目前，我国在深圳和上海两地的证券市场可以为上市的企业发挥融资的作用，而因为上市条件相对严格，大多数的道路交通企业还很难通过上市的方式获得融资。因此，非常有必要增强股份制道路运输企业的融资能力，需要通过建立全国性或地方性的股权交易商场，增加企业的融资渠道。同时，要清理和整顿地方性企业产权和股票交易市场，为全国性的道路交通融资企业市场的建立打下基础。

目前，我国地方性的股权交易市场并没有国家的正式法规出台，但全国已经出现一些股权交易市场。在地方政府的正式或非正式批准下，这些股权交易市场在短期的运行后已经获得一些经验。因此，应从国家的角度进行试点推进，并积极地总结经验。首先，应由中国证监会组织和整顿全国的地方性股权交易市场，并且按照企业基础、市场秩序和操作水平等进行筛选和考核。在此基础上，建立起地方性的股权交易市场。一旦地方性股权交易市场建立之后，从国家层面就可以推进全国性股权市场的建立。

全国性的直接融资市场和地方性直接融资市场一旦形成，便可以为中小股份制企业提供融资的平台，促使中小企业向着规范化和现代化的方向发展，有利于整个市场的良性发展。

### 三　发展融资租赁业

融资租赁是企业按照自身需求通过租赁公司代购设备，企业只是通过租赁获得设备的使用权，从而达到企业资金融通的目的，不必通过直接购买或者贷款购买。这种新的融资形式是国外常采用的一种手段，对于解决企业融资难问题有明显的效果。首先，在企业资金困难的情况下，可以通过租赁设备，节省资金，达到融资目的；其次，是融资租赁的成本较低，风险较小且方式多样灵活，各方面优于金融机构贷款；再次，融资租赁目前是国际通用的手段，企业也可以选择租赁国际设备，有利于利用外资，并且国家相关政策还给予相应的鼓励和支持，使得这种方式更加适合道路交通企业运用。

## 第三节　大力加强道路运输基础设施建设

吉林省道路运输业在吉林省地区经济社会发展过程中所表现出来的基础性、先导性和服务性等特点十分突出，在吉林省综合运输服务体系中占据主导地位，是吉林省综合运输体系中最能体现普遍服务和最具有基础保障功能的运输方式，基础设施的经济外溢效果明显。因此，必须大力加强道路运输基础设施建设。

### 一　加强吉林省城市公交停车场站及站点建设

城市核心区域的公交停车场以及维修和保养场地的规划应进一步完善，保持规模的稳定，同时增加场站的服务质量。也应加快周边郊区场站的建设，在新的城区应配套相应规模的公交场站和出租车营业服务站。在推进基础设施建设的同时，也应该进行软环境的建设，如应急协调机制、与相关部门的协调沟通制度，以及配套设施和服务的建设。

## 二　加快吉林省道路运输业固定资产投资速度

吉林省道路运输业不仅对吉林省经济增长一般性总量指标具有积极的推动作用，而且对于以"新四化"为代表的结构性指标也具有良好的推动作用。在总量层面验证吉林省道路运输业对吉林省经济增长作用机制的基础上，我们可以看到总量增长背后的实际驱动因素，因为新型工业化、信息化、城镇化、农业现代化不仅是经济发展的必然结果，而且是经济健康发展的原动力。"十二五"期间，无论是国家整体层面还是吉林省经济都将保持平稳较快增长，新型工业化、信息化、城镇化、农业现代化的进程将进一步加速，内需拉动作用的持续增强均需要道路运输业的适度超前发展，消费结构由衣食向住行的升级转变，使得"车轮上的生活"进入快车道，这些都迫切需要道路运输业的适度超前发展。

吉林省道路运输业固定资产投资缓慢，难以满足吉林省经济社会的发展需要。因此，应激励多元投资主体投资，加快吉林省道路运输业固定资产投资速度。道路运输业固定资产投资对于新型工业化、城镇化以及农业现代化发展的推动作用均保持稳定效果。道路运输业固定资产投资不仅可以通过乘数效应发挥直接的经济效益，而且与"新四化"建设等结构性指标的良性互动效果已初见成效。因此，应有效发挥固定资产投资的杠杆作用，推动产业结构的调整升级，实现四化同步发展。

## 三　迅速提升信息化建设水平

吉林省道路运输业固定资产投资还应进一步加强与信息化建设方面的协调配合，实现两者间的互动多赢。一是加快吉林省道路运输信息系统联网工作，建立省部、省市、市县间的数据交换、共享和分析机制，推进道路运输"大数据"化进程，强化行业综合运行分析，为宏观调控和经济运行提供决策支持。二是加快吉林省道路运输基础信息系统开发建设，建设和完善面向社会公众的道路运输服务网络，依托科技新技术，拓展服务信息覆盖范围和承载平台。三是加快吉林省道路运输管理部门公共服务的信息化建设，提升综合服务能力和水平，推动重点营运车辆联网联控工作，依托道路运输业定期对经济社会贡献评价指标体系进行综合评价。

## 第四节 构建综合运输服务体系，提升公共服务能力

构建吉林省综合运输服务体系，必须注重货运与客运的匹配发展。

客运与货运匹配发展对于吉林省经济社会的发展十分重要。客运、货运的匹配发展与不同运输方式的匹配发展是综合运输服务体系构建过程中所遇到问题的不同层面和维度，其本质仍归结为综合体系的完善和有效。

### 一 综合运输服务体系注重货运、客运的匹配发展

《"十二五"综合交通运输体系规划》中，已明确提出构建网络设施配套衔接、技术装备先进适用、运输服务安全高效的综合交通运输体系，并对基础设施、技术装备、运输服务、安全保障以及节约环保等方面提出明确要求。某种意义上，综合交通运输体系更强调多种运输方式的有效衔接，即以铁路、公路客运站和机场为主的综合交通枢纽建设。因此，应在构建现有综合运输服务体系的基础上，注重货运、客运的匹配发展程度，不断丰富和强化综合运输服务体系的功能和作用。

### 二 优化吉林省城市公共汽（电）车网络

对省内城市公交汽（电）车线网结构进行分区域优化，并增加短驳和换乘线路，完善轨道交通的衔接与换乘体系。另外，在城市核心区域应减少和缩短贯穿性的长线公交，增加弥补性的走廊性线路，在城市周边区域增加轨道交通长度，并补充可以连接轨道交通的走廊性短途线路，完善优化城市公共汽（电）车网络。

### 三 提升吉林省道路运输基本公共服务能力和水平

（一）完善轨道交通与其他出行方式的衔接体系

各种出行方式之间的衔接体系也决定了整体的交通效率，因此必须大力完善衔接体系。如完善轨道交通与铁路、轨道交通与航空的衔接，与地面公交以及出租车的衔接也同样不能忽视。另外在城市中的商业区与密集居民区也应增加公交与轨道交通配套设施。应加强不同出行方式间的信息

沟通，形成公路、铁路、航空一体化的综合信息交互体系和应急处置体系。

（二）确保公交汽（电）车路权使用优先

城市核心区域应依据道路交通的基本设施水准，布设公交专用车道；同时在郊区，根据新型城镇化发展的现状，推进新型公交的规划和建设，但应基于客运的基本状况。

（三）研究推广公共租赁自行车应用

推动自行车出行和应用，尤其是公共自行车系统的建设，不仅有利于解决各种交通出行方式的衔接，也有利于绿色低碳出行方式的推广。重点在于统一自行车的运营模式，同时自行车泊车站的建设也是关键问题。

（四）保护步行空间，改善步行环境

步行交通也是不能忽视的环节，应保证人行道的规划和设计，并充分考虑残疾人、老年人的需求。提升步行道路的绿化和环境要求，满足休闲型步行的需求。应加强步行道路的连通性，做到与其他出行方式的无缝对接。同时要做好监管和管理工作，避免障碍物挤占和堵塞问题的出现。

（五）逐步推广公共汽（电）车实时信息系统

引入公共交通客流量与交通流量动态采集系统，并进行实时发布，开发基于射频识别和其他传感器技术的物联网技术，并探索电子公交站牌，提供网络和站点的到站预测服务，并建立中心枢纽的信息服务体系。在此基础上，构建大数据手机和管理平台，建立数据分析中心，构建公交优化与评价指标体系，实现基于信息化综合决策和管理系统。

## 四　完善出租车体系管理

（一）逐步地、有条不紊地取消出租车经营权的有偿配置

出租汽车经营权交易的管理涉及公共资源的合理分配，也影响到出租汽车行间的健康和稳定发展，当下许多出租汽车行业存在的问题都与此有关。最关键的问题是应逐步取消经营权的有偿配置。首先，在《物权法》的法律框架之下，政府若通过拍卖出租车经营权的方式把经营权分配给相关个人或企业，出租车经营权就具备了物权属性，则应该允许经营权在市场上进行流动和交易，从法理的角度分析，这会削弱政府监管和调控市

的法理基础；其次，有偿的交易和使用会严重影响服务质量，让出租车行业异化；再次，有偿使用会导致市场的波动和不稳定，引发市场对经营权的炒作；最后，有偿使用的所得如果没有纳入公共财政，就变成从出租车行业获取财政收入，会导致该行业的衰退和波动。

出租车经营权有偿使用向无偿使用的转变需要逐步进行改革。一是政府应积极明确改革方向，向市场发出信号，让市场降温，降低投机者的预期。二是通过法律杜绝炒作，逐步稀释经营权。可根据具体情况，逐步投入新的经营权，打破出租车行业的高壁垒。三是当市场对经营权无偿使用适应之后，对有偿使用坚决取缔，按照公平、公正、公开的原则进行招标，并在固定时间内进行考核。

（二）在不断优化道路资源配置的前提下，适时、适当增加出租车供给

当政府对出租车的价格和数量进行干预之后，会导致已有出租车群体的利益受到影响。在这种情况下，政府可以通过两个方面进行监管：一是整体行业盈利水平管理。当该行业整体的数量和运价超过社会平均水平，政府应当通过税收政策和降低准入门槛来进行调控，通过这些方式降低其垄断利润。二是通过对经营权所有者和驾驶员的收益分配关系进行干预。在二者的关系中，经营权所有者处于优势地位，驾驶员很难保证自身的利益，从而影响了服务质量。因此政府应从二者关系下手，规范权责和利益分配，达到提升的目的。

同时，要基于城市出租车行业服务水平低下的现状，对出租车驾驶员准入制度进行改革和完善，加强和完善出租车服务水平规则的建立。通过法律和规章制度来约束出租车司机的行为，同时也应加大宣传教育和培训，促使其自主提升自身的服务水平。另外，应引入淘汰机制，对于水平较高、道德水平较好的司机应通过奖金、绩效等方式给予奖励，而那些道德水平低下、服务水平低下的司机应坚决淘汰。

（三）加强对非法营运"黑车"的打击力度，提高其违法成本

非法营运的"黑车"扰乱了市场竞争，破坏了营运秩序，也对乘客权益和交通安全构成了巨大威胁，带来了严重的负面影响。某些管理人员的不作为和放任，甚至是为了获利而参与其中，导致此问题长期以来难以解

决。管理部门应首先从内部下手，加强监管，公正执法，整肃队伍。通过法治的手段规范市场的发展，这是解决该问题的首要前提。要不断提高对非法营运车辆的处罚力度，提高违法成本，迫使非法营运车辆主动退出。对"黑车"要采取行政和市场两种手段进行治理，尤其是对公交未覆盖地区的"黑车"，通过确定服务类型和服务范围，进行合法化、规范化经营引导，使其成为城市交通体系的补充部分。同时，应引入电话预约服务、网络叫车服务，分工互补地完善城市出租车体系。

（四）加强保障出租车驾驶员合法权益，维护其社会福利

为了实现收益共享、风险共担的发展模式，需要建立出租车驾驶员"员工制"，以规范劳资关系。从长远来看，这样既能保障驾驶员的合法权益，又能实现企业效率的提升。已有模式中，出租车和驾驶员属于松散的雇佣关系，没有签订劳动雇佣合同，没有社会保障和医疗保障，没有驾驶员的基本保障。同时，政府相关的基本保障设施并不完善，司机经常面对"三难"，即停车难、如厕难、吃饭难。本书建议应首先规范经营模式，按照国家劳动雇佣的相关法规，制定统一的出租车行业劳动雇佣合同规范和条例，明确权责、各项给用及标准，建立风险共担、利益共享机制，对于出租车驾驶员的各种权责和利益要做出明确的规定，对交通事故的赔偿责任做出规定。

## 第五节 坚持绿色低碳与科技建设

继续坚持绿色低碳发展道路，推进吉林省绿色低碳交通运输体系建设。将应对气候变化、节约集约利用资源和保护环境落实在吉林省道路运输业技术装备和运输服务中，推进吉林省道路运输体系的低碳发展。绿色与低碳出行方式的推进，不仅有利于自然环境的保护，也有利于节能减排，实现可持续发展。

### 一 强化监管，落实规制，执行绿色标准

要加强监管力度，严格执行《道路运输车辆燃料消耗量检测和监督管理办法》，建立健全燃料消耗量检测、车型动态管理、车辆配置及相关参

数核查等配套监管制度，完善准入和退出机制，并纳入吉林省道路运输企业征信考核体系。

### 二 创新运输组织形式，推动绿色发展

要大力发展新型货运组织形式，继续推进甩挂运输试点工程，培育一批具有示范效应的甩挂运输企业；加大财政扶持补贴专项资金的到位力度，不断完善符合吉林省情的政策配套支持体系。

### 三 优化交通工具结构，实现绿色优先

继续优化客货运车辆的车型结构。加快发展标准化程度高、自重轻、承载量大、安全性能好和能耗低的货运车辆；推进客运车辆高级化、安全化，货运车辆大型化、厢式化发展。

### 四 政策引导，推动绿色交通运输

加大节能减排的政策引导力度。在强化节能减排的基础上，积极探索吉林省道路运输业从能源结构、发展模式上走清洁化、绿色化的道路，系统提升吉林省交通运输业应对气候变化的综合能力，加快吉林省道路运输业温室气体排放研究，积极参与国家应对气候变化的各项工作。

### 五 利用科技创新，提升绿色道路运输的贡献率

不断增加吉林省交通运输业的科技投入，加大人才培养力度，提高科技在行业管理中的比例，并加强行业的创新能力。引导道路运输相关企业、科研机构和高等院校间进行合作，支持理论与技术领域的相关研究，构建道路运输业创新体系，加强对本行业发展具有带动作用的技术的应用，并进行广泛推广应用，持续提升新技术对道路运输行业发展的贡献率。

## 第六节 完善道路运输业发展体制和机制

坚持改革创新，不断完善吉林省道路运输业发展的体制机制。这是因

为深化改革创新,是转变交通运输发展方式的最大红利。①

## 一 以制度供给和完善为出发点解决体制和机制矛盾

优化现有的决策体系,改进吉林省道路交通的管理体制。构建"自上而下"与"自下而上"相协调的政策实施与信息反馈机制,借鉴欧洲、日本以及我国香港特区等发达国家或地区的经验,积极探索大交通的综合管理模式,合理规划土地等相关的稀缺性资源的使用,打造"以道路运输带动周边土地开发,以土地升值反哺道路运输"的螺旋上升模式,推动吉林省道路运输社会效益、经济效益及管理效益的全面提高。

应利用国家综合机构改革和建设综合运输体系的良好契机,不断解决各种基本问题和矛盾,进行系统性的顶层设计,同时推进具有创新性的制度体系,既符合发展现状也有一定的前瞻性。尤其是在进行制度顶层设计的过程中,要对吉林省道路运输的现状和发展前景进行科学的考察,建设系统的、整体的、具有创新性的制度体系。

构建科学的价值导向,匹配合理的战略管理模式。在加大投入的同时,必须通过机制的改革改善吉林省公共交通车辆的车况,科学规划公共交通线路,培育民众的公交意识,在保障安全与降低环境负荷的同时,提供机动能力,助推经济增长与"新四化"建设。

## 二 以惠及民生为最终目标推动改革

安全生产是道路运输的底线,是民众最关心的问题之一。在此基础上,提升服务水平和均等化程度,使本省居民获得更多的改革和发展的成果,使道路运输能够惠及全体人民,从发展中获得更多的实惠和幸福。

## 三 以科技进步为手段促进机制变革

依托科技进步,逐步推进信息化、智能化的管理方式,加强对于科技和创新的认识,将新技术、新方式融入道路运输和物流管理的实际工作中去,推动吉林省运输行业向现代物流转变,全面提升吉林省交通运输业核

---

① 杨传堂:《锲而不舍推进交通运输发展方式转变》,《中国交通报》2013年5月2日。

心竞争力和管理水平。

## 四 以人为本推动目标的实现

加大道路运输业的人力资本投入，加强内部培训与外部交流，提升从业人员的业务水平与职业素养。管理人员的认知在很大程度上决定了政策制定与执行的效果，关系着管理体制改革的进程。驾驶人员的业务能力与服务理念，直接关系到吉林省道路运输的安全以及和谐环境的构建。提高人员素质，推动制度建设和人员培训，尤其是职业技能、素质、岗位技能以及管理能力的培训，并且要加强转变管理理念，提升工作效率，建设新型的道路运输行业。

# 参考文献

1. Adam Smith, *The Wealth of Nations*, 1776.
2. Ambe J. Njoh, "The Development Theory of Transportation Infrastructure Examined in the Context of Central andWest Africa", *Rev Black Polit Econ*, No. 36, 2009.
3. 安德鲁·扎尔茨贝格、理查德·布勒克、金鹰、方琬丽：《中国的高速铁路、区域经济与城市发展》，世界银行中国交通运输专题，2013年。
4. Anthony J. Venables, "Road Transport Improvements and Network Congestion", *Journal of Transport Economics and Policy*, Vol. 33, No. 3, 1999.
5. Asha Weinstein Agrawal, Jennifer Dill, Hilary Nixon, "Green transportation taxes and fees: A survey of public preferences in California", *Transportation Research Part D* 15, 2010.
6. Bingsong Fang, Xiaoli Han, "U. S. Transportation Satellite Accounts for 1996", *Survey of Current Business*, No. 5, 2000.
7. Bruee E. Seely, *Building the American High way system: engineers as Policy Makers*, Temple University Press, Philadelphia, Pa., 1987.
8. Bureau of Transpotration Statistics, *National Transportation Statistics 2014*, U. S. Department of Transportation, 2014.
9. Dawson, "Estimated Expenditure on Road Transport in Great Britain", *Journal of the Royal Statistical Society*, Series A (General), Vol. 125, No. 3, 1962.
10. Docherty, Laina, "Transport and regional economic competitiveness in

the global economy", *Journal of Transport Geography*, December, 2004.

11. Dodgson, "External Effects and Secondary Benefits in Road Investment Appraisal", *Journal of Transport Economics and Policy*, Vol. 7, No. 2, 1973.

12. *EU Transport in Figures–Statistical pocketbook* 2014, European Commission.

13. Felix Creutzig, Emily McGlynn, Jan Minx, Ottmar Edenhofer, "Climate policies for road transport revisited (I): Evaluation of the current framework", *Energy Policy*, No. 39, 2011.

14. John F. L. Ross, *Linking Europe: Transport Policies and Politics in the European Union*, London: Praeger Publishers, 1998.

15. *Our Nation's Highways* 2011, U.S. Department of Transportation, 2011.

16. Paul R. Murphy, Richard F Poist, "Green Logistics Strategies: Analysis of Usage Patterns", *Transportation Journal*, Winter, 2000.

17. Paul R. Murphy, Richard F. Poist, "Green Perspectives and Practices: A 'Comparative Logistics' Study", *Supply Chain Management*, Vol. 8, No. 2, 2003.

18. Pilar L. Gonza–Torre, etc., "Environmental and Reverse Logistics Policies in European Bottling and Packaging Firms", *Production Economics*, 2004.

19. Roy J. Sampson, Martin T. Farris, *Domestic Transportation: Practice, Theory, and Policy*, Houghton Mifflin, 1974.

20. *The World Factbook*, 美国中央情报局（https://www.cia.gov/library/publications/the-world-factbook/fields/2085.html）。

21. Thomas Anderson, *Economics of Transport: The Swedish Case*, 1780–1980, Almqvist & Wiksell International, 2000.

22. Wilhelm Roscher, *Principles of Political Economy*, Wilder Publications, Limited, 2009.

23. 白雁、魏庆朝、邱青云:《基于绿色交通的城市交通发展探讨》,《北京交通大学学报（社会科学版）》2006年第6期。

24. 陈贻龙、邵振一：《运输经济学》，人民交通出版社1999年版。

25. 陈引社、王利军：《从过度分散竞争到适度寡头垄断——我国道路客运市场发展的必然方向》，《交通与运输》2003年第5期。

26. 崔忠文：《在危机中调整 在调整中跃升——从"倒逼机制"看我省优化产业结构》，《吉林日报》2009年7月6日。

27. 丁以中：《交通运输与经济的关系研究》，《系统工程理论方法应用》2005年第2期。

28. 董大朋：《交通运输对区域经济发展作用与调控》，博士学位论文，东北师范大学，2010年。

29. 董登珍：《运输供求变化及均衡分析》，《交通科技》2000年第3期。

30. 樊一江：《关于交通运输政策基础性问题的分析》，《综合运输》2010年第2期。

31. 范精明、杨兆升：《试论交通运输与经济发展的关系》，《技术经济》2003年第5期。

32. ［德］弗里德里希·李斯特：《政治经济学国民体系（1841年）》，陈万煦译，商务印书馆1961年版。

33. 交通部综合规划司：《公路水路交通行业政策及产业发展序列目录（2001—2010年）》，2001年。

34. 辜胜阻：《非农化与城镇化研究》，浙江人民出版社1991年版。

35. 顾焕章、张超超：《中国农业现代化研究》，中国农业科技出版社1998年版。

36. 郭建国、陈正伟：《重庆市交通运输投资乘数的测算与分析》，《重庆工商大学学报》2012年第4期。

37. 郭丽娟：《新型工业化与新型城镇化协调发展评价》，《统计与决策》2013年第11期。

38. 交通运输部道路运输司：《国家道路运输业"十二五"发展规划纲要（最终稿）》，2010年11月通过。

39. 国家统计局社科文司、中国创新指数（CII）研究课题组：《创新指数研究表明：我国创新能力稳步提高》（http：//www.gov.cn/gzdt/2013-04/19/content_ 2382439.htm）。

40. 国务院办公厅：《国务院办公厅转发发展改革委农业部关于加快转变东北地区农业发展方式 建设现代农业指导意见的通知》（国办发〔2010〕59号）（http：//www.gov.cn/zwgk/2010-12/03/content_ 1759134.htm）。

41. 《国务院办公厅关于进一步促进道路运输行业健康稳定发展的通知》（国办发〔2011〕63号）。

42. 韩彪：《交通经济论：城市交通理论、政策与实践》，经济管理出版社2000年版。

43. 何健：《江苏交通运输业与国民经济发展的互动关系研究》，硕士学位论文，河海大学，2003年。

44. ［德］赫尔曼·哈肯：《协同学：大自然构成的奥秘》，凌复华译，上海译文出版社1995年版。

45. ［德］赫尔曼·哈肯：《协同学（引论）：物理学、化学和生物学中的非平衡相变和自组织》，徐锡申等译，原子能出版社1984年版。

46. 侯亘、李小伟：《关于可持续发展战略下绿色城市交通规划的思考》，《中国水运》2010年第6期。

47. 胡鞍钢、刘生龙：《交通运输、经济增长及溢出效应——基于中国省级数据空间经济计量的结果》，《中国工业经济》2009年第5期。

48. 胡红梅：《在"新四化"四轮驱动中给力农业现代化》，《中国统计》2013年第8期。

49. 黄安胜、许佳贤：《工业化、信息化、城镇化、农业现代化发展水平评价研究》，《福州大学学报》2013年第6期。

50. 贾顺平：《交通运输经济学》，人民交通出版社2011年版。

51. 江暮红：《基于公路运输的绿色物流》，《物流技术》2006年第8期。

52. 江泽民：《中国共产党十六大报告》，人民出版社2002年版。

53. 蒋和平、黄德林：《中国农业现代化发展水平的定量综合评价》，《农业现代化研究》2006年第3期。

54. 交通运输部、公安部、安全生产监督总局、工业和信息化部：《关于加强道路运输车辆动态监管工作的通知》（http//www.moc.gov.cn/zhuzhan/zhengwugonggao/jiaotongbu/daoluyunshu/201104/t20110407_ 926683.

html)。

55. 交通运输部：《关于促进甩挂运输发展的通知》（http//www.moc.gov.cn/zizhan/siju/daoluyunshusi/guanlipindao/guanliwenjian/201001/t20100115_652051.html）。

56. 交通运输部：《关于印发道路运输业"十二五"发展规划纲要的通知》（http//www.gov.cn/gongbao/content/2012/content_2137647.htm）。

57. 交通运输部道路运输司：《世界主要城市公共交通》，人民交通出版社2010年版。

58. 解晓玲：《公路运输行业低碳路径分析》，《综合运输》2011年第1期。

59. 景劲松：《我国公路交通运输系统可持续发展分析与评价》，硕士学位论文，河南农业大学，2001年。

60. 李刚：《我国道路交通管理体制改革问题研究》，硕士学位论文，长安大学，2001年。

61. 李建军等：《金融业与经济发展的协调性研究》，中国金融出版社2011年版。

62. 李迁生：《美国高速公路管理概况》，《公路运输文摘》2002年第2期。

63. 李秋霞、王占中、韩秀华：《基于因子分析法的公路运输绩效评价研究》，《公路交通技术》2009年第2期。

64. 李小琪：《公路交通循环经济评价指标体系分析》，《经济与社会》2009年第9期。

65. 李心愉：《应用经济统计学》，北京大学出版社1999年版。

66. 李艳、曾珍香、武优西、李艳双：《经济—环境系统协调发展评价方法研究及应用》，《系统工程理论与实践》2003年第5期。

67. 李忠奎：《公路货运业的市场与制度分析》，经济科学出版社2009年版。

68. 刘秉镰、赵金涛：《中国交通运输与区域经济发展因果关系的实证研究》，《中国软科学》2005年第6期。

69. 刘秉镰：《论我国交通运输政策的框架设计与未来走势》，《综合运输》2007年第4期。

70. 刘建强、何景华：《交通运输业与国民经济发展的实证研究》，《交通运输系统工程与信息》2002年第1期。

71. 刘美银：《中国道路运输政策研究》，硕士学位论文，长安大学，2001年。

72. 刘云清：《国际公路运输联盟（IRU）对可持续发展的指导》，《UNEP产业与环境》2001年第4期。

73. 卢展工：《深入贯彻落实科学发展观全面推进中原经济区建设，为加快中原崛起河南振兴而努力奋斗——在中国共产党河南省第九次代表大会上的报告》（http：//newpaper.dahe.cn/hnrb/html/2011-11/07/content_613743.htm）。

74. ［英］罗森斯坦·罗丹：《"大推进"理论笔记·拉丁美洲的经济发展》，圣马丁出版社1966年版。

75. 《马克思恩格斯全集》第26卷，人民出版社1972年版。

76. 马银波：《道路货运市场结构与技术进步关系的实证分析》，《长安大学学报（自然科学版）》2006年第6期。

77. 莫翠梅：《我国发展绿色低碳运输的对策探讨》，《当代经济》2010年第6期。

78. 莫艳：《从美国汽车运输管制政策演变历史看中国发展趋势》，《网络财富》2010年第10期。

79. 聂育仁：《公路水路交通循环经济评价指标体系构建研究》，《环境保护与循环经济》2009年第3期。

80. 欧国立：《轨道交通运输经济》，中国铁道出版社2010年版。

81. 任蓉、程连元、谢卓然、宗刚：《交通基础设施投资与经济增长的动态效应分析——基于VAR模型的实证分析》，《科技管理研究》2012年第4期。

82. 《日本的对外交通、高速公路及道路运输》，《公路运输文摘》2003年第7期。

83. 荣朝和：《论运输化》，中国社会科学出版社1993年版。

84. 深圳市规划与国土资源局：《深圳市地铁二期工程综合规划策略研

究——土地利用评估报告》。

85. 沈艳平、沈旭、张邠：《交通运输业对我国经济发展的作用分析》，《云南交通科技》2000年第1期。

86. 孙启鹏、王帅：《基于低碳经济的道路运输企业循环经济评价与发展对策研究》，《科技管理研究》2011年第2期。

87. 孙湘海、刘潭秋：《中国交通运输业发展的实证研究》，《统计与信息论坛》2007年第2期。

88. 汪传旭：《交通运输业对国民经济贡献的衡量方法》，《中国公路学报》2004年第1期。

89. 汪传旭：《交通运输与经济发展协调程度的定量评价》，《上海海运学院学报》1999年第3期。

90. 王伯礼、张小雷：《新疆公路交通基础设施建设对经济增长的贡献分析》，《理学报》2010年第12期。

91. 王东明：《交通运输增长方式转变的基本思路》，《综合运输》2007年第2期。

92. 王东明：《交通运输增长方式转变的时机与途径选择》，《综合运输》2007年第3期。

93. 王际祥：《货运需求与经济发展》，中国铁道出版社2003年版。

94. 王健伟：《道路运输发展政策研究》，硕士学位论文，长安大学，2001年。

95. 王军：《欧盟交通运输政策对中国的启示》，《安徽电子信息职业技术学院学报》2008年第4期。

96. 王艳华、单永体、谷晓旭、郑苗苗：《浅谈高速公路与低碳》，《交通建设与管理》2010年第5期。

97. 王占中、任园园：《基于协同理论的公路运输与国民经济适应性》，《吉林大学学报（工学版）》2011年第7期。

98. ［德］威廉·罗雪尔：《历史方法的国民经济学讲义大纲（1842年）》，朱绍文译，商务印书馆1981年版。

99. 魏遥：《产融集团系统发展的协同问题研究》，合肥工业大学出版社2012年版。

100. 吴云勇：《辽宁省综合交通运输体系的构建思路》，《铁道物资科学管理》2006 年第 4 期。

101. 武旭、胡思继、崔艳萍、马叶江：《交通运输与经济协调发展评价的研究》，《北京交通大学学报（社会科学版）》2005 年第 2 期。

102. ［美］西蒙·库兹涅茨：《各国的经济增长——总产值和生产结构》，常勋等译，商务印书馆 1985 年版。

103. 徐海成：《公路经济》，人民交通出版社 2008 年版。

104. 徐剑华：《运输经济学》，北京大学出版社 2009 年版。

105. 徐巍、黄民生：《福建省交通运输与经济发展关系的定量分析》，《福建师范大学学报（哲学社会科学版）》2007 年第 6 期。

106. 徐文学等：《高速公路与区域经济发展》，中国铁道出版社 2009 年版。

107. 许云飞：《山东公路建设与国民经济发展的关联分析》，《山东交通科技》2006 年第 3 期。

108. ［英］亚当·斯密：《国民财富的性质和原因的研究（1776 年）》，郭大力、王亚南译，商务印书馆 1982 年版。

109. 闫长文、李宏刚：《发达国家道路运输行业管理及对我国的借鉴作用》，《农业与技术》2004 年第 4 期。

110. 闫振华：《山西省交通运输业与经济发展关系研究》，硕士学位论文，山西财经大学，2010 年。

111. 杨传堂：《交通运输：应对新挑战，打造新气象》，《求是》2013 年第 7 期。

112. 杨传堂：《锲而不舍推进交通运输发展方式转变》，《中国交通报》2013 年 5 月 2 日。

113. 杨杰、罗志恒、张春元：《新型工业化评价指标体系研究》，《吉林大学社会科学学报》2005 年第 5 期。

114. 杨洋、欧国立：《中国目前交通运输发展阶段的确定分析》，《管理现代化》2012 年第 1 期。

115. 杨咏中、牛惠民：《国外交通运输管理体制及其对我国的启迪》，《交通运输系统工程与信息》2009 年第 1 期。

116. 杨咏中、牛惠民：《中国道路运输及综合运输体系改革与发展研究》，人民交通出版社 2008 年版。

117. 姚佳岩、关强：《道路运输现状与发展趋势》，《黑龙江交通科技》2007 年第 1 期。

118. 俞立平：《中国省际信息化与金融发展互动关系研究：基于 PVAR 模型的估计》，《中南大学学报》2012 年第 3 期。

119. 袁晓玲、景行军、杨万军、斑斓：《"新四化"的互动机理及其发展水平测度》，《城市问题》2013 年第 11 期。

120. ［英］约翰·伊特韦尔、［美］默里·米尔盖特、［美］彼得·纽曼等：《新帕尔格雷夫经济学大辞典》，陈岱孙译，经济科学出版社 1996 年版。

121. 张国强：《交通运输发展的经济分析》，经济科学出版社 2010 年版。

122. 张磊：《道路运输业发展方式转变研究》，硕士学位论文，长安大学，2008 年。

123. 张培刚：《发展经济学通论第 1 卷——农业国工业化问题》，湖南出版社 1991 年版。

124. 张培刚：《农业与工业化》上卷，华中工学院出版社 1984 年版。

125. 张伟：《道路运输规划的内容分析与运输需求预测研究》，《山西科技》2004 年第 2 期。

126. 张文忠：《经济区位论》，经济科学出版社 1999 年版。

127. 张忠：《我国道路运输政策研究》，硕士学位论文，西安公路交通大学，2000 年。

128. 中国统计学会"地区发展与民生指数研究"课题组：《2011 年地区发展与民生指数报告》，《调研世界》2013 年第 3 期。

129. 中国统计学会、国家统计局统计科学研究所：《2012 年地区发展与民生指数（DLI）统计监测结果》，《中国信息报》2014 年 1 月 2 日。

130. 周国光、俸芳：《欧洲公路特许经营的特点及启示》，《中外公路》2008 年第 1 期。

131. 朱润芝:《道路运输业的发展趋势》,《跨世纪》2008年第10期。

132. 邹海波:《我国道路运输组织结构调整研究》,《交通标准化》2005年第6期。

133. 邹苏华:《公路交通建设经济性评价》,人民交通出版社2011年版。